Liebe Leserin, lieber Leser

Natürlich waren jene Europäer, die sich ab etwa 1430 aufmachten, die Gestade und Territorien jenseits ihres Heimatkontinents zu erkunden, keine Entdecker im Wortsinne.

Denn die portugiesischen Kapitäne, die sich in jener Zeit an die Westküste Afrikas und später nach Indien und Südostasien vorwagten, trafen ja auf Gebiete, die lange schon besiedelt waren.

Die Spanier, die sich ab 1492 zunächst die karibischen Inseln und bald darauf große Teile Mittel- und Südamerikas untertan machten, mussten sich gegen zum Teil hoch entwickelte Kulturen durchsetzen. Ähnlich verhielt es sich bei den europäischen Vorstößen nach Nordamerika und Afrika, in die Südsee und nach Sibirien.

Und die Männer aus dem Abendland waren auch nicht die ersten Weltreisenden. Schon 1500 Jahre vor Christus hatten sich die Ahnen der Polynesier hinaus aufs Meer gewagt; bereits um das Jahr 1000 hatten Wikinger den Weg nach Neufundland gefunden; und der arabische Forscher Ibn Battuta war im 14. Jahrhundert mehr als 100 000 Kilometer durch die muslimische Welt gereist. Allein in den Polregionen waren die Europäer, soweit bekannt, tatsächlich die ersten Menschen.

Die Textredaktion von GEO*EPOCHE*: Dr. Anja Herold mit Jens-Rainer Berg (links) und Cay Rademacher, dem Geschäftsführenden Redakteur, der das Konzept für dieses Heft erarbeitet hat

Deshalb handelt dieses Heft auch nicht von der *Entdeckung* der Welt, sondern von ihrer *Erkundung* durch die Europäer (auch wenn die Epoche nach 1492 als „Zeitalter der Entdecker" in die – von Europäern geschriebenen – Geschichtsbücher eingegangen ist).

Es beschreibt den Wagemut von Seeleuten wie Giovanni Caboto oder Henry Hudson, Erforschern Nordamerikas, die mit ihren Schiffen zu Welten jenseits des Horizonts aufbrachen, geleitet vom Stand der Sterne, den Winden und ihrem Gottvertrauen.

Es schildert die staunenmachende Zuversicht von Männern wie dem Preußen Ludwig Leichhardt 1848 in Australien und dem Bayern Adolph Schlagintweit 1855 im Himalaya, die sich auf dem Landweg in kaum erschlossene Territorien vorwagten. Sie alle waren bereit, ihr Leben aufs Spiel zu setzen. Und verloren es.

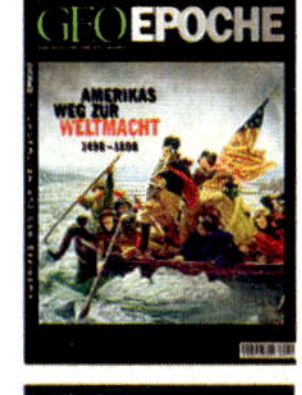

Zwei frühere Ausgaben von GEO*EPOCHE*, die das Thema dieses Heftes fortsetzen

Grob lassen sich die Abenteurer, die loszogen, Ozeane, Wüsten oder Gebirge zu bezwingen, in drei Gruppen einteilen. Die einen – wie Christoph Kolumbus oder Vasco da Gama – sollten neue Handelswege erschließen und für ihre Monarchen Stützpunkte in Übersee etablieren.

Andere, insbesondere die Konquistadoren in Amerika, zogen auf Raub- und Eroberungszüge und zerstörten bei ihrer Suche nach Gold jahrhundertealte Kulturen, löschten ganze Völkerscharen aus. Die dritten – Männer wie die Afrikareisenden Heinrich Barth und David Livingstone – verstanden sich vor allem als Forscher und brachen auf, das Wissen um die Gestalt der Erde zu mehren.

Doch was immer ihre Motive waren, wie immer ihre Aufträge lauteten: Sie trugen allesamt zur europäischen Expansion bei, zum Ausgreifen eines Kontinents auf alle anderen. Und in der Regel zur Unterwerfung und anschließenden Ausbeutung der „Entdeckten".

Der Hinweis auf diese für die Einheimischen dramatischen Folgen der europäischen Expeditionen soll die Leistung so mancher Abenteurer aus dem Abendland nicht schmälern.

Sondern die Perspektive zurechtrücken.

Herzlich Ihr

Michael Schaper

INHALT

DAS DACH DER WELT

Die drei bayerischen Brüder Schlagintweit kartieren von 1854 an mehrere Jahre lang die Gebirgswelt Asiens. Und stoßen dabei als erste Weiße bis in die eisigen Höhen des Himalaya vor.
Seite **110**

KAMPF UM AFRIKA

Im 19. Jahrhundert dringen rücksichtslose Abenteurer wie Henry Morton Stanley (rechts) mit Gewalt ins Innere Afrikas vor. Besonders dramatisch verläuft das Duell der britischen Offiziere Burton und Speke auf der Suche nach den Nilquellen.
Seite **122**

RÄTSEL IN AUSTRALIEN

Nur wenige Oasen liegen in den Wüsten des Fünften Kontinents. 1848 wagt der Deutsche Ludwig Leichhardt eine Expedition in das Outback, von der er nie zurückkehren wird. Sein Verschwinden ist bis heute ein Mysterium.
Seite **100**

VON POL ZU POL

1845 segelt John Franklin gen Norden – in sein Verderben. Noch Jahrzehnte nach dessen Tod kämpfen Expeditionen wie die Ernest Shackletons (r.) gegen das Eis. Dann erst sind Nord- und Südpol erreicht.
Seite **142**

Titelbild: Die »Endurance«, das Schiff der Shackleton-Expedition, 1914 im antarktischen Eis; Foto: Frank Hurley

Redaktionsschluss: 3. November 2006

Zitate sind in die neue Rechtschreibung übertragen worden, Kürzungen sind nicht kenntlich gemacht.

Buchempfehlungen und Karten zu diesem Heft im Internet unter www.geo.de/epoche-entdecker

Im Mittelalter liegt das Abendland im Windschatten
Doch nirgendwo sind die Rivalitäten zwischen den
Goldgier derart grenzenlos. Und so ziehen von Euro

Kontinent der Abenteurer

VON CAY RADEMACHER

Kolumbus und Magellan, Cook und Franklin, Amundsen und Scott – die großen Entdecker sind zu Legenden geworden. Männer mit dem Willen, den Horizont zu überwinden, die sich hinauswagten auf Ozeane und durch Wüsten, in Schluchten und über Gebirge, durch Regenwälder und Eisebenen. Männer, die dorthin gelangten, wo nie zuvor ein Mensch gewesen ist.

Nie zuvor?

Auf den Inseln in Atlantik und Pazifik lebten bereits Menschen. Am Amazonas, in der Sahara, im Inneren Afrikas, im Outback Australiens, zwischen den Gipfeln des Himalaya: Überall (mit Ausnahme der Polregionen) waren die europäischen „Entdecker" Spätankömmlinge. Andere hatten das Land oft schon Jahrtausende vor ihnen erschlossen.

Und doch: Mit den Abenteurern aus Europa begann ein neues Zeitalter. Begann eine Epoche der Erforschung der Erde, der Beschreibung ihrer Schönheiten, der Explosion von Wissen. Zugleich war dies auch der Beginn eines Eroberungszuges, wie es ihn nie zuvor gegeben hatte.

Was aber unterscheidet die Fahrten eines Kolumbus von den im gleichen Jahrhundert unternommenen Reisen des chinesischen Admirals Zheng He, der mit einer gigantischen Flotte den Indischen Ozean befuhr? Was die Erkundung des Pazifiks durch James Cook von den wagemutigen Reisen der Polynesier in ebenjenem Ozean? Was die Expeditionen der Briten Burton und Speke ins Innere Afrikas von den jahrelangen Wanderungen des arabischen Weltreisenden Ibn Battuta?

Es war wohl die Maßlosigkeit im Guten wie im Schlechten. Denn die Europäer erforschten nicht *einen* Kontinent oder befuhren *einen* Ozean: Sie wollten alles erkunden.

Sie landeten an jenen Küsten des Indischen Ozeans, die vor ihnen bereits von den Chinesen erreicht worden waren – und bereisten die arabische Welt. Sie brachen auf ins Innere Afrikas – und in den Himalaya. Sie untersuchten die Welt der Inuit – und den Kosmos der Amazonas-Indianer.

Unersättlich war ihre Neugier, ihr Bedürfnis nach Ruhm, ihre Hoffnung auf Beute. Sie wollten kartographieren und katalogisieren. Sie schürften nach Gold und Diamanten. Sie versklavten Völker oder missionierten sie.

Wie kam es dazu, dass sich die Einwohner eines so kleinen Kontinents hinauswagten auf den Planeten?

Das historische Drama der Entdeckung der Welt durch Europäer beginnt in Genua – aber nicht mit dessen bedeutendstem Bürger, Christoph Kolumbus, sondern zwei Jahrhunderte vor ihm. 1291 legen dort zwei Galeeren ab, kommandiert von den Brüdern Ugolino und Vandino Vivaldi. Sie sollen, im Auftrag des Genueser Dogen, einen Seeweg nach Indien erkunden. Die Vivaldis segeln entlang der Westküste Afrikas und erreichen vielleicht sogar – als erste Europäer nach der Antike – die Kanarischen Inseln. Dann verliert sich ihre Spur. Beide Schiffe tauchen niemals wieder auf.

Mit den Genueser Kapitänen machen sich erstmals europäische Entdecker auf, die Grenzen ihres Kontinents auf dem Seeweg zu überwinden. Und es ist kein Zufall, dass diese Expedition noch im Mittelalter unternommen wird.

Denn jene Epoche ist nicht so rückständig, wie sie in den Berichten späterer Chronisten erscheint. Dass die Erde die Gestalt einer Kugel hat, beispielsweise, ist allen Gelehrten Europas bewusst. Erst in der Neuzeit kommt, um das Mittelalter als rückständig zu schmähen, die Legende auf, dass sich die Menschen zu jener Zeit auf einer Scheibe wähnten.

Auch kennen die Bewohner des Abendlandes Berichte, die von der Pracht Bagdads und Pekings künden. Erleben zwischen dem 11. und 13. Jahrhundert Kreuzritter im Heiligen Land, wie fortgeschritten die muslimische Kultur ist. Gründen italienische Handelshäuser Kontore am Schwarzen Meer.

Im 15. Jahrhundert schließlich ermöglichen drei Phänomene endgültig Europas Ausgreifen in die Welt: Innovation, Rivalität, Kontinuität.

Die Kultur der Innovation: Europas Gelehrte und Praktiker wie Seeleute oder Händler entwickeln beständig ihr technisches Wissen weiter. Der Kompass etwa ist zwar wahr-

der Geschichte: Anderswo, in China und in Vorderasien, blühen fortgeschrittenere Zivilisationen.

Fürsten so intensiv, verbinden sich Glaubenseifer und Geschäftssinn so skrupellos, sind Neugier und

pa im 15. Jahrhundert wagemutige Männer aus, die Welt zu erkunden – und zu unterwerfen

scheinlich eine Erfindung der Chinesen, welche die Europäer erst im Mittelalter kennen lernen – doch schon bald gelingt es ihnen, dieses nautische Instrument zu verbessern. Und Europas Werften konstruieren Schiffe wie die Karavelle, die kleiner sind als die Dschunken, aber ebenso hochseetüchtig.

So entsteht ein technisches Arsenal, das Fernreisen erleichtert. Und jede neue Reise motiviert zu weiteren Entwicklungen; auch bei den Waffen, der Reisemedizin, der Lagerung von Vorräten oder der Kommunikationstechnik sind Europas Pioniere jenen Völkern, auf die sie treffen, bald überlegen. So überlegen, dass sie ihren Vormarsch dort, wo sich die Einheimischen verweigern, mit Gewalt erzwingen können, etwa in Tibets Hauptstadt Lhasa.

Die Kultur der Rivalität: Der Konkurrenzkampf der europäischen Staaten ist zum Ausgang des Mittelalters enorm. Die italienischen Fürstentümer und Republiken befehden einander fast ohne Unterlass; England und Frankreich liegen ein Jahrhundert im Krieg; Spanien kämpft, kaum dass es die maurische Herrschaft endgültig abgeschüttelt hat, gegen Portugal, England, die Niederlande.

Entdeckungen sind da oft Schachzüge im europäischen Machtspiel, von denen einer den nächsten provoziert. Die Portugiesen etwa segeln entlang der afrikanischen Küste gen Indien. Das treibt Spanien dazu, Schiffe auf der Westroute nach Indien zu schicken, die auf Süd- und Mittelamerika stoßen. Daraufhin fahren Kapitäne im englischen Auftrag nach Nordamerika. Die Erfolge der Engländer motivieren bald wiederum Frankreich zu Expeditionen, anfangs nach Nordamerika, später in die Südsee. Und die Profite der Portugiesen reizen schließlich die Niederländer, sich bis nach Südostasien zu wagen.

Die Kultur der Kontinuität: Noch die brutalsten Konquistadoren werden häufig von einem Chronisten begleitet, der notiert, was er auf dem Eroberungszug beobachtet. Umgekehrt ist mancher idealistische Forscher oder Missionar zugleich auch ein politischer Kundschafter seines Landes.

Europas Expeditionen werden deshalb sowohl von niederen wie hehren Motiven getrieben – und die Entdeckungen systematisiert. Je mehr Reisen organisiert werden, desto besser können die darauffolgenden vorbereitet werden.

Der Brite James Cook etwa kommt erst zweieinhalb Jahrhunderte nach den Spaniern in den Pazifik. Aber er nutzt das Wissen seiner Vorgänger (etwa um bereits entdeckte Inseln) und erweitert es. Zugleich sind seine Schiffe besser für Entdeckungsfahrten ausgerüstet als die Galeonen der Spanier, er kann präziser navigieren (dank technischer Entwicklungen wie der des Chronometers), und seine Besatzung ist besser verpflegt (ein Fortschritt der Medizin).

Die Chinesen hingegen stellen durch kaiserlichen Befehl im späten 15. Jahrhundert ihre Fahrten nach Übersee ein – teils aus Arroganz gegenüber den „barbarischen" Fremden, deren Länder zu entdecken sich nicht lohne, teils aus machtpolitischem Kalkül. Denn von den Seereisen profitieren vor allem die Händler, was die etablierten kaiserlichen Beamten um ihren Einfluss fürchten lässt. Die Chinesen wracken die großen Dschunken ab und verlieren ihr nautisches Wissen.

So tasten sich die Europäer Schritt für Schritt über die Ozeane und die Kontinente – und mit jedem Schritt wird ihre militärische, wirtschaftliche und technische Überlegenheit gegenüber anderen Kulturen größer, was wiederum weitere Expeditionen erleichtert. Ein Zyklus, der, einmal in Gang gesetzt, die Europäer zu Gewinnern jenes Zeitalters macht – und fast alle anderen Völker zu Verlierern.

Denn dies waren die Vorrechte, welche die Europäer als Sieger beanspruchten: Die Entdeckten verloren ihre wirtschaftliche Autonomie und mussten in imperialen Systemen arbeiten. Sie verloren ihre politische Macht und wurden zu kolonialen Untertanen. Sie verloren ihre kulturelle Identität, weil religiöse und, später, politische Missionare ihnen neue Werte aufzwangen. Und oft genug verloren sie ihr Leben, hingemordet in Eroberungszügen oder hinweggerafft von eingeschleppten Seuchen.

Damit ist nicht eine Dämonisierung der Entdecker und eine Idealisierung der Entdeckten gemeint: Viele Europäer trieb echte Neugier. Und sie kehrten zurück voller Bewunderung für die Menschen, zu denen sie gereist waren.

Viele der Entdeckten andererseits waren schon vor Ankunft der Weißen in Bedrängnis geraten. In der Südsee etwa entdeckten die Europäer Eilande, die als Folge des Raubbaus der Einheimischen ökologisch kollabiert waren, so die Osterinsel. Und im Inneren Afrikas wurden Abenteurer wie David Livingstone Augenzeugen der Feldzüge arabischer und schwarzer Sklavenjäger, die ganze Regionen entvölkerten.

Dennoch: Die Entdeckung der Welt durch die Europäer bedeutete in der Regel auch deren Eroberung. Und manchmal – in Nordamerika und Australien – verdrängten die Entdecker die Entdeckten so vollständig, dass sich der neu erschlossene Kontinent zu einer Art Erweiterung Europas wandelte.

So wurden fast alle Lebensräume europäisiert. Jene Gier der Entdecker, jene Leidenschaft, den Vorstoß zum Horizont zu wagen, ist durch diese Europäisierung nun Teil aller Kulturen. Die Sehnsucht des Kolumbus ist global geworden. □

Cay Rademacher, 41, ist Geschäftsführender Redakteur von GEO*EPOCHE*. Er hat über viele Entdecker geschrieben, von den Polynesiern bis zu den Astronauten.

Das neue Bild

Ab Mitte des 15. Jahrhunderts treibt es die Europäer in die Welt jenseits ihres Kontinents. Sie gehen auf Entdeckungsfahrten, die häufig rücksichtslose Eroberungszüge sind. Auf Erkundungstouren, die wertvolles Wissen einbringen, aber mitunter ganze Völker auslöschen. Über Jahrhunderte dokumentieren Chronisten und Zeichner in den Expeditionstrupps die Fahrten der Pioniere. Und als die Fotografie aufkommt, erschaffen Lichtbildner Ansichten der Fremde, so realistisch wie nie zuvor

der Erde

Dunkle Brillen schützen einen Teil der Mannschaft Fridtjof Nansens gegen das gleißende Licht der Arktis. 1895 erreicht der Norweger fast den Nordpol. Langwierige Expeditionen wie diese bedeuten häufig Alltag im Ausnahmezustand: Nansen führt Musikinstrumente mit – und eine Bibliothek von 600 Büchern

Mithilfe aufgeblasener Ochsenhäute queren Einheimische 1903 den Gebirgsfluss Sutlej im Westen des Himalaya. Der Brite Francis Younghusband vermisst den Strom auf seinem Marsch nach Tibet

Briten hissen 1904 , aus Indien kommend, ihre Flagge in Südtibet. Anschließend besetzen sie gewaltsam die Hauptstadt Lhasa, um sie für den Handel zu öffnen. Von Norden drängen russische Expeditionen in das Hochland

Zerklüftete Felsen, Gletscher und steile Anstiege – hier um 1866 am Manirang-Pass – machen die Gebirge Zentralasiens zu den unzugänglichsten Regionen des Kontinents. Dennoch ringen Europas Mächte und ihre Abgesandten ab 1850 gerade hier um Einfluss

Nirgendwo vermischen sich Entdeckungsgeschichte und Machtpolitik so sehr wie in der Bergwelt des Himalaya. Zwar sind es im 17. Jahrhundert zunächst Missionare wie der Portugiese Antonio de Andrade, die als erste Europäer das »Dach der Welt« sehen und davon berichten. Doch im 18. Jahrhundert entsenden vor allem die Imperialmächte Russland und Großbritannien Kundschafter in das Gebirgsmassiv. Im Auftrag des Zaren mehrt etwa der Offizier Nikolaj Prschewalskij nicht nur die Kenntnisse über Landschaft, Flora und Fauna – sondern manifestiert auch den Herrschaftsanspruch seines Landes.

Ein Brite und sein Führer um 1890 am Eingang einer Höhle im heutigen Uganda. Die Europäer fühlen sich zwischen

Seit dem 15. Jahrhundert befahren Portugiesen die Küsten von **Afrika** und machen mit dem Handel schwarzer Sklaven gute Geschäfte. Erst ab 1800 wagen sich europäische Abenteurer auch ins afrikanische Hinterland. Oft getarnt als muslimische Reisende, besuchen sie mythenumwobene Orte wie die Wüstenstadt Timbuktu

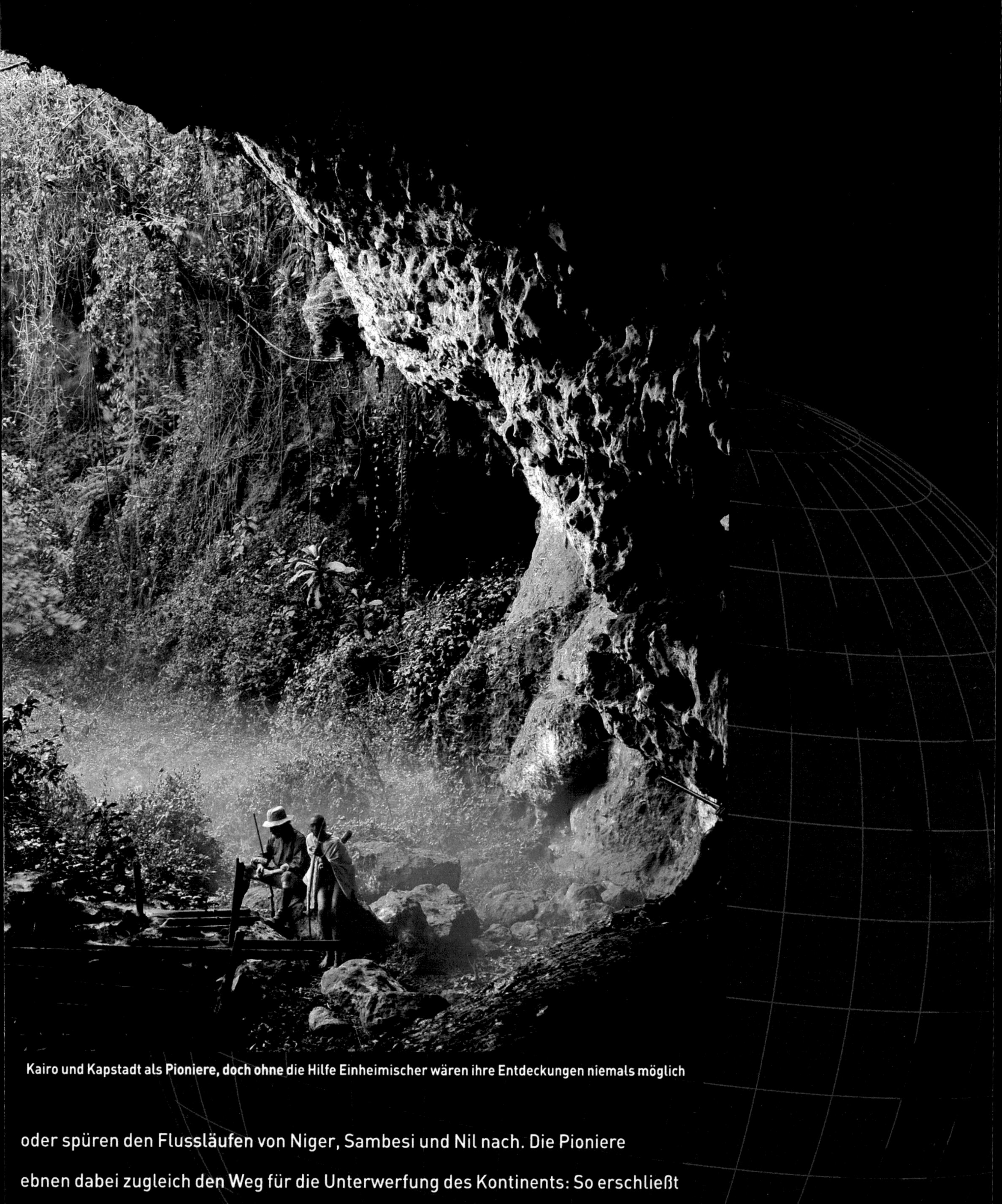

Kairo und Kapstadt als Pioniere, doch ohne die Hilfe Einheimischer wären ihre Entdeckungen niemals möglich

oder spüren den Flussläufen von Niger, Sambesi und Nil nach. Die Pioniere ebnen dabei zugleich den Weg für die Unterwerfung des Kontinents: So erschließt der britisch-amerikanische Entdecker Henry Morton Stanley um 1880 für den belgischen König kurzerhand eine Rohstoffkolonie am Kongo

Die Maharadscha-Dynastie von Indore – hier Fürst Tukoji Rao um 1875 – verliert 1805 den Kampf gegen die Briten

Pilger bevölkern 1865 die Hindu-Tempel von Benares am Ufer des Ganges. Auch nach der Machtübernahme durch die Europäer ist die Stadt ein religiöses Zentrum

Lange widerstehen die in Palästen residierenden Herrscher von Udaipur den Angriffen muslimischer Moguln. 1818 ergeben sie sich den Briten

Noch im späten Mittelalter halten viele Europäer das ferne **Indien** für ein Land der Wunder und Fabelwesen. Als ab 1498 die ersten Entdecker den Subkontinent auf dem Seeweg erreichen, treffen sie auf hochentwickelte hinduistische und muslimische Kulturen, auf prachtvolle Fürstentümer und Königreiche. Vor allem der Handel mit Gewürzen und Stoffen zieht Portugiesen, Niederländer und Franzosen in der Folge nach Indien. Und bald bringen Briten, um ihre Handelsinteressen zu sichern, weite Teile des Landes mit Waffen und Diplomatie unter ihre Kontrolle

Antarktis, 1912: Um 70 Meter überragt die Gletscherwand am Mount Erebus einen Schlittenführer des Briten Robert

Um das Jahr 1820 sichtet Fabian von Bellinghausen, ein deutscher Seefahrer in russischen Diensten, im südlichen Eismeer eine hoch aufragende Insel – erstmals erblickt ein Europäer das Land der Antarktis. Fast 100 Jahre vergehen, ehe es den Expeditionen gelingt, ins Zentrum des Kontinents

F. Scott. Der setzt auf seiner Expedition auch Motorfahrzeuge ein, die der extremen Kälte jedoch nicht standhalten

vorzustoßen. Über das Schelfeis der Ross Bay, gut 2500 Kilometer südlich von Neuseeland, erreichen 1911/12 zwei Expeditionen fast zeitgleich den Pol: Der Norweger Roald Amundsen hat Robert F. Scott erst kurz zuvor über sein Konkurrenzprojekt informiert

Aus Gier wird Neugier: Binnen 100 Jahren erobern Konquistadoren von 1500 an große Teile von **Mittel- und Südamerika**, interessiert nicht an fremden Zivilisationen, sondern einzig an deren Schätzen. Als zweieinhalb Jahrhunderte später die ersten Forscher den Kontinent bereisen, sind bereits Millionen von Ureinwohnern Krankheiten und Waffen zum Opfer gefallen, sind alte Kulturen zerstört. Die Wissenschaftler werden nun vor allem in jenen Regionen fündig, welche die frühen Eroberer kaum betreten haben: So kommt es in den Urwäldern Amazoniens zu so etwas wie einer zweiten Entdeckung der Neuen Welt

Der Deutsche Theodor Koch-Grünberg – hier am Rio Caiary – studiert von 1903 bis 1905 im brasilianischen Regenwald die Kultur unbekannter Völker

In Südbrasilien treffen Anthropologen 1876 auf Indianer vom Stamm der Kaingang. Die ersten Europäer in Amerika versklavten oft ganze Völker und ließen sie für sich auf Feldern oder in Minen arbeiten

Um 1890 untersucht der Brite Alfred Maudsley die Stelen der versunkenen Maya-Kultur von Copán im heutigen Honduras. Untergegangen ist sie wahrscheinlich durch Kriege gegen andere Maya-Städte – nicht durch die Invasion der Europäer □

Jenseits des Horizontes

Mit dem Sohn eines Wollwebers beginnt ein neues Zeitalter: Christoph Kolumbus verlässt seine italienische Heimat, besessen von einer Vision. Den Atlantik will er bezwingen, will nach Westen segeln bis zu den Schätzen Asiens. Nach langem Ringen schickt das spanische Königspaar den Mann, der seine Schreiben mit einer rätselhaften Unterschrift signiert, 1492 über den Ozean. Doch der Kapitän findet nicht einen Seeweg nach Asien – sondern eine Neue Welt. Seine Entdeckung lockt fortan unzählige europäische Abenteurer in die Ferne

.S.
.S. A .S.
X M Y
Xpo FERENS

Kein authentisches Porträt des Entdeckers ist erhalten. So haben sich viele Künstler ihr eigenes Bild der

legendären Gestalt gemacht. Etwa Karl Theodor von Piloty, der 1865 den Kapitän an Bord seines Schiffes zeigt

VON CAY RADEMACHER

Donnerstag, 14. Februar 1493. Christoph Kolumbus ist am Ende seiner seemännischen Kunst. Seit zwei Tagen schlägt ein Wintersturm auf die „Niña" ein, sein kaum 20 Meter langes Schiff. Der Atlantik, schreibt der verzweifelte Kapitän ins Logbuch, gleicht „einem Hexenkessel": Wasserwände überrollen den kleinen Dreimaster, Brecher spülen über das Deck, fast steuerlos treibt die Niña nach Nordosten, die Segel gerefft, damit die Böen sie nicht in Fetzen reißen.

Kolumbus hat Salzwasser in leere Wein- und Süßwasserfässer schöpfen und diese im Bauch des Schiffes stapeln lassen, um so den Ballast zu erhöhen. Er hat seinen Matrosen befohlen, die Rah – die quer angebrachte Stange des Segels – am Großmast tief nach unten zu ziehen, sodass deren Enden das schäumende Wasser berühren. Beides soll helfen, die rollende und stampfende Niña zu stabilisieren.

Sie sind allein.

Noch Stunden zuvor war die größere „Pinta" in Sichtweite, in der Düsternis der Sturmnacht tauschten die Kapitäne Lichtsignale mit den Bordlaternen am Heck aus. Doch nun wird das Leuchten der Pinta immer schwächer, denn der Sturm treibt das andere Schiff gen Norden ab. An Schlaf ist nicht zu denken.

Die Verpflegung besteht jetzt, nahe dem Ende der langen Fahrt, aus wenig mehr als hartem Zwieback und schalem Wasser. Nur die ein paar Fingerbreit dicken, vom Bohrwurm befallenen Holzplanken des Schiffes trennen die Männer vom kalten Meer. Und dort lauern Haie – drei Wochen zuvor haben die Matrosen einen gefangen.

Wenn die Kunst am Ende ist, kann nur der Glaube helfen: Sollten sie den Sturm unbeschadet überstehen, so verkündet der Kapitän, wird ein Mann aus der Mannschaft eine Wallfahrt antreten. Das Los geht um – es trifft Kolumbus selbst.

So groß ist die Not, dass die Matrosen sich nicht mit einer Wallfahrt zufrieden geben. Sie geloben eine zweite und eine dritte. Zweimal noch ziehen sie das Los. Einmal fällt es auf einen Matrosen, schließlich wieder auf Kolumbus.

Das Unwetter jedoch lässt nicht nach, und der Unmut der Männer wächst. Wären sie doch nie mitgefahren! Mit diesem Fremden, diesem Großmaul, diesem Fantasten! Nun ist es zu spät, nun sind ihre Schicksale an das seine gekettet.

Das Schicksal des Kolumbus: Ist es denn möglich, dass Gott ihm keinen Triumph gönnt ohne einen Kampf? Dass der Herrscher im Himmel ihm den Erfolg, den er schon sicher glaubte, stets wieder zerrinnen lässt? Oh ja, auch der Kapitän hat Angst um sein Leben. Er denkt, wie Eintragungen ins Logbuch belegen, an seine beiden Söhne, die er in Spanien zurückgelassen hat – so wie sich wohl viele Seeleute in jenen düsteren Stunden nach ihren Familien sehnen.

Aber noch eine andere, vielleicht seine größte Qual plagt Kolumbus: die Angst, ruhmlos unterzugehen. Ist es doch die Sucht nach Ansehen, die ihn seit Jahren antreibt, die ihn vorwärts peitscht, zuerst durch Europa, von Hof zu Hof, dann über den Ozean, weiter, nur immer weiter! Sollten ihn nun die Wogen verschlingen – wer würde sich an Christoph Kolumbus erinnern?

Und so treibt den Kapitän nicht nur die Sorge um sein Schiff, sondern auch die um sein Nachleben. Über das schwankende Deck kämpft er sich in die Achterkammer, einen winzigen hölzernen Verschlag, der gerade Platz bietet für eine Koje, einen Stuhl, einen Tisch.

Während die Niña hin und her geworfen wird und die Matrosen beten und fluchen, lässt sich Kolumbus Pergament und Tinte reichen. Einen Bericht will er schreiben, mitten in höchster Not. Hastige Zeilen, eingeleitet von einem prahlerischen, verzweifelten Versprechen: 1000 Dukaten solle der Finder dieses Dokumentes erhalten, wenn er es König und Königin von Spanien überreiche. In ein leeres Fass will Kolumbus das Pergament legen, will es über Bord werfen in die tobende See, in der Hoffnung darauf, dass selbst dann etwas von ihm bleibt, wenn die Niña untergeht.

Und zu berichten hat Christoph Kolumbus wahrhaftig genug.

Er ist ein unruhiger Mann in einem unruhigen Zeitalter. Europa 1492: Ein Kontinent stößt überall an seine Grenzen. Und Hirn und Herz der Alten Welt ist Italien. In den Stadtstaaten wirken die Künstler der Renaissance, die in ihren Bildern und Statuen nicht mehr göttliches Wirken in den Mittelpunkt ihres Schaffens stellen, sondern den Menschen. Mediziner sezieren Leichen, Humanisten fahnden in uralten Bibliotheken nach verschollenen antiken Schriften; Bankiers wie die Medici in Florenz unterhalten Filialen in zahlreichen Ländern und schaffen so Finanzimperien.

Als Kolumbus geboren wird, durchlebt Europa dramatische Jahrzehnte

Doch die Pracht von Florenz und Rom, von Mailand und Neapel, von Venedig und Genua hängt zu einem großen Teil am Fernhandel – und der ist bedroht. Jahrhundertelang sind die Reichtümer Asiens auf italienischen Schiffen von der Levante übers Mittelmeer ins Abendland gelangt: Seide und Pfeffer, Parfums und Edelhölzer. Doch 1453 haben die Osmanen Konstantinopel erobert. Am Nordostrand des Mittelmeeres ist eine neue Großmacht entstanden, die Italiens Seefahrer zunehmend aus dem lukrativen Asienhandel drängt.

Macht und Reichtum der Stadtstaaten auf der Apenninenhalbinsel schwinden –

Am 12. Oktober 1492 sichtet ein Matrose Land: eine Insel der heutigen Bahamas. Kolumbus entdeckt auf seiner ersten Reise dort weitere Flecken im Meer, zudem Kuba und Hispaniola (heute Haiti und Dominikanische Republik). Er jedoch glaubt, Asien erreicht zu haben

langsam zwar, doch unaufhaltsam. Zugleich entstehen andernorts neue Kräfte. In Deutschland etwa hat Johannes Gutenberg um 1450 in Mainz den Buchdruck mit beweglichen Lettern erfunden: eine technische Revolution, die zur geistigen wird. Denn nun lassen sich Streitschriften, Pamphlete, politische Traktate, lassen sich Abenteuerberichte, wissenschaftliche Abhandlungen, philosophische Spekulationen schneller und preiswerter verbreiten als zuvor.

Und auf der Iberischen Halbinsel endet am 2. Januar 1492 eine 781-jährige Geschichte: Mit dem Fall des von den Mauren beherrschten Granada erlischt die muslimische Herrschaft in Spanien.

Portugal, wo die arabische Hegemonie bereits gut 200 Jahre zuvor untergegangen ist, hat sich inzwischen zu einer Seemacht entwickelt. Seine Kapitäne wagen sich immer weiter die Küste Afrikas entlang – unter anderem auf der Suche nach einem Seeweg gen Indien, der die von den Osmanen behinderten Handelsrouten ersetzen könnte (siehe Seite 50).

Dies also ist die Konstellation im Jahre 1492.

Cristoforo Colombo wird an einem Tag im Herbst 1451 – das genaue Datum ist nicht überliefert – in Genua geboren, als ältester von vier Söhnen eines Wollwebers. Die Stadt ist, neben Venedig, Italiens bedeutendste Seemacht. Schon als Junge wird Kolumbus Schiffe gesehen und Salzluft geatmet haben. Bald schon fährt er selbst mit.

Wahrscheinlich beginnt Kolumbus seine Karriere als Schiffsjunge, dann wird er Matrose. Ehrgeiz treibt ihn. Jahre später wird er schreiben: „Der Seefahrer will die Geheimnisse der Welt ergründen. Meinem Wunsche war der Herr geneigt, er verlieh mir Geist und Einsicht. In der Wissenschaft vom Segeln gab er mir zum Überfluss, in der Astrologie so viel, wie nötig war, und so auch in der Geometrie und Astronomie. Ferner gab er mir die Lust und Geschicklichkeit, um Karten zu zeichnen und darauf Städte, Gebirge, Flüsse, Inseln, Häfen, jedes an seiner Stelle. Ich habe gesehen und in Wahrheit auch studiert alle Bücher, Wegbeschreibung, Historie, Chroniken und Philosophie, dann noch andere Künste, für die mir unser Herr mit sichtbarer Hand den Sinn aufschloss und mich aufs Meer schickte und mir das Feuer zur Tat gab."

Das Seemännische lernt er an Bord der Schiffe, auch die Kunst der Navigation. Doch der junge Matrose will mehr wissen; er lernt Lesen und Schreiben – und Latein, die Sprache der Gelehrten. Er besorgt sich Bücher, die er mit unzähligen Randbemerkungen in feiner Handschrift versieht, Werke über Geographie und Astronomie.

Mehr als alle anderen Bücher fasziniert ihn der Reisebericht des Venezianers Marco Polo, der im 13. Jahrhundert behauptet hat, bis nach China gelangt zu sein. Kolumbus liest von marmornen Brücken und goldenen Dächern, von riesigen Städten und dem mächtigen Großkhan, liest von der sagenhaft reichen Insel Cipango (Japan). Und irgendwann packt ihn dieses Buch und gibt seinem Leben ein Ziel, das er fortan um jeden Preis verfolgen wird: die Traumreiche Asiens zu erreichen.

Weshalb?

Glaube, Ruhmsucht und Gier treiben ihn. Und das ist kein Widerspruch in sich, sondern, wie Kolumbus es sieht, eine perfekte Kombination. Denn religiös ist er, streng und ein wenig irrlichtern – sogar für eine Zeit und ein Land, in dem der Glaube zwar noch nicht kritisiert wird, die mittelalterliche Frömmigkeit aber unter manchen Gebildeten bereits einer skeptischeren Haltung gewichen ist. Dagegen glaubt Kolumbus, dass Gott ihn persönlich auserwählt habe, Großes zu vollbringen.

Gold führt dabei zu Gott. Denn Kolumbus verzehrt sich nach Schätzen und nach keinem mehr als dem edlen Metall. Gold bedeutet Reichtum, Ruhm und Macht – und wird ihm zum religiösen Werkzeug: Später wird Kolumbus den königlichen Förderern seiner Fahrten von der Möglichkeit vorschwärmen, so viel Gold zu gewinnen, dass man damit einen neuen, einen finalen Kreuzzug zur Befreiung des Heiligen Landes führen könnte.

Und so verbinden sich bei dem Mann aus Genua wohl schon in seinen Jugendjahren Glaube an Gott und Sucht nach Gold, gehen solides praktisches Seemannswissen und die detailversessene, aber erratische Bildung des Autodidakten eine unauflösliche Verbindung ein, ergänzen Erfahrung, Disziplin und Umsicht seine fantastischen Träumereien.

Für so einen Mann ist das Mittelmeer zu klein.

Den Weg gen Osten zum Sehnsuchtsziel versperrt das Osmanische Reich. Anders jedoch am Westrand der Alten Welt. Kämpft nicht Spanien mit der Reconquista gerade eine Art Kreuzzug? Und für Kolumbus zunächst noch wichtiger: Sendet nicht Portugal Schiff um Schiff auf den Atlantik – auf einen Ozean, so unendlich viel größer als das Mittelmeer? Auf einen Ozean, von dessen fernen Küsten niemand etwas zu sagen weiß?

1476 verlässt Kolumbus seine Heimat und reist nach Lissabon. Er wird niemals zurückkehren.

EIN BRUDER HAT SICH bereits in Portugal niedergelassen, als Kartograph. Kolumbus tut sich mit ihm zusammen und lebt davon, Landkarten zu zeichnen. Doch bald schon fährt er auf portugiesischen Schiffen hinaus: nach Madeira, hinauf bis Flandern, England, Irland, die westafrikanische Atlantikküste hinunter bis Guinea, wo Portugiesen im Gold- und Sklavenhandel Vermögen machen.

Im Jahr 1479 heiratet der Mann aus Genua Felipa Perestrello e Moniz. Seine Frau bringt keine nennenswerte Mitgift in die Ehe, doch ist sie adelig. Sie ebnet ihm Kontakte bis zum Königshof von Lissabon. Und über seinen bereits verstorbenen Schwiegervater gelangt er an einen nautischen Schatz. Denn dieser Schwiegervater war seinerseits ein Seefahrer. Bis zur Madeira-Gruppe ist er gesegelt und erhielt für seine Verdienste den Gouverneursposten auf Porto Santo, der am weitesten östlich gelegenen Insel des Archipels.

Kolumbus darf die Seekarten des angeheirateten Vorfahren studieren. Der portugiesische König öffnet dem nunmehr dank seiner Ehe respektablen Fremden zudem sein Archiv. Dort liegt unbeachtet ein Brief des Florentiner Arztes und Universalgelehrten Paolo Tos-

Als junger Mann verlässt Kolumbus seine Heimat Genua und geht nach Portugal, wo er nautische Schriften studiert. Um 1484 schlägt er dem König in Lissabon vor, auf der Suche nach einem Seeweg nach Indien gen Westen zu segeln – wird aber höhnisch abgewiesen. Einige Jahre später ist er in Spanien und verteidigt seinen Plan vor den königlichen Ratgebern in Salamanca. Doch anders, als es Nicolò Barabino hier darstellt, wird der Italiener diesmal von den Höflingen nicht verlacht, sondern nur mit freundlichen Worten hingehalten. Das allerdings sechs Jahre lang

canelli. Der hat 1474 dem Monarchen empfohlen, die Schätze Asiens auf dem Westweg zu erreichen.

Denn dass die Erde eine große Kugel und keine Scheibe sein muss, ist den Menschen, zumindest den Gebildeten, bereits seit der Antike bewusst – und dieses Wissen ging auch im Mittelalter nicht verloren. Kein kirchliches Dogma verbot die Vorstellung einer kugelförmigen Erde, kaum ein Geistlicher hat sich je gegen dieses Bild ausgesprochen.

Toscanelli konnte aus antiken und mittelalterlichen geographischen Werken und Reiseberichten Distanzangaben zusammentragen – und kam zum Ergebnis, dass Europa und China gen Westen hin nur 130 Längengrade zu je 92 Kilometern trennen: eine Entfernung von rund 12000 Kilometern, eine machbare Reise über den Atlantik. Man müsse es nur wagen. (Tatsächlich liegen auf der geographischen Breite zwischen Lissabon und China in westlicher Richtung etwa 230 Längengrade zu je 87 Kilometern, also über 20000 Kilometer.)

Doch niemand in Lissabon hat den Arzt aus Florenz ernst genommen, der dem Herrscher nichts weniger empfahl, als das unter unendlichen Mühen seit einem guten halben Jahrhundert unternommene Programm der Umsegelung Afrikas auf der Suche nach einer Ostroute aufzugeben – und stattdessen und wortwörtlich einfach ins Blaue gen Westen zu fahren.

Kolumbus aber ist entflammt. Er schreibt Toscanelli einen Brief. Der Florentiner antwortet sofort und bestätigt: Ja, die Westroute ist machbar!

Um 1480 zieht Kolumbus mit seiner Frau auf jene entlegene Insel Porto Santo, auf der sein Schwiegervater einst amtiert hat.

Nun ist er mitten im Atlantik.

Der Mann aus Genua muss jetzt nur noch in Gedanken verbinden, was er bereits durch seine intensive Lektüre und seine vielen Seefahrten weiß und was er mit eigenen Augen sieht: Auf Porto Santo und, stärker noch, auf den südlicher gelegenen Kanarischen Inseln wehen Passatwinde beständig von Nordosten nach Südwesten, auch eine Meeresströmung treibt stark in Richtung Horizont. Wer nach Westen fahren möchte, muss auf den Kanaren in See stechen – Wind und Wellen treiben das Schiff voran.

Auf den nördlicher gelegenen Azoren und bis hinauf nach Irland hingegen – und auch das mag Kolumbus bekannt gewesen sein – ist es umgekehrt. Winde und Strömungen kommen von jenseits des Meeres: ideal für jeden, der aus jenen fernen Gestaden des Atlantiks zurückkehren möchte.

Nirgendwo überliefert, aber gut möglich, dass Kolumbus, der nun schon besessen Neugierige, von seltsamen Pflanzen, von Ästen unbekannter Baumarten, von geheimnisvollen Früchten und vielleicht gar Relikten von Menschenhand gehört hat, die in den Azoren oder bei Irland angetrieben worden sind – von jenseits des Horizontes.

In den Häfen erzählt man sich Gerüchte von einem Land im Westen

Möglich auch, dass ihm in den Häfen, die er angelaufen hat in all den Jahren, seltsame Geschichten zu Ohren gekommen sind. Von einem Land jenseits des Atlantiks.

Denn Kolumbus ist ja nicht der einzige Europäer, den die Weite des Atlantiks reizt, und der Erste schon gar nicht.

Bereits um das Jahr 875 haben Wikinger von Island aus Grönland erreicht. Ein Jahrhundert darauf sichtet einer ihrer Kapitäne „bewaldete Hügel" westlich der eisigen Halbinsel, landet dort aber noch nicht. Wohl erst um das Jahr 1000 segelt der Wikinger Leif Eriksson dorthin und gründet eine Kolonie in „Vinland", wie er die Entdeckung tauft. Wahrscheinlich auf Neufundland.

Nur wenige Jahrzehnte halten sich die Wikinger in jenem fernen Land, dann geben sie ihre Siedlungen wieder auf – zermürbt von Nahrungsmangel und ständigen Kämpfen mit Indianern.

Fraglich, ob Kolumbus von jenen Abenteuern gehört hat, fast ein halbes Jahrtausend vor seiner Zeit. Doch auch in den Jahren, da sein Traum Gestalt annimmt, erzählt man sich in den Häfen von Seefahrern, die eigentlich nach Afrika segeln sollten, aber weit nach Westen abgetrieben wurden und dort Land sichteten.

Und sicherlich hat Kolumbus, der auf portugiesischen Schiffen schon bis nach England und Irland gelangt ist, von den zwei deutschen Kapitänen (und Freibeutern) Didrik Pining und Hans Pothorst gehört. Der dänische König hatte sie 1473 auf Entdeckungsfahrt in die Nordsee entsandt. Pining und Pothorst verschlug es bei diesem Unternehmen bis nach Grönland; gut möglich, dass sie sogar Labrador und Neufundland erreichten.

Der König in Lissabon finanzierte das dänische Abenteuer mit und entsandte den Kapitän João Vaz Corte Real als seinen Repräsentanten an Bord. Der wiederum ist seit 1474 Gouverneur der Azoren-Insel Terceira – und Kolumbus damit möglicherweise bekannt, auch wenn dies nirgendwo überliefert ist.

Kann Kolumbus da noch warten? Muss er nicht seine Chance ergreifen, bevor jemand anderer aus allen diesen Indizien die gleichen Schlussfolgerungen zieht und ihm zuvorkommt?

Um 1483 hält es ihn nicht mehr auf der entlegenen Insel Porto Santo. Mit seiner Frau und dem kaum dreijährigen Sohn Diego kehrt er zurück nach Lissabon, erlangt dort einen Audienztermin beim König – und präsentiert Johann II.

seinen „Großen Plan“. Zeugen für dieses Treffen gibt es nicht, doch wahrscheinlich stellt Kolumbus erstmals die Forderungen, an denen er auch in späteren Jahren festhalten wird: Der Monarch solle ihm einige Schiffe geben, er werde bis zu den Kanaren segeln – und von dort immer entlang des 23. Breitengrades unbeirrbar Kurs West halten. 2400 Seemeilen nur lägen zwischen dieser Inselgruppe und dem legendär reichen Cipango, eine Reise von vielleicht vier Wochen. Ein Kinderspiel im Vergleich zur langwierigen, gefahrvollen Umschiffung Afrikas.

Und dann: die Schätze Asiens! Gold! Macht! Ein Kreuzzug zur Befreiung Jerusalems, finanziert mit dem Gewinn aus China! Und für Kolumbus, den Kapitän aus der Fremde, als Lohn der Titel eines Vizekönigs jener zu entdeckenden Länder und eines Admirals des Atlantiks sowie Anspruch auf ein Zehntel aller Schätze, die nach Portugal flössen.

Selten wohl hat Johann II. einen ähnlich vermessenen Plan gehört. Und doch: Er wirft Kolumbus nicht einfach aus dem Palast. Klingen nicht die Berichte der Kapitäne, die entlang von Afrikas Küste segeln, ähnlich fantastisch – und sind doch alles andere als Erfindungen? Würde ein direkter Zugriff auf die Schätze Asiens Portugal nicht zur reichsten Macht Europas machen?

Der Monarch übergibt den Plan des so feurig daherredenden Kapitäns einer Expertenkommission. Dort beraten Höflinge, Theologen, Gelehrte monatelang.

Und verwerfen das Vorhaben.

Wer ist denn jener Kolumbus? Ein Seemann zwar, doch hat er sich bislang weder als Entdecker noch als Flottenführer noch als Beamter des Königs bewährt. Und worauf gründet sein Plan? Auf Geschichten, die er in Häfen gehört hat, auf Winden und Wellen, die man auf einigen atlantischen Inseln beobachten kann. Zudem auf den fantastischen, fast 200 Jahre alten Bericht des Marco Polo und auf den geographischen Berechnungen eines Florentiner Stubengelehrten. Der Mann aus Genua, so berichtet ein Hofchronist, sei nichts anderes als ein „großer Schwätzer, ein Fantast und Träumer“.

Eine Katastrophe. Und nicht die einzige für Kolumbus. Denn in jener Zeit, da ihn der Hof zu Lissabon verhöhnt, stirbt seine Gattin und lässt ihn mit dem kleinen Sohn zurück.

Kolumbus ist in Portugal gescheitert. Noch im gleichen Jahr verlässt er das Land seiner größten Hoffnungen – heimlich und eilig. Manche Indizien deuten darauf hin, dass es eine Flucht ist, vielleicht vor Gläubigern, bei denen er Schulden nicht begleichen kann. Wohin soll er sich nun wenden?

Kolumbus geht nach Spanien.

Nach jahrelangem Warten beschließt er, nach Frankreich zu gehen

Dort wiederholt sich seine Geschichte. Er lernt eine jüngere Frau kennen, Beatriz Enríquez de Harana, die ihm einen zweiten Sohn schenkt: Fernando, der Jahre später einer der ersten Biografen des Kolumbus werden wird. Beatriz stammt aus wenig angesehener Familie und bleibt seine Geliebte, heiraten wird er sie nie.

Die Verbindungen zum Königshof liefern ihm diesmal vielleicht, die Quellen sind nicht klar, die Erzieher seines älteren Sohnes: Kolumbus hat Diego in ein Franziskanerkloster gegeben – und vielleicht nicht zufällig gerade in jenes Kloster, dessen Prior einst Beichtvater der Königin Isabella gewesen ist. Und so wird Kolumbus, kaum ein Jahr nach seiner geheimnisvollen Flucht aus Portugal, von Spaniens Monarchen empfangen.

Ferdinand von Aragón – ein Kämpfer, höfischer Ritter und Lebemann – ist wohl nicht sonderlich interessiert, das zumindest deuten die Berichte über jene erste Audienz an. Warum auch? Aragón, sein Stammland, grenzt ans Mittelmeer. Dessen Gestade und der ritterliche Kampf gegen die Mauren umgrenzen den Horizont des Königs.

Anders dagegen Ferdinands Gattin Isabella: Kastiliens Küsten liegen am Atlantik – allein dies dürfte das Interesse der ebenso klugen wie ehrgeizigen Herrscherin an den Plänen des Kolumbus geweckt haben. Und noch mehr dürfte der strengen und leidenschaftlichen Katholikin das Auftreten jenes Fremden aus Genua imponiert haben: Kolumbus ist ja nicht nur ein Mann mit einer geographischen, sondern auch mit einer religiösen Vision. Ein Mann mit Glaubensglut, der unbeirrbar und mit großer Redekunst auftritt – viel zu stolz für seinen Rang, doch bezwingend und begeisternd.

Kolumbus „war ein wohlgebauter Mann, übermittelgroß, von länglichem Gesicht mit etwas hoch liegenden Wangen, die weder dick noch dünn waren“, so wird Fernando seinen Vater später beschreiben. „Er besaß eine Adlernase, und seine Augen waren von heller Farbe, seine Gesichtsfarbe gleichfalls hell, doch leicht in ein lebhaftes Rot übergehend. In der Jugend war sein Haar blond, mit 30 Jahren wurde es jedoch weiß.“ Kein geborener Adeliger, doch einer, der wie einer der Granden auftritt.

Ihre Majestät ist beeindruckt, gibt sich huldvoll – und lässt Kolumbus denn doch warten. Wochenlang. Monatelang. Jahrelang.

Denn bevor sich die Allerkatholischsten Könige in ein Seeabenteuer stürzen, wollen sie die Mauren endgültig von der Iberischen Halbinsel vertreiben. Wollen sie die Inquisition formen, um Ketzer, Juden, Muslime zu jagen.

Kolumbus sitzt fest. Er antichambriert bei Höflingen und einflussreichen

Drei jeweils etwa 20 Meter lange Schiffe segeln am 3. August 1492 von der spanischen Hafenstadt Palos auf den Atlantik hinaus (Bild von Rafael Monleón y Torres, 1885). Mit dem Geld der Monarchen sowie Krediten vermögender Adeliger hat Kolumbus sein Flaggschiff »Santa María« (Mitte) gechartert. Das Königspaar lässt zudem zwei Segler requirieren – die »Niña« (links) und die »Pinta« (rechts). 86 Mann mustern bei dem Entdecker an – erfahrene Seeleute meist, doch viele misstrauen dem Mann aus Genua. Je länger die Fahrt andauert, desto größer wird die Gefahr einer Meuterei

Geistlichen, findet dort wohl auch manchen Bewunderer und Förderer. Allein, es reicht nicht, um am Hofe Zustimmung zu erringen. In seiner Verzweiflung schickt Kolumbus schließlich einen Bruder aus, neue Förderer zu finden. Vielleicht den König von England? Oder den Herrscher von Frankreich? Er will sich nun jedem andienen, der ihm nur ein paar Schiffe stellen kann.

Schließlich beschließt er, nach Frankreich zu gehen. Er ist schon auf der Straße nach Sevilla – da erreicht ihn ein Abgesandter Ferdinands und Isabellas: Er möge bleiben!

Das Jahr 1492 ist angebrochen, Granada ist gefallen. Nun haben Ihre Majestäten Muße, auch das Abenteuer jenes Genueser Kapitäns zu unterstützen. 1492 – das Schicksalsjahr Spaniens.

Noch einmal gehen Wochen ins Land. Denn Kolumbus' Wünsche sind nicht bescheidener geworden: Vizekönigtum, Admiralstitel, erblicher Adelsrang, ein Anteil an allen Schätzen Asiens.

Andererseits: Was haben Ferdinand und Isabella zu verlieren? Das Abenteuer kostet den Hof nicht allzu viel. Das Unternehmen wird überwiegend von einigen Adeligen finanziert, die Kolumbus für sich hat einnehmen können, für die restlichen Kosten kann man den Untertanen Sonderabgaben abpressen.

Was hingegen kann Spanien gewinnen? Schätze. Seewege. Länder. Inneren Frieden.

Denn auch dies dürfen wohl die Monarchen, dürfen auch viele ihrer Berater früh erkannt haben: Bis zum Beginn des Jahres 1492 haben kaum zu kontrollierende Adelige das Rückgrat der siegreichen Kampftruppen Spaniens gegen die Mauren gestellt – ehrgeizige, stolze, streitsüchtige Männer, deren Lohn jene Beute war, die sie den muslimischen Gegnern entreißen konnten.

Wohin nun mit jenen schwertschwingenden Abenteurern? Blieben sie alle in Spanien, führte dies nicht unweigerlich zu Fehden und Kriegen? Könnten sie hingegen in Übersee kämpfen, würde

Spanien neues Land gewinnen und zugleich den inneren Frieden sichern.

Also bekommt Kolumbus, was er fordert.

„Es ist unser Vergnügen und Wille, dass Ihr, der genannte Cristóbal Colón" – so lautet die spanische Variante des Namens – „nachdem Ihr die genannten Inseln und Festlande oder eines von ihnen entdeckt und erobert habt im ozeanischen Meer, unser Admiral der genannten Inseln und Festlande sein sollt."

So verkünden es Ferdinand und Isabella in der im Palast zu Santa Fé am 30. April ausgefertigten Bestätigung, in dem sie ihm auch alle anderen geforderten Ränge und Vermögen versprechen.

Die Schiffe des Entdeckers sind nur leicht bewaffnet

Der königliche Auftrag ist großzügig dotiert und eindeutig: Entdeckung – und Eroberung.

Freitag, 3. August 1492. Drei Schiffe lösen sich von den Piers der kleinen Hafenstadt Palos im Süden Spaniens, setzen Segel und gleiten im Morgenlicht auf dem Río Tinto hinaus gen Atlantik: die „Santa María", die Pinta, die Niña. Rund acht Jahre, nachdem Kolumbus erstmals seinen „Großen Plan" präsentiert hat, wird diese Vision endlich Wirklichkeit. Die folgenreichste Seefahrt der Geschichte beginnt.

Zuvor hat Kolumbus noch einmal, aber wen würde dies jetzt noch wundern, kämpfen und verhandeln müssen. Ferdinand und Isabella haben der Stadt Palos befohlen, dem Mann aus Genua zwei komplett ausgerüstete Schiffe zur Verfügung zu stellen – die Strafe für ein Vergehen, das in den erhaltenen Quellen aber nirgendwo genannt wird.

Vielleicht haben einige Bürger der Stadt Strandräuberei oder Piraterie getrieben, vielleicht ist das „Vergehen" auch nur vorgeschoben worden, als Rechtfertigung für eine Beschlagnahmung ohne Kompensation.

Murrend überlassen die Bürger dem Fremden zwei ihrer besten Schiffe: die Pinta („die Bemalte"), die 60 Tonnen tragen kann, und die Niña („das Mädchen"), 55 Tonnen Ladefähigkeit.

Beides sind Karavellen, rund 20 Meter lange Dreimaster. Rahgetakelt die Pinta, mit hohen, dreieckigen Lateinersegeln versehen die Niña. Frachtschiffe, mit wenigen kleinen Geschützen bewaffnet, leidlich schnell und seetüchtig.

Als Kolumbus im Frühjahr 1492 in Palos eintrifft, liegt im Hafen zudem eine Karracke, ein relativ großer, plumper Dreimaster von 100 Tonnen Tragfähigkeit und etwas über 20 Meter Länge, mit schwarz gestrichenen Bordwänden und zwei, drei kleinen Geschützen. „La Gallega" heißt der Segler, „die Galizierin", weil er in jener Region Spaniens gebaut worden ist. Kolumbus chartert das Schiff und tauft es auf einen neuen, frommen Namen um: Santa María.

Das Geld dafür und für den Kauf aller Vorräte haben ihm einige Höflinge vorgestreckt, die an seine Versprechungen von Asiens Schätzen glauben. Viel stammt auch vom Italiener Gianotto Berardi, der Repräsentant der Medici-Bank in Sevilla ist – und ein vermögender Sklavenhändler. Noch aber hat Kolumbus keine Besatzung. In der Hafenstadt Palos leben viele erfahrene Seeleute. Doch niemand heuert an.

Kolumbus wird später, eher vage, von „Betrügereien und Machenschaften" schreiben. Tatsächlich wohl verweigern sich die Einheimischen dem Fremden, den ihnen die fernen Könige aufgezwungen haben und dem sie zwei Schiffe stellen müssen.

Nach Tagen, vielleicht Wochen, in denen Kolumbus machtlos festsitzt, dann die Wende: Martín Alonso Pinzón lässt sich als Kapitän der Pinta unter Vertrag nehmen. Er ist Oberhaupt des Pinzón-Clans, Seefahrer, Reeder – und der wohl reichste und mächtigste Mann der Stadt.

Vielleicht, sicher überliefert ist dies nicht, haben mit Kolumbus befreundete Franziskaner Pinzón zur Kooperation überredet. Dessen Bruder Vicente Yáñez stellt sich als Kapitän der Niña zur Verfügung. Und plötzlich heuern viele Matrosen bei dem Fremden an.

87 Männer fahren schließlich auf den drei Schiffen, fast alles Leute aus Palos und Umgebung. Dazu ein Totschläger und seine drei Komplizen, die statt der Kerkerhaft die Fahrt ins Unbekannte als Strafe wählen. Luis de Torres ist dabei, ein getaufter Jude, des Hebräischen und Arabischen mächtig und deshalb zum Dolmetscher ausersehen, sollte Kolumbus in Asien den Großkhan Chinas treffen. Ein königlicher Notar, drei Ärzte und ein Goldschmied – sie fahren ja los, die Schätze Asiens zu gewinnen.

Kolumbus zahlt jedoch einen hohen Preis für diese erfahrene Mannschaft. Martín Alonso Pinzón ist etwa zehn Jahre älter als er. Der Reeder gilt den Männern aus Palos als natürlicher Anführer. Kolumbus hat einen Rivalen an Bord, noch ehe er überhaupt losgesegelt ist.

Nun bläht der Morgenwind das Großsegel der Santa María, dessen aufgemaltes rotes Kreuz leuchtet, am Mast flattert die Flagge mit den Wappen von Ferdinand und Isabella. Die beiden anderen Schiffe folgen. Das Land verschwindet achtern langsam hinter dem Horizont.

Abends begibt sich Kolumbus in seine Kammer auf dem Achterdeck der Santa María. Ein Bordbuch führt er, eine Kladde, in die er die Ereignisse eines jeden Reisetages einträgt. Er wird der erste Seemann Europas sein, dessen Aufzeichnungen erhalten bleiben.

„Wir verließen um acht Uhr die Saltesbank und fuhren bei oftmaligem Wenden bis zum Sonnenuntergang 60 Seemeilen gegen Süden, dann nochmals in Richtung Süd-zu-West, also mit Kurs auf die Kanarischen Inseln."

Ein Moment der Zufriedenheit, ein kurzes Atemholen – denn nur zu bald muss er wieder kämpfen.

Montag, 6. August. Ruderbruch an Bord der Pinta. Das Steuerruder bricht oder springt aus seiner Verankerung, Kolumbus weiß selbst nicht genau, was auf dem anderen Schiff geschehen ist. Die steuerlose Karavelle muss auf See repariert werden, das kostet Zeit.

Schlimmer noch: Kolumbus glaubt nicht an einen Unfall, sondern an Sabotage. Ein Matrose soll den Schaden verursacht haben – im Auftrag des Besitzers der Pinta, der an Bord mitfährt und es hasst, dass sein Segler requiriert worden ist.

Kolumbus ist „in großer Unruhe", wie er notiert, doch er klärt den Vorfall nicht auf, zieht niemanden zur Rechenschaft, droht nicht und straft nicht. Selbst als sich eine identische Havarie am nächsten Tag wiederholt, bleibt er passiv.

Vorfälle wie diese verraten seine fatale Schwäche: Der Mann, der sich nicht nur zum Entdecker, sondern auch zum Vizekönig und zum Admiral berufen fühlt, ist ein schlechter Anführer. Einer, der Sachen laufen lässt, der nicht rechtzeitig und energisch genug einschreitet, wenn seine Männer murren, der seiner Besatzung vielmehr zeigt, dass man straffrei davonkommen kann selbst bei Ungehorsam und Sabotage.

Schließlich erreicht die kleine Flotte die Kanaren. Er will die havarieanfällige Pinta durch ein anderes Schiff ersetzen, doch als er keines auftreiben kann, lässt er die Karavelle reparieren. Auch die Niña wird umgebaut: Statt der Lateinersegel erhält sie Rahsegel, mit denen man leichter vor dem Wind steuern kann. Denn dies erhofft sich der Entdecker ja: Dass sie von nun an achterliche Winde haben, welche die kleine Flotte über den Atlantik treiben.

Am 6. September geht es endlich weiter. La Gomera verschwindet am Horizont.

Sonntag, 9. September. Kolumbus beginnt ein geschicktes Täuschungsmanöver. 60 Seemeilen, so hat er errechnet, ist die Flotte an jenem Tag gen Westen gesegelt. „Ich beschloss, weniger einzutragen, als wir tatsächlich zurückgelegt hatten, damit meine Leute nicht den Mut verloren, falls die Reise zu lang dauern sollte", notiert er in seinem Bordbuch.

Tatsächlich führt er von nun an zwei Aufzeichnungen: sein geheimes Buch, in dem er alle Ereignisse verzeichnet und alle nautischen Beobachtungen – und ein offizielles, das sich weniger dramatisch ausnimmt. Schon am nächsten Tag glaubt Kolumbus, dass sie 240 Seemeilen weitergekommen sind, offiziell trägt er aber nur 192 Meilen ein.

Doch in Wahrheit betrügt sich Kolumbus bloß selbst. Denn woher weiß er, wie weit sie gekommen sind? Und wo sie sich befinden inmitten der Leere des Ozeans?

Schon nach wenigen Tagen auf See täuscht Kolumbus seine Männer

Der Kompass gibt ihm die Richtung an, in die er fährt. Spätestens seit dem 12. Jahrhundert ist europäischen Seeleuten diese chinesische Erfindung bekannt: Eine magnetisierte Eisennadel, beweglich gelagert, zeigt stets nach Norden.

Allerdings richtet sich die Nadel nach dem Magnetfeld der Erde aus und weist deshalb zum magnetischen Nordpol – und der liegt nicht direkt auf dem geographischen Nordpol. Kolumbus wird der erste europäische Kapitän sein, der diese „Missweisung" dokumentiert. (Er vergleicht auf seiner langen Reise die Richtung, welche die Kompassnadel angibt mit der Position des Polarsterns, die der des geographischen Nordpols sehr nahe kommt.)

Da zudem auch seine Steuerleute, wie er im Bordbuch klagt, „den Kurs schlecht einhielten", segeln die drei Schiffe tatsächlich mal einen Nordwest-, dann wieder einen Südwestkurs, statt auf direkter Linie voranzukommen.

Und doch könnte Kolumbus ziemlich exakt bestimmen, auf welcher Breite er sich befindet. Europas Kapitäne verfügen dazu schon seit einiger Zeit über mehrere einfache, trotzdem aber einigermaßen zuverlässige Instrumente.

Etwa das Astrolabium, das auch an Bord aller drei Schiffe mitgeführt wird – eine runde Metallscheibe mit einer 360-Grad-Skala, auf die ein frei beweglicher Zeiger montiert ist. Diesen nutzt der Navigator als eine Art Visier, indem er ihn tagsüber zur Mittagszeit auf die Sonne oder nachts auf den Polarstern richtet. Auf der Skala kann er ablesen, wie hoch das jeweilige Gestirn über dem Horizont steht – und auf welchem Breitengrad er sich deshalb befinden muss. Allerdings erfordert diese Art der Beobachtung Erfahrung, eine sichere Hand und Geduld.

Wann aber ist es genau 12.00 Uhr? Als Zeitmesser an Bord dient eine Sanduhr, deren Füllung jeweils alle halbe Stunde durch das Glas läuft, dann wird sie vom Schiffsjungen gedreht – ungefähr alle halbe Stunde jedenfalls, denn oft setzt sich Feuchtigkeit aus der Seeluft im Sand ab, verklebt diesen und lässt weniger durch die Öffnung rinnen.

Außerdem ist es schwierig, auf den schwankenden Planken eines Seeschiffes zu stehen und über eine Metallkante genau die Sonnenmitte oder den Polarstern zu visieren. Kolumbus jedenfalls scheint mit dem Astrolabium Schwierigkeiten zu haben. Auf der Hinreise setzt er das Gerät gar nicht ein, und an jenen späteren Passagen seines Bordbuches, an denen er die aus der Beobachtung der Gestirne errechneten Breitengrade einträgt, liegt er weit daneben. Stets glaubt er sich Hunderte Kilometer weiter im Norden, als er tatsächlich ist.

Doch selbst wenn er genauer gepeilt hätte – mit dem Astrolabium kann der Seefahrer nur seine Breite bestimmen, die geographische Längenbestimmung hingegen ist noch ein Mysterium. Wie weit hat sich die Flotte vom Heimathafen entfernt? Es gibt 1492 kein Instrument, keine Rechenformel, die einem Kapitän auf hoher See dies verraten könnte.

Vereinfacht ausgedrückt: Kolumbus kann im Prinzip ziemlich genau bestimmen, wie weit nördlich (oder südlich, wenn er so weit gekommen wäre) des Äquators er sich befindet, doch er kann nicht ermessen, wie weit westlich (oder östlich) er sich von seinem Hafen bereits wegbewegt hat.

Was bleibt, ist eine grobe Schätzung: Mehrmals am Tag wirft ein Matrose am Bug ein kleines Stückchen Holz ins Wasser. Der Navigator stimmt dann jeweils ein uraltes Lied aus Abzählversen an, das ihm als grober Zeitmesser dient. So bestimmt er, wann das Holzstückchen eine bestimmte Distanz, die an der Bordwand markiert ist, zurückgelegt hat. Aus Distanz und Zeit errechnet er die Geschwindigkeit des Schiffes.

Führt der Navigator diese Messungen häufig genug aus und addiert die Werte, vermag er abzuschätzen, wie weit der Segler bereits gekommen ist – ungefähr zumindest.

13 Tage nach der Abfahrt von den Kanaren lässt Kolumbus die anderen Segler nah an die Santa María fahren. Die Kapitäne und Steuerleute rufen ihm ihre Schätzungen der bis dahin überwundenen Distanz zu – Kolumbus glaubt, dass sie 1644 Seemeilen zurückgelegt haben. Die Vermutungen der anderen schwanken zwischen 1600 und 1760 Seemeilen, keine zwei Männer

Am 12. Oktober 1492, nach 36 Tagen auf See, landet Kolumbus an einem subtropischen Strand (Gemälde von Albert Bierstadt, ca. 1893). Die friedlichen Einheimischen nennen ihre Insel »Guanahani«. Die Spanier nehmen das Land im Namen ihrer Monarchen in Besitz, treten den Indianern gegenüber jedoch freundlich auf, um sie zum Christentum zu bekehren. Mehr noch als die Mission interessiert den Entdecker aber Gold. Wo er auch anlandet, stets fragt er zuerst nach Schätzen – vergebens

machen gleiche Angaben. Und das zu einem Zeitpunkt, da noch zwei Drittel der Fahrt vor ihnen liegen.

Bis zu acht Seemeilen pro Stunde schafft die Santa María, das langsamste Schiff der Flotte, unter guten Bedingungen. Kolumbus hingegen glaubt häufig, dass sein Schiff schneller ist.

Und so kommt es, dass die niedrigeren Entfernungsangaben, die er sich nur zur Beruhigung seiner Besatzung ausgedacht hat, dem tatsächlichen Wert deutlich näher kommen als jene Zahlen, die Kolumbus nur seinem Bordbuch anvertraut.

Endlos scheinen die Tage zu sein. Auf den 20 Meter langen Schiffen leben zwischen 20 und 40 Mann. Nachts schlafen die Matrosen in einer Ecke des Lagerraums oder, bei gutem Wetter, auf den harten Planken des Decks; nur die Kapitäne haben eine Kammer am Achterschiff – und die Steuerleute einen sargähnlichen Verschlag, anderthalb Meter lang und nicht einmal einen Meter hoch, aber immerhin ein wenig Privatsphäre.

Unter Deck lagern die Vorräte in Säcken und Fässern, dazu Glasperlen und allerlei anderer Tand. Denn obwohl Kolumbus hofft, dem Reich des sagenhaft reichen Großkhans entgegenzusegeln, hat er von früheren Fahrten entlang der afrikanischen Küste gelernt, dass billiger Flitter oft großen Eindruck auf die Einheimischen macht.

Tagsüber gibt es wenig zu tun. Gleichmäßig treiben Wind und Strömung die Segler voran, kein Manöver muss ausgeführt werden; vergebens halten die Männer auch Ausschau nach Land. Mittags kochen sie auf einer offenen Feuerstelle an Deck: Linsen, Bohnen, Erbsen, dazu Pökelfleisch, Dörrfisch, Schiffszwieback, als Getränke Wasser und Wein. Waschgelegenheiten gibt es nicht, die Bordwand ist die Toilette. Unter Deck stinkt es bald nach Schweiß und Schimmel, nach Salz und Teer, mit dem die Planken gegen Schädlinge und Feuchtigkeit gestrichen sind.

Keine Bequemlichkeit, keine Abwechslung – nur der endlose Ozean und viel Zeit, um sich Gedanken zu machen.

SAMSTAG, 15. SEPTEMBER. Ein „Feuerstreifen" am Horizont! Ein Komet wahrscheinlich. Kolumbus schreibt, er sei „herrlich anzusehen". Die Matrosen dagegen flüstern von einem „bösen Omen".

DIENSTAG, 18. SEPTEMBER. Der Atlantik ist, so staunt der Kapitän, „so still wie der Fluss von Sevilla": keine Wogen, dafür aber „Gras". Ein endlos erscheinender grüner Teppich liegt seit zwei Tagen auf dem Meer, fast ist es, als gleite die Santa María durch einen Sumpf. Sie haben die Sargassosee erreicht, in der auf Tausenden Quadratkilometern Seetang an der Wasseroberfläche treibt.

SONNTAG, 7. OKTOBER. Noch immer nichts als Meer und Einsamkeit und Enttäuschung. Immer wieder haben die Männer in den vergangenen Wochen Vögel gesehen und sie für Anzeichen nahen Landes gehalten, denn, so glauben sie, kein Vogel würde sich weit auf das Meer hinauswagen . Mehrfach auch glaubte ein Ausguck, Land gesichtet zu haben – doch sind es stets bloß Wolken am Horizont gewesen, Illusionen, Spukgestalten.

Längst, so hat es Kolumbus notiert, „murren" die Matrosen. Das ist wohl noch untertrieben: Drohungen und Verwünschungen sind an Bord zu hören.

Pinzón lässt seine Pinta, die seit der Überholung auf den Kanaren das schnellste der drei Schiffe ist und mit der er, der Ungeduldige, oft genug vorausgesegelt, um endlich Land zu erblicken, bis zur Santa María zurückfallen.

Schon am Vortag hat er Kolumbus gedrängt, den seit Wochen eingehaltenen Westkurs auf Südwest zu ändern. Vielleicht mag dort irgendwo Land liegen? Kolumbus, wohl selbst zermürbt und unsicher, gibt nun nach. Also Kurs Südwest, zumindest für ein paar Tage, dann geht er wieder auf West.

Was niemand an Bord ahnt: Mit diesem Schlenker weicht die Flotte gerade rechtzeitig dem Golfstrom aus, auf den sie sonst direkt zugesteuert wäre. Diese mächtige Meeresströmung hätte die Schiffe weit nach Norden und vielleicht gar zurückgedrängt.

MITTWOCH, 10. OKTOBER. „Die Matrosen", wird Fernando Kolumbus Jahre später in der Biografie seines Vaters schreiben, „trafen sich im Bauch der Schiffe und sagten, der Admiral wolle sich mit seiner hirnverbrannten Spinnerei um den Preis ihres Lebens den Adelstitel erwerben oder selbst dabei zugrunde gehen; sie hätten das Schicksal bereits so weit herausgefordert, wie es ihre Pflicht wäre, und sich dabei weiter denn je vom Festland entfernt. Falls der Admiral nicht umkehrte, sollten sie ihn über Bord hieven und in Spanien berichten, er wäre bei der Beobachtung der Gestirne ins Meer gestürzt; niemand würde ihre Geschichte anzweifeln."

Kolumbus weiß, dass ihm eine Meuterei droht. Jede Stunde kann es nun zu einem Aufstand kommen. Aber umkehren? Was hätte er dann in Spanien vorzuweisen? Er würde verlacht werden, sein Lebenstraum wäre dahin.

So beschwört er die Männer, appelliert an deren Gier, malt ihnen sagenhafte Belohnungen aus. Zugleich gibt

Nach endlosen Tagen auf See drohen die Matrosen Kolumbus mit dem Tod

er sich entschlossen. Er werde „nach Indien“ segeln, ein Streit darüber sei „zwecklos“. So übersteht er die Nacht.

Donnerstag, 11. Oktober. Im Wasser treibt ein Ast mit roten Früchten. Dazu Schilfrohre, die wie abgeschnitten aussehen. Dies nun sind eindeutige Zeichen für nahes Land.

Die Meuterei ist vergessen, stattdessen fiebrige Spannung an Bord: Denn die spanischen Majestäten haben versprochen, dass derjenige Seemann, der als erster Land entdeckt, eine königliche Leibrente erhalten soll bis ans Ende seiner Tage.

Freitag, 12. Oktober. 36 Tage bereits ohne Land in Sicht. Nie zuvor sind Europäer absichtlich so weit auf einen Ozean hinausgefahren – die Portugiesen, wiewohl ihre Fahrten seemännische Meisterleistungen sind, bleiben doch stets beruhigend nahe der afrikanischen Küste.

Da, um 2.00 Uhr nachts, ein Ruf, ausgestoßen vom Matrosen Juán Rodríguez Bermejo auf der wie immer voransegelnden Pinta: „Tierra! Tierra!“

Im Mondlicht glänzt ein Strand, nur acht Seemeilen voraus. Die Vision des Mannes aus Genua, so scheint es, ist Wirklichkeit geworden.

Und nun, in der Stunde seines größten Triumphes, begeht Kolumbus einen schändlichen Betrug. Nein, schreibt er in sein Bordbuch, in Wahrheit habe nicht jener Matrose als Erster Land erblickt und damit ein Anrecht auf die Belohnung – vielmehr sei er selbst es gewesen, einsam auf dem Achterdeck der Santa María wandelnd, der schon Stunden zuvor auf ein „schimmerndes Licht“ aufmerksam geworden sei – nur habe er „nicht gewagt“, auf dieses seltsame Anzeichen hin Land zu melden.

Juán Rodríguez Bermejo wird seine Belohnung niemals erhalten.

Vorsichtig nähern sich die drei Schiffe in der Morgendämmerung dem Land. „Diese Insel“, so erscheint es Kolumbus, als es hell wird, „ist sehr groß und ganz eben, ohne jede Spur eines Gebirges, dafür mit grün belaubten Bäumen besetzt, reich an Gewässer und hat in ihrer Mitte eine breite Lagune.“

Die Schiffe ankern vor einem subtropischen Eiland. Was mag in jenen Stunden in Kolumbus vorgehen? Was mag er denken? Triumphiert er? Sieht er sich, nach so vielen Jahren des Ringens, als ein Auserwählter Gottes? Ahnt er, dass er ein neues Kapitel der Menschheitsgeschichte aufschlägt?

Niemand weiß es, denn in seinem Bordbuch – und dies ist die einzige Quelle, die wir haben – gibt er sich betont nüchtern.

„Sie gehen nackend umher, Männer wie Frauen“ ... (continued below)

Kaum gelandet, nimmt Kolumbus das entdeckte Land für Spanien in Besitz

„Ich begab mich“, berichtet der Kapitän, „begleitet von Martín Alonso Pinzón und dessen Bruder Vicente Yáñez, an Bord eines mit Waffen versehenen Bootes an Land. Dort entfaltete ich die königliche Flagge, während die beiden Schiffskapitäne zwei Fahnen mit einem grünen Kreuz im Felde schwangen, welches rechts und links von den je mit einer Krone verzierten Buchstaben F und Y umgeben war.“

Die Spanier ergreifen „im Namen des Königs und der Königin“ von der Insel Besitz.

Wer sollte es ihnen auch verwehren?

Bereits von ihren Schiffen aus haben Kolumbus und seine Leute zahlreiche Einheimische gesehen, die sich den Neuankömmlingen nun neugierig nähern. „Sie gehen nackend umher, Männer wie Frauen“, notiert Kolumbus später.

„Alle jene, die ich erblickte, waren jung an Jahren, denn ich sah niemanden, der mehr als 30 Jahre alt war. Dabei sind sie alle sehr gut gewachsen, haben einen schön geformten Körper und gewinnende Gesichtszüge. Sie haben dichtes, struppiges Haar. Einige von ihnen bemalen sich mit grauer Farbe, andere wiederum mit roter, weißer oder einer anderen Farbe. Sie führen keine Waffen mit sich.“

Die „Indianer“ – so nennt Kolumbus sie – nähern sich bald mit Kanus den Schiffen der Spanier, bringen Papageienfedern, Baumwollknäuel und andere Dinge als Geschenke. Schnell erfahren die Europäer durch Zeichen und wenige Worte, dass die Einwohner ihre Insel „Guanahani“ nennen. Sie gehört zu den Bahamas, so viel ist heute sicher, doch noch immer wird darum gestritten, auf welcher der zahlreichen Inseln dieses Archipels Kolumbus gelandet ist.

Die Weißen mit ihren Segelschiffen sind keine Menschen, so glauben die Indianer, sondern Abgesandte des Himmels und damit höhere Wesen. Dies zumindest meint Kolumbus den Gesten der Einheimischen entnehmen zu können.

„In der Erkenntnis, dass es sich um Leute handle, die man weit besser durch Liebe als mit dem Schwerte retten und zu unserem Heiligen Glauben bekehren könne, gedachte ich sie mir zu Freunden zu machen und schenkte also einigen unter ihnen rote Kappen und Halsketten aus Glas und noch andere Kleinigkeiten von geringem Werte, worüber sie sich ungemein erfreut zeigten.“

Für die Spanier sind die endlosen Tage auf dem Ozean vorüber. Endlich wieder Frischwasser und tropische Früchte und allerlei seltsame Dinge: In den folgenden Wochen werden die staunenden Fremden erstmals Menschen sehen, die „einen Feuerbrand und bestimmte Kräuter in Händen hielten, um sich ihren Gebräuchen gemäß zu beräuchern“ und die in einer „Art Wollnetzen“

Im März 1493 ist Kolumbus wieder zurück in Spanien. Ein Schiff hat er verloren, mehr als ein Drittel seiner Besatzung ist in der von ihm gegründeten Kolonie auf Hispaniola zurückgeblieben, Gold hat er nur wenig gefunden. Doch vor den Monarchen Ferdinand und Isabella erscheint er in Barcelona in prächtiger Aufmachung, Indianer und Tropenvögel im Gefolge (Bild von Joseph-Nicolas Robert-Fleury, 1846). Sein Bericht ist so farbig, seine Versprechen sind so gewaltig, dass das Königspaar hingerissen ist – und ihm sofort das Kommando über eine neue, größere Expedition gewährt

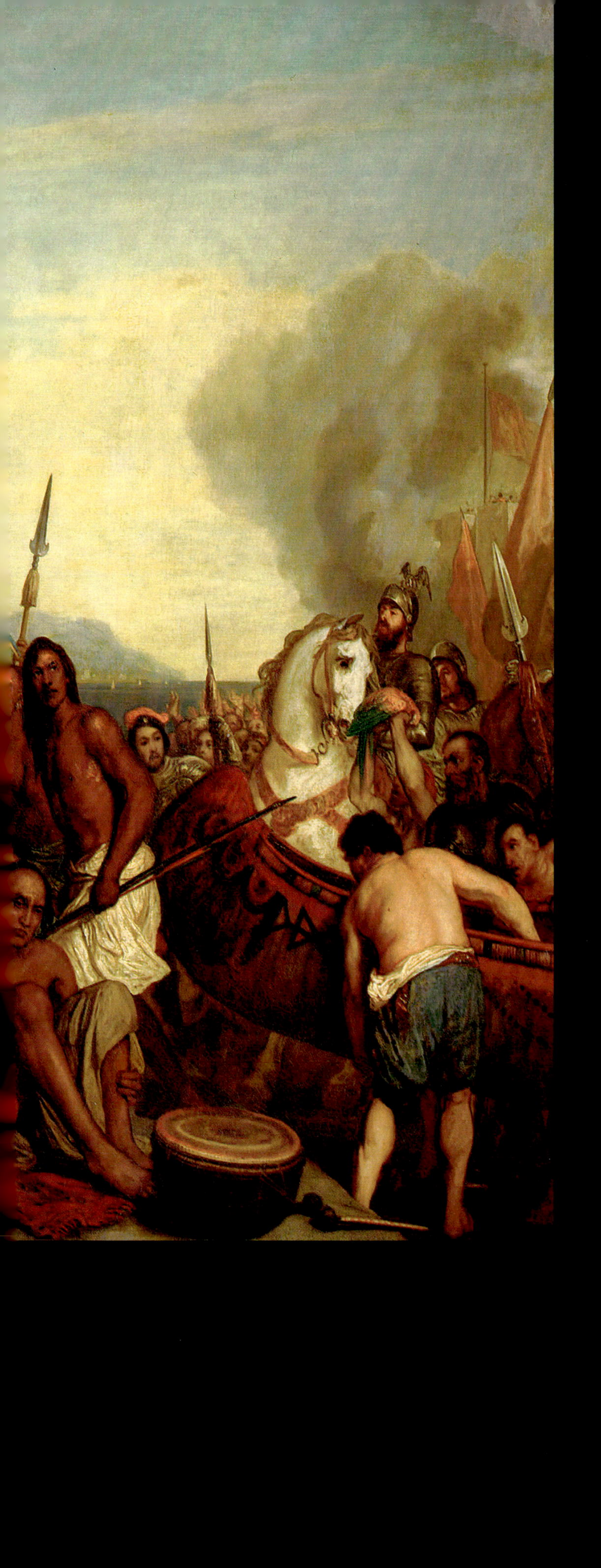

schlafen – so lernen die Männer den Tabak und die Hängematte kennen.

Der grandiosen Selbstgewissheit, mit der eine Hand voll Europäer, kaum dass sie gelandet sind, das Land zu ihrem Besitz erklären, setzt niemand Widerstand entgegen. Wie auch sollten die Indianer überhaupt auf die Idee kommen, dass sie von nun an Untertanen eines Tausende von Kilometern entfernt lebenden Königspaares sein würden? Es ist eine leichte Eroberung.

Aber was ist sie wert?

NACH DER ERSTEN FREUDE, der Spannung des ersten Treffens mit den Indianern und nach der Euphorie der Entdeckung kehrt recht schnell Ernüchterung ein: Untertanen des Großkhans sind diese nackten, friedliebenden Menschen nicht, dafür sind sie zu arm.

Also müssen China und Cipango noch irgendwo weiter westlich oder südwestlich zu finden sein – und tatsächlich: Die Indianer deuten auf den Horizont und erklären, dass dort weitere Eilande liegen. Kolumbus glaubt es nur zu gern, versteht jede Geste, jedes einheimische Wort in seinem Sinne. Bald wähnt er sich kurz vor der Küste Chinas.

Und sind nicht die Schätze Asiens schon zum Greifen nah?

Der Kapitän ist noch keine drei Tage auf der Insel Guanahani, die er nach dem Erlöser in „San Salvador" umbenennt, da notiert er im Bordbuch: „Sollten Eure Hoheiten den Befehl erteilen, alle Inselbewohner nach Kastilien zu schaffen oder aber sie auf ihrer eigenen Insel als Sklaven zu halten, so wäre dieser Befehl leicht durchführbar, da man mit einigen fünfzig Mann alle anderen niederhalten und zu allem zwingen könnte."

Und noch wichtiger für die spanischen Monarchen und jene Adeligen, welche die Expedition finanziert haben, ist dies: Gold. Schon gleich nach der Landung sieht Kolumbus, dass manche Indianer schimmerndes Edelmetall in den durchbohrten Nasen tragen. Bereitwillig geben sie diesen Schmuck gegen

Tand her. Wenig ist dies nur – aber muss davon nicht mehr zu finden sein? Irgendwo? Ganz in der Nähe? Schon auf der nächsten Insel?

Und so kommt es, dass Kolumbus – der bislang so unbeirrbar Kurs West gesteuert ist, der seinen „Großen Plan“ über Jahre so zielstrebig und unverändert verfolgt hat – in den folgenden Wochen im wirren Zickzack durch ein subtropisches Paradies segelt. Ohne zu zögern lässt er seine Männer sieben Einheimische ergreifen, die ihm als Lotsen dienen sollen. Später will er sie nach Kastilien schaffen, zum Ergötzen Ihrer Majestäten.

Etwa zehn Tage lang kreuzt die kleine Flotte durch die Inselwelt der Bahamas. Als ihm Indianer von einer großen Insel erzählen, die sie „Kuba“ nennen, steckt er den Kurs neu ab – und sichtet das Ziel am 27. Oktober.

Kolumbus wähnt sich endlich in Cipango. Sein Bordbuch füllt sich mit poetischen Beschreibungen von Buchten und Lagunen, von Bergen, Flüssen, von nie zuvor gesehenen Pflanzen.

Schon bald glaubt sich der unerschütterliche Optimist noch weiter im Westen als zunächst angenommen, verwandelt seine Vorstellungskraft das vermeintliche Cipango in das noch stärker herbeigewünschte China.

Er hat „keinen Zweifel“ mehr, dass Kuba das asiatische „Festland“ ist. Und Quinsay, die von Marco Polo beschriebene, legendär reiche Residenz des Großkhans in China, liegt, schätzt Kolumbus, nur noch rund 700 Kilometer weiter westlich (in Wirklichkeit trennen ihn mehr als 13 000 Kilometer von China).

Doch seltsam: Von marmornen Brücken und goldenen Dächern ist immer noch nichts zu sehen. Auch hier leben nackte Einheimische in luftigen Hütten, fahren mit Einbäumen aufs Meer hinaus und kennen, wenn überhaupt, nur einfache Formen der Landwirtschaft.

Aber reden die Indianer nicht vom Khan? Fürchten sie ihn nicht?

Tatsächlich haben die Spanier, ohne dass sie es ahnen, ein in seiner Existenz bedrohtes Volk entdeckt. Auf den Bahamas, auf Kuba und auf vielen weiteren Inseln der Karibik leben zwar noch Stämme aus der Gruppe der Arawak – sie sind jene nackten, friedliebenden Indianer, welche die Spanier als Himmelswesen verehren.

Doch seit etlichen Jahrzehnten drängt ein anderes Volk, von Südamerika kommend, auf die Inseln vor, hat Martinique und Guadeloupe schon erobert und andere Eilande entvölkert: die Kariben.

Die Indianer warnen vor Kannibalen, doch Kolumbus glaubt ihnen nicht

Sie überfallen die Arawak, entreißen ihnen ihr Land – und haben ihnen einen namenlosen Schrecken eingepflanzt. Denn die Kariben sind Kannibalen.

Auf Kuba hört Kolumbus von jenen blutrünstigen Stämmen. „Cavila“, so verstehen es die Spanier, werden diese von den Indianern genannt. Später glauben sie, „Caniba“ gehört zu haben. (Das Wort „Kannibale“ wird sich daraus ableiten.) Sie erfahren von Kriegszügen und Menschenfresserei.

Kolumbus jedoch glaubt es nicht. „Cavila“ oder „Caniba“ – damit kann nur „Khan“ gemeint sein.

Wahrscheinlich, so spekuliert der Entdecker, der nur das sieht, was er sehen will, liegen die Indianer auf Kuba und andernorts „in Fehde“ mit dem chinesischen Großkhan; dieser aber hat sicherlich schon Indianer gefangen nehmen lassen, die nicht mehr in ihre Heimat zurückgekehrt sind – und so sei der Mythos von den Menschenfressern zustande gekommen.

Montag, 12. November. Kolumbus ist bis zu diesem Tag, wenn auch auf verschlungenen Kursen, stets immer noch weiter nach Westen gesegelt. Nun jedoch kehrt er um.

Er befindet sich an der Nordküste Kubas. Wäre er noch einige Tage weiter gefahren, hätte er den Golf von Mexiko erreicht – und möglicherweise schon bald eine riesige Landmasse entdeckt. Vielleicht wäre ihm dann klar geworden, dass er nicht bis Asien gekommen ist, sondern einen vollkommen unbekannten Kontinent betreten hat.

Jetzt aber: Kurs Ost-Südost. Einen Monat sind sie jetzt hier, und außer einigen Krümeln Gold liegt nichts Wertvolles in den Frachträumen. Doch da die Spanier immer drängender fragen, haben die Indianer schließlich nach Osten gedeutet und die Insel „Baneque“ genannt, wo Gold in unvergleichlichen Mengen liege und man es am Strand nur einsammeln müsse.

Also zurück, zur Goldinsel!

Mittwoch, 21. November. Pinzón segelt davon, geht mit der Pinta auf Ostkurs. Kolumbus gibt Lichtsignale – vergebens. Der Reeder aus Palos reagiert nicht. Ohnmächtig muss Kolumbus mitansehen, wie das schnellste Schiff seiner Flotte davonstrebt. (Welche besondere Demütigung: Da die Winde schwach sind, bleibt die Karavelle für gut 24 Stunden sichtbar, ehe sie hinter dem Horizont verschwindet.)

Kolumbus weiß, was den anderen treibt: die Gier nach Gold. Auch Pinzón hat einige Indianer entführt, die ihm nun den Weg zu der angeblichen Goldinsel weisen sollen. Vielleicht ist er auch der monatelangen Unterordnung überdrüssig, die er Kolumbus entbieten musste, dem Fremden, dem Protegé der Königin, dem Fantasten.

Schnöde „Gewinnsucht“, notiert Kolumbus im Bordbuch, treibe Pinzón.

„Und noch viele andere hässliche Dinge hat er mir gesagt und angetan."

Kolumbus kommandiert jetzt nur noch zwei Schiffe. Vicente Yáñez Pinzón, den Kapitän der Niña und Bruder des Meuterers, setzt er nicht ab, wagt es wohl auch nicht.

Donnerstag, 6. Dezember. Wieder eine große Insel am Horizont. „Hispaniola" nennt Kolumbus sie (heute Haiti und die Dominikanische Republik), und wieder schwärmt er von der Schönheit der Schöpfung. Doch erstmals zeigt sein eiserner Optimismus Risse: „Gott gebe, dass ich ein reiches Goldlager entdecke", so steht es flehentlich im Bordbuch.

Gott aber hat anderes vor mit ihm.

Dienstag, 25. Dezember. Die Heilige Nacht ist warm und fast windstill. Die Santa María und, in einigem Abstand, die Niña treiben durch das Meer, das unbeweglich daliegt wie flüssiges Blei. An Steuerbord, wohl kaum eine Seemeile entfernt, erheben sich als dunkle Schatten die bewaldeten Hügel von Hispaniola.

Kolumbus, seit Tagen auf den Beinen, wankt in seine Kammer und legt sich nieder. Auch der Dienst habende Steuermann ist müde – gut möglich, dass am Weihnachtsabend mehr Wein getrunken wurde als üblich. Jedenfalls überlässt er die Ruderpinne einem Schiffsjungen, was Kolumbus ausdrücklich verboten hat. Da auch niemand Ausguck hält, liegt das Schicksal der Santa María in der Hand eines Jungen.

Der aber bemerkt nicht eine tückische Strömung im Meer: Langsam gleitet die Santa María auf das Land zu. Bis sie mit einem leisen Knirschen auf ein Riff oder eine Sandbank treibt.

Kolumbus springt auf, eilt an Deck, gibt Befehle – vergebens. Vielleicht hätte er die Santa María noch retten können, hätten ihm nicht einige Männer den Gehorsam verweigert und sich mit einem Beiboot zur nahen Niña davongemacht. (Auch sie wird Kolumbus später nicht strafen.) So sitzt das Schiff fest, die Bordwand reißt auf, Wasser dringt ein. Dramatisch sieht das nicht aus – der Besatzung bleibt genügend Zeit, sich und fast alle Ausrüstungsgegenstände ans nahe Ufer zu retten. Doch die Santa María ist verloren.

Ein anderer Kapitän wäre über so eine Havarie, die er letztlich allein verantworten muss, verzweifelt gewesen. Nicht so Kolumbus. Kaum ist der erste Schrecken überstanden, schreibt er von einem „Glücksfall".

Die Santa María ist wahrscheinlich vor der heutigen Bucht von Caracol aufgelaufen. Die Indianer der Region, welche die Spanier zuvor auf Landgängen kennen gelernt haben, sind freundlich. Also lässt Kolumbus das Schiff zerschlagen, lässt das Holz der Planken, lässt Wein und Schießpulver und die kleinen Kanonen, lässt den Schiffszwieback und das Beiboot an Land schaffen.

So gründen die Spanier ihre erste Kolonie in Amerika, auch wenn sie noch nicht wissen, dass sie sich auf einem neuen Kontinent angesiedelt haben. „La Navidad" tauft Kolumbus die Ansiedlung, zur Erinnerung an die fatale Weihnacht. 39 Mann lässt er zurück, Freiwillige allesamt. Vor allem das Gerücht, dass sich irgendwo im Inneren Hispaniolas Gold in sagenhaften Mengen finden lasse, lockt die Kolonisten.

In der Heiligen Nacht verlieren die Spanier ihr größtes Schiff

Doch wieder begeht Kolumbus einen fatalen Fehler. Nicht *einen* Kommandanten setzt er als Anführer der Pioniere ein, sondern gleich *drei*. Sieht er nicht, dass er so gefährliche Rivalitäten provoziert?

Und muss er sich nicht schon auf die nächste Krise vorbereiten? Denn während der Tage, da die Männer an Land aus dem Holz der Santa María ein Fort zimmern, hört Kolumbus von Indianern ein Gerücht: Ein anderes Schiff sei auf Hispaniola angelangt, am östlichen Ende der Insel. Wer könnte dies sein, wenn nicht Pinzón, der Fahnenflüchtige?

Kolumbus schickt einen Matrosen mit ein paar Indianern los – und mit einem, wie er selbst schreibt, „herzlichen" Brief an den Kapitän der Pinta, der solle sich doch bitte wieder bei ihm einfinden. Mehr nicht.

Donnerstag, 3. Januar 1493. Die Niña wird segelklar gemacht. La Navidad soll am nächsten Morgen sich selbst überlassen werden. Kolumbus mahnt jetzt zur Eile. Nun, da er Gerüchte über Pinzón vernommen hat, fürchtet er, dass dieser ihm zuvorkommt und, „einmal in Kastilien angekommen, den König und die Königin mit einem verlogenen Bericht zu hintergehen vermöchte".

Was, wenn Kolumbus zwar als Erster den Weg über den Atlantik wagt – aber als Zweiter davon zurückkehrt? Also drängt er und hat „Vertrauen darauf, dass der Allmächtige uns ein gutes Wetter bescheiden und alles zu gutem Ende führen werde".

Sonntag, 6. Januar. Und wieder im letzten Moment eine unglaubliche Fügung des Schicksals: Als zur Mittagszeit ein Matrose als Ausguck in den Mast der Niña steigt – noch immer segeln sie an der Küste Hispaniolas entlang –, da erblickt er die Pinta, die genau auf sie zusteuert.

Ein paar Stunden später kommt Martín Alonso Pinzón an Bord – mit wenig Gold in Händen und vorgeblich in Reue. Widrige Winde, so führt er aus, hätten ihn gegen seinen Willen abgetrieben. Kolumbus glaubt ihm die „Scheingründe" nicht, wird sich, allein mit seinem

Auf seinen nächsten beiden Fahrten bringt Kolumbus Siedler in die Neue Welt. Die Spanier träumen von Gold – doch erwarten sie nur Hitze und Fieber. Der Entdecker erweist sich zudem als miserabler Anführer. Deshalb schickt die Krone im Jahr 1500 einen Aufseher nach Westindien, der Kolumbus wegen angeblicher Verfehlungen absetzt – und in Ketten zurückschickt (Gemälde von Lorenzo Delleani, 1865). Zwar wird er bald rehabilitiert und darf noch einmal gen Westen segeln, doch die Geschicke Amerikas bestimmen fortan andere: brutale Konquistadoren

Bordbuch, später bitter über „Hochmut und Habgier“ des Reeders beschweren und über dessen „überhebliche und gemeine Handlungsweise“.

Zuvor jedoch, in Pinzóns Gegenwart, spielt er die Schmierenkomödie mit. Kein böses Wort fällt, die Pinta und ihre Besatzung dürfen sich ihm wieder anschließen.

Hätte Kolumbus den Fahnenflüchtigen in Ketten legen sollen? Doch wie hätte es dann um die Loyalität von Pinzóns Bruder gestanden, dem Kapitän der Niña? Hätte Kolumbus auch ihn absetzen müssen? Und hätten dann die Seeleute aus Palos, die schon auf der Hinreise kurz vor der Meuterei standen, die Entmachtung ihrer beiden Kapitäne tatenlos hingenommen?

Kolumbus hat wohl keine andere Wahl, als vor der Rebellion die Augen zu verschließen. Doch wieder einmal verliert er so an Autorität.

Und wieder einmal verpasst er eine Möglichkeit, Genaueres über jenes riesige Land im Westen zu erfahren. Denn Pinzón hat auf seiner Fahrt von Indianern gehört, dass man in zehn Tagesreisen mit dem Kanu Festland erreichen könne – die mexikanische Halbinsel Yucatán mit den letzten großen Städten der verblühenden Maya-Zivilisation.

Was hätte Christoph Kolumbus, der Schwärmer und Visionär, wohl getan, hätte er die Pyramiden und Paläste der Maya erblickt?

Allein: Niña und Pinta machen nun Wasser (und Kolumbus flucht über die „Teerer von Palos“, welche die Rümpfe nicht genügend abgedichtet hätten), die Mannschaft zeigt sich „sehr betrübt“, noch länger zu kreuzen – und „sehr günstige Winde“ kommen auf.

Also verlassen die beiden inzwischen arg ramponierten Schiffe am 16. Januar 1493 die Karibik, Kurs Ost-Nordost, Kurs Europa.

Kolumbus steuert diesmal weiter nördlich als auf dem Hinweg, denn dass er die alte Route mit ihren stetigen Nordostwinden nicht befahren kann, ist ihm klar. Er will so lange gen Norden fahren, bis er auf günstige Wind- und Strömungsverhältnisse stößt, die seine Schiffe Richtung Osten tragen. Und wie schon auf der Hinfahrt täuscht ihn sein seefahrerischer Instinkt nicht: Bereits am 4. Februar kann er auf einen östlichen Kurs einschwenken.

Von nun an kommen die zwei Schiffe relativ zügig voran. Und Kolumbus notiert befriedigt, dass die Niña auf der Rückreise schneller ist als die Pinta, da Pinzón es, wie er hämisch schreibt, in der Karibik versäumt habe, den schadhaft gewordenen Besanmast seines Schiffes zu reparieren.

So vergehen die Tage recht ereignislos – bis zu jenem höllischen Winterorkan.

Dienstag, 12. Februar. „Dann begann die See hochzugehen, und ein regelrechter Sturm brach los", schreibt Kolumbus am Abend jenes Tages in sein Bordbuch. Noch beruhigt er sich mit Selbstlob: „Wäre die Karavelle nicht so seefest und wäre sie nicht so gut wieder instand gesetzt worden, so müsste ich Schlimmstes befürchten." Ein paar Stunden darauf aber ist er bereits besorgter: „Das Meer schäumte wild auf, hohe Brecher, die sich übereinander türmten, fielen über die Schiffe her."

Und der Sturm wird immer heftiger.

Donnerstag, 14. Februar. Kolumbus hat seinen hastigen Bericht vollendet: Seinen Kurs, die Zeit, die er dafür benötigt hatte, die von ihm entdeckten Länder und die Eigenschaften von deren Bewohnern hat er in knappen Worten auf Pergament niedergeschrieben.

Dann siegelt er das Schreiben, steckt es in Wachspapier und dieses wiederum in einen „Wachskuchen", also wohl in ein großes Stück solides Wachs. Dies schließlich platziert er in einem versiegelten Fass – und wirft es über Bord.

So groß ist seine Sorge, dass er gleich noch eine zweite, identische und identisch gesicherte Botschaft verfasst. Diesmal jedoch lässt er das Fass am Heck des Schiffes befestigen. Sollte die Niña untergehen, dann wird es sich losreißen und davontreiben.

Mehr bleibt nun nicht mehr zu tun.

„Wogenberge von erschreckender Größe", so notiert Kolumbus, der doch in seinen Jahren auf See viele Stürme abgewettert hat, „kamen von allen Seiten, stürzten aufeinander und bedrängten das Schiff so sehr, dass es weder vorwärts kommen noch aus dem entfesselten Hexenkessel sich zu befreien vermochte."

Nach Stunden, endlich, ein schwaches Hoffnungszeichen: Der Sturm dreht genau auf Westen, ein heulender Rückenwind treibt die Niña nun wenigstens näher auf Europa zu. Kolumbus lässt das Focksegel setzen.

Freitag, 15. Februar. Und erneut ein Wunder. Der Sturm flaut ab. In der immer noch tobenden See kommt die Niña nun besser voran – und bei Sonnenaufgang sichtet der Ausguck am östlichen Horizont Land.

Kolumbus hat es wieder einmal geschafft.

Nach 30 Tagen, immerhin fast eine Woche weniger als auf der Hinfahrt, trifft die Niña tatsächlich, wie von Kolumbus vorhergesagt, auf die Azoren – trotz der eher ungenauen Breitengradmessungen des Kapitäns, trotz des tagelangen Sturms. Drei Tage muss er noch in schwerer See kreuzen, bis er vor der Küste jener Azoren-Insel ankert, die, ausgerechnet, Santa María heißt.

Der portugiesische Gouverneur erfährt bald von der Ankunft der abgerissenen Spanier, die berichten, dass sie über den Atlantik aus Indien zurückgekehrt seien – und glaubt ihnen kein Wort.

Er vermutet, dass Kolumbus dem Spanien verbotenen Guinea-Handel nachgegangen ist. Deshalb lässt er die Hälfte der Besatzung, die an Land gegangen ist, um mit einer Wallfahrt für die Errettung zu danken, kurzerhand festsetzen. Erst nach Drohungen durch Kolumbus und Verhandlungen gibt er sie wieder frei; die Spanier dürfen weitersegeln.

Am 3. März kommt Portugal in Sicht. Die Niña schleppt sich nach Restelo, einem Hafen bei Lissabon. Wieder ist ein heftiger Sturm über den Atlantik gezogen, und viele Küstenbewohner beten seit Stunden für alle Seeleute, die auf dem Ozean um ihr Leben kämpfen.

Sie ahnen nicht, wer Kolumbus ist – doch dass sich ein angeschlagenes Schiff durch einen Sturm gekämpft hat, wie ihn so mächtig kaum je einer der Küstenbewohner erlebt hat, ist eine Sensation. Die Bürger laufen zusammen, „um uns zu begrüßen und sich in Worten des Erstaunens über unsere Rettung von sicherem Tode zu ergehen", notiert der Entdecker.

Einige Tage bleiben sie im Hafen. Kolumbus schickt eine schriftliche Botschaft an Portugals Monarchen und versichert eilfertig, dass er Afrika, also die Machtsphäre seines Gastlandes, nicht angelaufen habe. Er sei vielmehr „auf der Rückreise aus Indien".

Johann II. – ebenjener Monarch, der ihm einige Jahre zuvor die Expedition verweigert hat – lässt ihn daraufhin zur Audienz in ein Kloster bitten: außerhalb von Lissabon, denn dort wütet gerade die Pest. So kann der Kapitän, welcher Triumph!, dem Herrscher von seinen Taten berichten.

Portugals Monarch ist großzügig: Kolumbus wird geehrt, darf Vorräte einkaufen und einige Tage später unbehelligt

Die Flotte gerät in die schwersten Stürme seit Menschengedenken

weitersegeln. Mag sein, dass Johann II. nun bereut, nicht auf den Fantasten aus Genua gehört zu haben. Möglich aber auch, dass er ihn insgeheim immer noch für einen Hochstapler hält, der es nicht wert ist, einen Konflikt mit Spanien zu riskieren.

FREITAG, 15. MÄRZ. Palos voraus! „Um zwölf Uhr mittags fuhr ich bei der Flut an der Felsbank von Saltes vorbei in den Hafen ein, von dem aus ich am 3. August des vergangenen Jahres meine Fahrt angetreten hatte", schreibt der Kapitän ins Bordbuch. Die Einwohner laufen zusammen, jubeln, danken Gott, tragen die Heimkehrer im Triumph von Bord. „Der glückliche Ausgang meiner Seefahrt ist der wunderbarste göttliche Beweis dessen, was ich behauptet habe. DEO GRATIAS."

Und das letzte Wunder: Nur ein paar Stunden nach der Niña erreicht auch die vom Sturm – diesmal wahrhaftig – abgetriebene Pinta den sicheren Hafen Palos. Martín Alonso Pinzón allerdings, der nun befürchten muss, dass sich der triumphierende Kolumbus für die Fahnenflucht am anderen Ende des Ozeans rächen und ihn bei den Monarchen anzeigen wird, dieser Pinzón, der ehemals mächtigste Mann der Stadt, drückt sich in sein Haus und versteckt sich dort.

225 Tage sind Kolumbus und seine Männer auf See gewesen: Siebeneinhalb Monate Fahrt bis zu neuen Ländern jenseits des Atlantiks, über 13000 Kilometer durch unbekannte Gewässer und entlang nie zuvor gesehener Küsten.

Kuba, Hispaniola und ein Dutzend kleinerer karibischer Inseln hat der Kapitän entdeckt. Sein Flaggschiff ist dabei zugrunde gegangen, doch hat Kolumbus weder einen einzigen Mann seiner Besatzung durch Krankheit, Unfall oder Gewalt verloren noch einen einzigen Indianer getötet (wiewohl mehrere entführt). Ein paar Tage nach der Ankunft allerdings stirbt Martín Alonso Pinzón – zermürbt aus Angst vor der Rache des Kolumbus, so erzählt man sich.

Der genießt derweil den Triumph, dem er so viele Jahre seines Lebens geopfert hat. Mit großem Gefolge zieht er nach Barcelona, wo sich das Königspaar gerade aufhält: 1300 Kilometer über Land, und überall jubelt ihm das Volk zu. Prächtig ausstaffiert ist er, wie einer jener Adeligen, zu denen er sich jetzt zählen darf. Das wenige Gold, das er ertauscht hat, lässt er glitzern. Dazu ein halbes Dutzend Indianer mit sich führen, als leibhaftige Abgesandte der neuen Untertanen Ihrer Majestäten, sowie 40 Papageien und allerlei andere bunt gefiederte Tropenvögel.

Huldvoll empfangen ihn die Monarchen, „unter einem Baldachin aus goldenem Tuch in aller Würde und Größe auf reich verzierten Thronsesseln sitzend", wie Fernando Kolumbus viele Jahre später schreiben wird.

Die Monarchen, unerhörte Ehre, erheben sich, als Kolumbus vor ihnen kniet. Der Entdecker darf sich zur Rechten Isabellas niedersetzen und später in der königlichen Kapelle mit den Majestäten beten.

Huldvoll bestätigen ihm Ferdinand und Isabella alle Titel und Privilegien, huldvoll gewähren sie ihm Schiffe und Geld für eine zweite, große Expedition.

In einem Brief an einen Höfling hat Kolumbus bereits wenige Tage nach seiner glücklichen Rückkehr von seinen Entdeckungen berichtet. Es ist dieser Brief, rund vier Folio-Seiten lang, der ihn berühmt macht.

In Barcelona, dann in Rom, Paris, Antwerpen, Straßburg und Basel wird er binnen weniger Monate auf Gutenbergs neuer Druckerpresse vervielfältigt, in lateinischen, spanischen, deutschen und italienischen Ausgaben publiziert – Europa hat einen Bestseller. Ein Werk über ferne Inseln, schön wie das Paradies. Und ein Werk über Gold, das man dort irgendwo finden könne.

Und noch immer glaubt jedermann, Kolumbus habe Asien erreicht.

Wie ein Triumphator zieht er nach seiner Rückkehr durch Spanien

DER REST DER GESCHICHTE ist eine Tragödie – die Tragödie eines Mannes und jener Völker, die er für Europa entdeckt hat.

Dreimal noch wird Kolumbus gen Westen segeln. Immer starrsinniger, immer stärker gefangen in religiösen Wahnvorstellungen und ruiniert von seiner fatalen Führungsschwäche.

Seine zweite Fahrt beginnt am 25. September 1493: ein Triumphzug über das Meer, der in Düsternis endet.

17 Schiffe führt Kolumbus an, über 1000 Krieger und Abenteurer, ausgerüstet mit Feuerwaffen, Pferden – und Bluthunden, die in den Laderäumen der Segler knurren. Nur drei ereignislose Wochen dauert die Überfahrt.

Diesmal erreicht er die Karibik einige hundert Kilometer weiter südlich als beim ersten Mal. Er segelt von Insel zu Insel und entdeckt dabei unter anderem Dominica, Puerto Rico und Guadeloupe. Schließlich erreicht er Gewässer, die er schon kennt: Hispaniola, die „Spanische Insel", kommt in Sicht.

Doch dort findet er von seiner Kolonie La Navidad nur noch Ruinen – und die Leichen einiger Bewohner. Die drei Anführer hatten sich, wie ihm Indianer erzählen, untereinander mörderische Kämpfe um Gold geliefert. Wer diese überlebte, hatte den Indianern zudem Frauen geraubt – bis diese, der Gewalt überdrüssig, die Weißen töteten.

Kolumbus aber hat den kriegsgewohnten Spaniern Gold und wohl auch

Wege in die Neue Welt

Der Bericht des Kolumbus über seine Reise ist in Europa eine Sensation. Bald machen sich Abenteurer auf den Weg über den Atlantik. Innerhalb weniger Jahrzehnte erkunden sie Amerika, von den Regenwäldern Brasiliens bis in den Norden Kanadas

Noch während Kolumbus neue Expeditionen gen Amerika unternimmt, machen sich auch andere Glücksritter auf, um eine Westpassage nach Indien zu finden – oder neue Gebiete zu entdecken.

Einer dieser Pioniere ist der italienische Seefahrer Giovanni Caboto, auch bekannt als John Cabot. So wie Kolumbus, von dessen Entdeckungen er sicherlich gehört hat, will er Asien über den westlichen Seeweg erreichen, jedoch auf einer weiter nördlich gelegenen, möglicherweise kürzeren Route. Beim englischen König Heinrich VII. findet er Unterstützung für sein Vorhaben, im Mai 1497 sticht er von Bristol aus in See.

Bereits nach einem Monat stößt er auf Land – wahrscheinlich Labrador oder Neufundland. Er findet verlassene Feuerstellen vor, Menschen bekommt er nicht zu Gesicht. Caboto stellt Heinrichs Fahne auf, daneben hisst er das Banner des Papstes. Im folgenden Jahr macht sich der Entdecker erneut auf den Weg nach Nordamerika – und kehrt nicht mehr zurück.

Im Jahr 1500 segelt auch der portugiesische Edelmann Gaspar Corte Real Richtung Neufundland. Was ihm dort widerfährt, ist nur spärlich überliefert, eingehender beschreiben die Quellen seine zweite Reise an die Ostküste Nordamerikas 1501.

„Ungeheure Massen zusammengefrorenen Schnees" hätten die Schiffe immer wieder zum Kurswechsel gezwungen, berichten Mitreisende. Nach acht Monaten erreichen die Männer schließlich doch die Küste, segeln auf einem Fluss landeinwärts.

Dann begegnen ihnen Einheimische: Menschen mit tätowierten Gesichtern, die Körper in Tierfelle gehüllt. Sie „sind sehr sanft, sie lachen recht viel", erzählen die Entdecker später.

Doch Corte Reals Männer agieren brutal: 50 Einheimische schleppen sie auf die Schiffe, von denen zwei nach Portugal zurücksegeln. Corte Real bleibt, um die Gegend weiter zu erforschen; hier verliert sich seine Spur.

Im Jahr 1502 macht sich sein Bruder Miguel Corte Real auf die Suche nach ihm, doch auch er kehrt nicht zurück.

Die weitere Erkundung der nordamerikanischen Ostküste ist vor allem dem florentinischen Seefahrer Giovanni da Verrazzano zu verdanken. Im Auftrag des französischen Königs Franz I. landet er 1524 bei Cape Fear im heutigen North Carolina.

Verrazzano segelt das bewaldete Land entlang, erreicht Long Island und den Hudson River. An der Narragansett Bay (Rhode Island) schließt er Freundschaft mit Indianern, über die er schreibt: „Sie sind die Schönsten und haben das höflichste Benehmen, das wir auf der Reise angetroffen haben."

Auf einer weiteren Amerika-Expedition im Jahr 1528 wird er, glaubt man späteren Berichten, in der Karibik von Kannibalen ermordet.

Auch der südliche Teil des neuen Kontinents wird von Entdeckern erkundet. Der Portugiese Pedro Álvares Cabral indes will gar nicht nach Amerika – ihn zieht es 1500 nach Indien. Er plant, wie zuvor Vasco da Gama um Afrika herumzusegeln.

Doch um ungünstige Winde und Strömungen vor Westafrika zu vermeiden, fährt er mit seiner Armada weit auf den Atlantik hinaus – es folgt eine Irrfahrt in Richtung Westen. Nach einem Monat sichtet er am 22. April Land, es ist die

500 Jahre nach den ersten Fahrten der Wikinger betritt erstmals wieder ein Europäer den Boden Nordamerikas: Im Juni 1497 ankert der Italiener Giovanni Caboto vor der Ostküste, nachempfunden in einem Bild von Robert Dudley. Wahrscheinlich erreicht er das heutige Neufundland

Küste des heutigen brasilianischen Bundesstaates Bahia.

Noch vor Cabral sind die spanischen Seefahrer Vicente Yáñez Pinzón und Diego de Lepe im Jahr 1500 an der Küste Brasiliens gelandet, doch war ihnen bewusst, dass das entdeckte Gebiet östlich der 1494 im Vertrag von Tordesillas festgelegten Trennlinie und damit außerhalb des Spanien zugesprochenen Teils der Welt lag. So kann Cabral das neue Land für Portugal in Besitz nehmen, indem er ein großes Holzkreuz mit dem Wappen König Emanuels aufstellt.

Eine Pionierleistung vollbringt in Südamerika auch der Sohn Giovanni Cabotos, Sebastiano Caboto. Sebastiano hat wohl schon seinen Vater auf dessen erster Nordamerika-Expedition begleitet. Fast 30 Jahre später soll er im Auftrag Karls V. die Welt umsegeln. 1526 landet Caboto mit seinen Schiffen an der brasilianischen Küste und trifft dort auf Überlebende früherer Expeditionen, die ihm von einem sagenhaften silbernen Berg im Landesinneren erzählen.

Daraufhin ändert er seine Reiseroute: Im Februar 1527 befährt er den Río de la Plata, den Mündungstrichter zweier großer Flüsse im heutigen Argentinien und Uruguay, drei Monate später beginnt er eine zweijährige Expedition, bei der er als erster Europäer die Flüsse Paraná und Paraguay befährt. Doch kriegerische Indianer setzen seinem Abenteuer ein Ende: Beim heutigen Asunción in Paraguay greifen sie Cabotos Mannschaft an und töten 17 Männer. Auch ein zweiter Vorstoß scheitert an Angriffen der Einheimischen.

Im Jahr 1529 gibt Caboto auf und segelt zurück nach Spanien. Obwohl er weder Reichtümer noch eine Westpassage findet, erschließt er als erster Entdecker einen Wasserweg, der weit in das Innere des Kontinents führt.

Amerigo Vespucci (1454–1512) beschreibt als Erster die neuen Länder als eigenen Kontinent

Sebastiano Caboto (ca. 1475–1557) erreicht den Río de la Plata und befährt auf Flüssen Südamerika

Giovanni da Verrazzano (1485–1528) erkundet die Ostküste der heutigen USA

Seinen heutigen Namen jedoch verdankt der Doppelkontinent dem aus Florenz stammenden Kaufmann Amerigo Vespucci.

Der nimmt an zwei Reisen nach Südamerika nur in untergeordneter Funktion teil. Doch da er in seinen weit verbreiteten Berichten von diesen Reisen der Erste ist, der die Neue Welt als einen eigenen Erdteil bezeichnet, nennen die deutschen Kosmographen Martin Waldseemüller und Matthias Ringmann den Kontinent 1507 in ihrem einflussreichen Landkartenwerk in Anlehnung an Vespuccis Vornamen „America“ – die latinisierte Form von Amerigo.

Mara Küpper

Sklaven versprochen – und diese wollen sich nun ihre Beute holen. Einige Kilometer östlich von La Navidad gründet der Kapitän eine neue Ansiedlung, die er nach seiner großen Gönnerin „Isabela“ tauft.

Ein paar Hütten sind dies, dazu ein paar schlecht bestellte Felder. Doch während Kolumbus bereits von der Errichtung eines Palastes träumt, wie es ihm als Vizekönig wohl zusteht, und von einem Kloster und einer Kirche, murren die Männer über Moskitos, die Hitze, das schlechte Essen.

Einige Abenteurer schickt der Entdecker ins Innere der Insel, hinein in den Regenwald. Mit Gewalt entreißen sie den Indianern Gold, doch sind das kaum mehr als ein paar Klumpen – zu wenig, um auch nur die Kosten zu decken, die das Unternehmen bislang verschlungen hat.

1496 kehrt Kolumbus nach Spanien zurück. Um neue Männer will er bitten, und um neue Vorräte. Doch manche Abenteurer sind schon vor ihm zurückgesegelt. Und sie erzählen Geschichten von Malaria und Elend und der vergeblichen Suche nach Gold – auch bei Hofe. Kolumbus, selbst schon gezeichnet von der Gicht, muss wochenlang auf eine Audienz warten, bis er endlich empfangen wird.

Das Königspaar gibt sich nun distanziert, und manche Höflinge sind offen feindselig. Sie hassen den Fremden, den Emporkömmling. Der Mann aus Genua wird mit einigen symbolischen Ehrungen und Zusicherungen abgespeist.

Zwei Jahre braucht er, bis er bei reichen Adeligen genügend Geld für eine dritte Reise zusammengesammelt hat. Mit sechs Schiffen legt er 1498 ab – und die meisten Matrosen kommen direkt aus dem Kerker. Unter ihnen sind Mörder, denn Freiwillige für die nun plötzlich so elend wirkenden Eilande jenseits des Horizonts kann er kaum noch auftreiben.

Diesmal schlägt er einen Kurs ein, der ihn noch weiter südlich führt:

Schließlich sichtet er eine Insel, die er „Trinidad“ tauft – und dahinter eine riesige Küste. Es ist das tropische Ufer Südamerikas, das riesige Mündungsdelta des Orinoko im heutigen Venezuela.

Kolumbus sieht zum ersten Mal das Festland eines neuen Kontinents, doch wähnt er sich noch immer in Asien. Nur ein paar Tage nimmt er sich Zeit, kaum genug für einige Abstecher entlang der Mangroven, dann setzt er Kurs Nord, bis er Hispaniola sichtet.

„Sein“ Reich ist dies, ist er doch offiziell noch immer Vizekönig. Inzwischen jedoch rufen die vielen Spanier dort, verbittert und abgezehrt, offen zur Rebellion. Vom erhofften Gold haben sie, wenn überhaupt, nur ein paar Krümel aufgetrieben – sich mit ihrer Brutalität aber längst die Indianer zu unversöhnlichen Feinden gemacht: Es herrscht Krieg in den Wäldern der Insel.

Noch auf dem Totenbett ringt Kolumbus um Ruhm und Ehre

Die Spanier schleppen auch, aber das kann Kolumbus nicht ahnen, ihre Krankheiten ein, die Pocken und die Masern vor allem. Den Seuchen, mehr noch als den Waffen und Kampfhunden der Europäer, werden schon bald ganze Völker erliegen. Die Arawak wie deren Todfeinde, die Kariben, werden binnen einer Generation nahezu ausgelöscht.

Die Unruhe in der Siedlung Isabela ist mittlerweile so gefährlich, dass die durch Boten alarmierten Majestäten schließlich aus dem fernen Spanien einen erfahrenen Höfling als königlichen Aufseher zur abgerissenen Kolonie entsenden.

Und dieser Beamte lässt im Jahr 1500 Kolumbus in Ketten legen und nach Spanien zurückschaffen. Der gefeierte Entdecker wird nun wie ein Verbrecher behandelt. Zwar wird der Kapitän bei Hofe begnadigt und darf noch einmal lossegeln – das Schicksal der Neuen Welt jedoch bestimmen nun andere.

Neue Welt: Schon im November 1493 bezeichnet der Geschichtsschreiber Peter Martyr von Anghiera Kolumbus als „novi orbis repertor“, als „Entdecker einer neuen Welt“. Und ziemlich schnell wird Europas Gelehrten, Seefahrern und Abenteurern klar, dass jenseits des Atlantiks etwas Neues liegen muss, etwas Verlockendes, etwas Großes.

Nur einer will davon nichts wissen: Kolumbus.

Auf seiner letzten Fahrt, von 1502 bis 1504, erreicht er wieder das Festland. Diesmal betritt er Mittelamerika in Höhe des heutigen Honduras.

Wochenlang segelt er südlich die Küste entlang, kämpft gegen Stürme und widrige Strömungen, kämpft um den Erhalt seiner Schiffe, die nach und nach von Würmern zerfressen werden, kämpft um seine eigene, zunehmend zerrüttete Gesundheit.

Einmal hört er von Indianern, er brauche nur einige Tage landeinwärts zu wandern, dann habe er einen Isthmus bezwungen und würde wieder einen anderen Ozean erblicken.

Kolumbus hat inzwischen die Küste des heutigen Panama erreicht, die schmalste Stelle der Landbrücke zwischen Nord- und Südamerika – und der Ozean, von dem die Einheimischen erzählen, ist der Pazifik.

Und vielleicht hätte Kolumbus dann endlich geglaubt, dass das Land, das er entdeckt hat, sich wie ein gigantischer Sperrriegel zwischen Europa und seinem Traumziel Asien erstreckt.

Doch wieder verzichtet er auf jenen letzten Schritt.

Wieder ist er Tausende Kilometer gereist – und scheut dann die letzten paar Dutzend Kilometer unbekannten Weges. Vielleicht ahnt er ja längst, dass er einer grandiosen Illusion aufgesessen ist und sein Leben einem Ziel geopfert hat, das auf diesem Weg buchstäblich unerreichbar ist.

Am 20. Mai 1506 stirbt Kolumbus in Valladolid als verbitterter Mann.

Der 54-Jährige wähnt sich von den Monarchen und von Spaniens Adel nicht ausreichend geehrt für seine Entdeckungen. Denn dies ist seine letzte Illusion: Er, der zu den berühmtesten Gestalten der Menschheitsgeschichte überhaupt zählen wird, glaubt sich am Ende seines Lebens um seinen Ruhm betrogen.

Noch einmal hat Kolumbus sich dem königlichen Gebieter erklären wollen. Wollte sich rechtfertigen, wollte alle Ansprüche auf die Schätze „Indiens“ bekräftigen.

Doch er war schon zu krank, um noch ein Pferd zu besteigen. Bis Valladolid schleppte er sich, dann konnte er nicht mehr.

Seine Söhne waren in seiner letzten Stunde bei ihm sowie einer seiner Brüder und zwei Freunde. Seiner Geliebten Beatriz Enríquez de Harana, die er wohl schon Jahre zuvor verlassen hatte, gedachte er im Testament „zur Entlastung meines Gewissens, denn es drückt schwer auf meiner Seele“.

„In manus tuas, Domine, commendo spiritum meum“, murmelte er: „In deine Hände, Herr, befehle ich meinen Geist.“ Es waren die letzten Worte des großen Visionärs, Seemanns und Entdeckers Christoph Kolumbus.

JENE BEIDEN VERSCHLOSSENEN FÄSSER, denen Kolumbus in höchster Sturmnot seinen hastigen, seinen allerersten Bericht von der Entdeckung Amerikas anvertraute, sind bis heute nicht wiedergefunden worden.

Es mag also sein, dass da noch ein sorgsam versiegeltes Pergament von Kolumbus' eigener Hand verborgen ist – irgendwo an einem Gestade des Atlantiks. □

WER MEHR WEISS,
KANN MEHR BEWEGEN.
INFORMATION
BROCK
HAUS
ENZYKLOPÄDIE
1
A–ANAT
MARCEL REICH-RANICKI
BROCKHAUS-LESER
SEIT BÜCHER SEIN LEBEN SIND
Die neue Brockhaus Enzyklopädie ist da.
30 Bände voller Wissen, das die Welt bewegt.
Die innovativste Enzyklopädie aller Zeiten.
Informieren Sie sich im Buchhandel oder unter
Tel. 0180-BROCKHAUS (0180-2-76 25 42 87);
infin 0,06 €/Anruf. www.brockhaus.de
JETZT KOMPLETT IN 30 BÄNDEN. BIS 31.12.06 SPAREN SIE 180 €.

In 1082 Tagen um die

Spanien und Portugal ringen im 16. Jahrhundert um die Vorherrschaft auf den Weltmeeren. Im Jahr 1518 verspricht ein ehemaliger portugiesischer Soldat dem spanischen König, eine neue Schiffsroute zu den reichen Gewürzinseln der Molukken zu bahnen. Auf seiner Fahrt nach Westen entdeckt Ferdinand Magellan nicht nur eine Seepassage zum Pazifik. Seine Expedition umsegelt auch erstmals die Erde. Diesen Triumph aber wird der »Generalkapitän« nicht mehr erleben

Umgeben von Seegottheiten und Fabelwesen, durchfährt Ferdinand Magellan in diesem Stich von 1594 die nach ihm benannte Meerenge nördlich von Feuerland

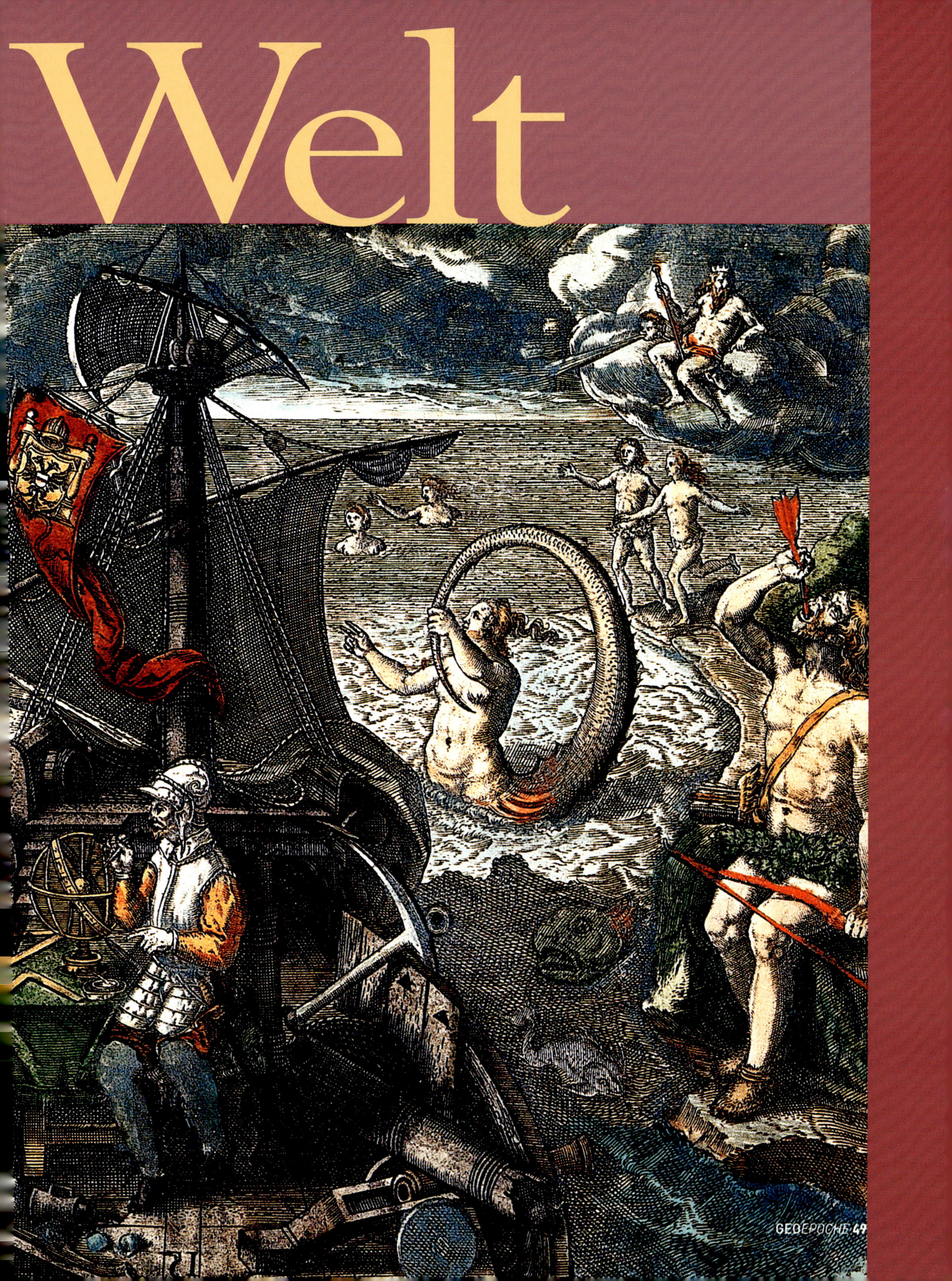

Welt

Nautische Geräte wie das Astrolabium, mit dem sich die geographische Breite nach dem Stand der Sterne ermitteln lässt, sind Magellan unentbehrlich – hier ein wissenschaftliches Modell von 1548. Auch aus politischen Gründen will er Westkurs halten. Denn auf der Ostroute besitzt Portugal das Monopol

VON RALF BERHORST UND OLAF MISCHER

Die Anklage ist lächerlich: 400 Ziegen soll der portugiesische Quartiermeister Fernão de Magalhães auf einem Kriegszug in Marokko aus der Beute zum eigenen Gewinn verkauft haben. Erbost eilt er ohne Erlaubnis seiner Vorgesetzten von Nordafrika an den Hof in Lissabon, um beim König vorzusprechen.

Hinkend betritt der klein gewachsene, bärtige Offizier den Audienzsaal: ein derber Mann von Mitte 30, verschlossen, verbittert – zur geschmeidigen Höflichkeit kaum fähig.

Und er kommt nicht etwa, um den König um Unterstützung gegen die falsche Anschuldigung zu bitten, sondern fordert vielmehr die Erhöhung seines Soldes. Schließlich ist er mehrfach verwundet worden, zuletzt hat ihm ein Lanzenstich das linke Bein halb gelähmt.

Doch Emanuel I. ist längst davon unterrichtet, dass sich der Bittsteller unerlaubt von der Truppe entfernt hat, und so fertigt er Magalhães kurz ab. Er befiehlt ihm, sich sofort dem Gericht zu stellen.

Als Magalhães dort freigesprochen wird, pocht er in Lissabon erneut auf die Anerkennung seiner vermeintlichen Ansprüche. Wieder weist der König den lästigen Starrkopf ab. Von nun an erhält Magalhães im expandierenden Weltreich Portugal keine Aufgabe mehr.

Dabei brennt er darauf, sich als Entdecker einen Namen zu machen. Zermürbt fragt er im September 1517 bei Hofe nach, ob er seine Dienste anderswo anbieten dürfe. Der König sagt es zu. Als Magalhães niederkniet, um seine Hände zu küssen, wendet der sich ab.

Einen Monat später reist Magalhães über die Grenze nach Sevilla und wird Untertan des spanischen Königs Karl I. Aus Fernão de Magalhães wird Fernando de Magallane oder Ferdinand Magellan.

In Sevilla lernt er Diogo Barbosa kennen, der seit 14 Jahren als hoher Beamter in spanischen Diensten steht. Magellan heiratet dessen Tochter Beatriz und erwirbt dadurch gesellschaftliches Ansehen. Und er vergräbt sich in Seekarten.

Er brütet über einer Idee, die eine der wichtigsten Einnahmequellen Portugals schmälern könnte: den Gewürzhandel.

LANGE SCHON KONKURRIEREN Portugal und Spanien um die Vorherrschaft zur See. 1415 haben portugiesische Kriegsschiffe die Festung Ceuta in Marokko erobert und damit erstmals auf den afrikanischen Kontinent ausgegriffen. Zu den Belagerern Ceutas zählte auch Dom Henrique, der dritte Sohn König Johanns I.

„Henrique o Navegador“, „Heinrich der Seefahrer“, wie er später genannt wird, holt ab etwa 1420 als Gouverneur der Provinz Algarve Kartographen und Bootsbauer an seinen Hof und lässt neuartige Schiffe bauen: Karavellen, deren Takelung es den Seefahrern ermöglicht, gegen den Wind zu segeln.

Heinrich entsendet Schiffe nach Madeira, zu den Kanaren und zur afrikanischen Westküste. Sie sollen Gold finden,

Ferdinand Magellan (ca. 1480 bis 1521) kämpft zunächst für Portugals König in Indien und Afrika. Doch der enttäuscht ihn zutiefst

Nach einem guten Jahr erreicht Magellans Flotte Ende November 1520 den Pazifik – noch liegt der größte Teil der Reise vor ihr: Knapp 13 000 Kilometer segeln die Schiffe ohne Pause und durchqueren erstmals das »Südmeer« von Ost nach West. Erst in Mikronesien betreten die Männer wieder Land. Ihr eigentliches Ziel, die Molukken, finden sie schließlich dank einheimischer Lotsen

Elfenbein und Sklaven in die Heimat bringen. Nach und nach dringen die Portugiesen entlang der afrikanischen Küste immer weiter nach Süden vor. In Heinrichs Todesjahr, 1460, erreichen sie Sierra Leone. Und als Bartolomeu Diaz fast 30 Jahre später die Südspitze Afrikas umrundet, ist eine entscheidende Etappe auf dem Seeweg nach Indien zurückgelegt.

Von dort stammen Gewürze wie Pfeffer, Ingwer und Zimt – fast so begehrt wie Gold oder Silber. Diese Kostbarkeiten werden nach Kleinasien gebracht und von dort über das Mittelmeer nach Italien verschifft. Auf dem direkten Seeweg, so hofft man in Lissabon, ließe sich das lukrative Monopol der italienischen Kaufleute brechen. Doch noch ist keine Route nach Indien bekannt.

Während Portugal einen Weg dorthin im Osten sucht, schickt Spanien seine Schiffe gen Westen. 1492 glaubt Christoph Kolumbus (den man zuvor in Lissabon abgewiesen hat), auf westlicher Route indisches Festland erreicht zu haben. Scheinbar berühren sich nun beide Interessensphären, Krieg droht.

Doch Papst Alexander VI. verfügt eine Zweiteilung der unentdeckten Welt, der die beiden Seemächte 1494 im Vertrag von Tordesillas zustimmen – eine der größten Anmaßungen der Weltgeschichte. Sämtliche noch unerschlossenen Gebiete westlich einer Trennungslinie, die ungefähr entlang dem 46. (westlichen) Längengrad von Pol zu Pol verläuft, fallen an Spanien. Die andere Hälfte geht an Portugal. Spanien erhält auf diese Weise fast ganz Amerika. An Portugal fallen Afrika, Indien und ein Teil des noch unentdeckten Brasilien.

1497 verlässt Vasco da Gama mit vier Karavellen Lissabon und erreicht im Jahr darauf Calicut an der Südwestküste Indiens, den größten Hafen Asiens. Zum ersten Mal hat ein Europäer den Subkontinent auf dem Seeweg erreicht.

Im August 1499 kehrt da Gama in seine Heimat zurück. Drei Jahre später bringt er mit 21 Schiffen den Gewürzhandel gewaltsam unter portugiesische Kontrolle. Und 1505 entsendet der portugiesische Hof Dom Francisco de Almeida als Vizekönig nach Indien. Er soll den Gewürzhandel dauerhaft sichern.

Mit an Bord: der 25-jährige Magellan.

Dieser Ferdinand Magellan wird wahrscheinlich 1480 im nordportugiesischen Sabrosa geboren und stammt aus einer Familie niederen Adels. Der bescheidene Rang verschafft ihm immerhin Zutritt zum portugiesischen Königshaus: Mit etwa zwölf Jahren geht Ferdinand als königlicher Page an den Hof in Lissabon.

Dort erhält er Unterricht in Algebra, Geometrie, Astronomie und Navigation. 1505 heuert er als einer von 1500 Soldaten in Dom Almeidas Flotte an – und wird in einer Seeschlacht vor dem indischen Cannanore erstmals verwundet.

In den folgenden Jahren erwirbt er sich durch seine Tapferkeit Ansehen: So wehrt er 1509 vor Malakka an der Südwestküste Malaysias einen Überfall Einheimischer auf portugiesische Schiffe ab.

Im selben Jahr erringt Almeida vor der nordwestlichen Küste Indiens einen entscheidenden Sieg.

Auch hier spielt Magellan eine wichtige Rolle: In einem Handstreich gelingt es ihm, einen gegnerischen Admiral gefangen zu nehmen.

20. Januar 1518. Magellan reist nach Valladolid, an den Hof des spanischen Herrschers Karl I., und erhält eine Audienz.

Er hat sich auf die wichtigste Unterredung seines Lebens gut vorbereitet. Es geht um die Molukken, den einzigen Ort der Erde, an dem die hoch geschätzten Gewürznelken wachsen (die bislang über Kleinasien nach Europa gelangen). Er zieht den Brief eines Freundes hervor, der die Inseln im Malaiischen Archipel als eine „neue Welt“ preist, „reicher und großartiger“ als Indien.

Dieser Freund ist Francisco Serrão, dem Magellan einst vor Malakka das Leben gerettet hat. Serrão hat sich 1511

Ehe die Armada die Gewürzinseln ansteuern kann, muss sie die Landmasse Amerikas überwinden. An dessen Ostküste segelt Magellan gen Süden. Skalen astronomischer Kompendien – wie diese zur kalendarischen Berechnung und Bestimmung der Gezeiten – helfen den Kapitänen auf See

mit zwei weiteren Kapitänen im Auftrag des portugiesischen Vizekönigs auf die Suche nach den Molukken gemacht. Im Jahr darauf erreichten sie als erste Europäer den Archipel, Serrão ließ sich auf der Molukken-Insel Ternate nieder.

In Briefen an Magellan preist er die Schönheit und die Reichtümer des Archipels und versucht, den Freund zu überreden, ihn zu besuchen. In seiner Lagebeschreibung aber versetzt Serrão die Inseln viel zu weit nach Osten und damit in die spanische Hemisphäre der Welt.

Erst dieser Fehler bringt Magellan wahrscheinlich auf die Idee, eine Expedition zu den vom undankbaren portugiesischen König beanspruchten Molukken zu planen, zumal der Astronom Ruy Faleiro ihn in seiner Einschätzung bestärkt. (Tatsächlich aber ist noch unklar, in wessen Machtsphäre die Inselgruppe liegt. Denn der Vertrag von Tordesillas legt in der pazifischen Welt keine Grenze fest).

Wie aber die Gewürzinseln erreichen, ohne die portugiesischen Handelswege im Indischen Ozean zu befahren? Der Weg muss gen Westen führen. Doch der amerikanische Kontinent versperrt die Zufahrt ins „Südmeer" auf dieser Route.

Magellan jedoch glaubt fest an eine Ostwestpassage in den Pazifik. Er breitet vor König Karl I. eine Seekarte aus, auf der Küstenlinien eingezeichnet sind, die entscheidende Region im Süden Amerikas jedoch unausgefüllt geblieben ist, „damit sein Geheimnis ihm nicht veruntreut würde", wie ein Historiker notiert, welcher der Audienz beiwohnt.

Zwar spekulieren Kartographen und Seeleute seit langem über eine Verbindung zwischen Atlantik und Pazifik im Süden der Neuen Welt. Doch ist die Ostküste Südamerikas erst bis zur Mündung des Río de la Plata grob erkundet, sodass auch Magellan nichts über eine tatsächliche Passage zwischen den Meeren weiß.

Der Offizier, der sonst wenig von der Kunst versteht, Menschen für sich einzunehmen, tritt dieses eine Mal so überzeugend auf, dass er Karl und seine Berater für seinen Plan gewinnt. Zu verlockend sind die Einnahmen, welche die Gewürzinseln dem Königreich verheißen.

Am 22. März 1518 unterschreibt der Monarch einen Vertrag, wonach Magellan die westliche Route zu den Molukken suchen sowie andere „Inseln und Kontinente, die in unseren Grenzen liegen" entdecken soll. Fünf Schiffe werden ausgerüstet, mit Proviant für zwei Jahre.

Für Magellan und seinen Partner, den Astronom Faleiro – der freilich in Spanien bleibt – soll die Reise vor allem ein gutes Geschäft werden: Sie lassen sich vertraglich eine großzügige Beteiligung an den erwarteten Einkünften aus den Besitzungen zusichern.

DOCH ZUNÄCHST MUSS der künftige Entdecker 18 Monate warten. Die „Trinidad" und die „San Antonio", die „Concepción", „Victoria" und die „Santiago" werden in Sevilla repariert, geteert und mit zusätzlichen Kanonen bestückt.

Ein portugiesischer Spion, der durch die Werft schleicht, meldet triumphierend an König Emanuel I., die Schiffe seien „sehr alt und zusammengeflickt": „Mir wäre es schon schrecklich, sollte ich mit ihnen nur bis zu den Kanarischen Inseln fahren, denn ihre Rippen sind so weich wie Butter."

Doch die Hoffnung auf ein frühes Scheitern des Überläufers ist trügerisch. Entgegen dem höhnischen Bericht des Gesandten begibt sich Magellan keineswegs mit morschen Wracks auf Entdeckungsfahrt, sondern mit wohlausgerüsteten Schiffen: Er hat die alten Segler gründlich überholen lassen.

Und er überwacht jedes Detail der Vorbereitungen. Lässt 21 383 Pfund Schiffszwieback an Bord nehmen, 5700 Pfund Pökelfleisch, 200 Fässer Sardellen, 984 Laib Käse, Schnüre mit Knoblauchzehen und Zwiebeln, Säcke mit Mehl, Bohnen, Linsen und Reis.

Dazu 417 Schläuche und 253 Fässer Wein, 50 Kugelgewehre, 1000 Lanzen, 200 Piken. Und Tauschwaren für den Gewürzhandel: 20 000 Schellen und Glöckchen, 900 kleine Spiegel, fast 5000 Messer, Scheren, Messingschmuck und 40 Säcke Glasperlen.

Am 20. September 1519 lichtet Magellans „Molukken-Armada" die Anker. 265 Mann tun auf den fünf schwarz geteerten Dreimastern Dienst.

Einer von ihnen ist der Venezianer Antonio Pigafetta, der im Sommer mit einer päpstlichen Delegation an den Hof Karls I. gekommen ist. Darauf aus, „die großartigen und schauervollen Dinge des Ozeans" zu sehen, erwirkt der junge Mann die königliche Erlaubnis, Magellan in den Pazifik begleiten zu dürfen, und heuert zum Lohn eines einfachen Matrosen an.

Der Italiener schreibt während der gesamten Expedition Tagebuch. Es wird die umfangreichste Chronik der Reise: mit Beobachtungen über fliegende Fische, Paradiesvögel und unbekannte Pflanzen; über die Bewohner ferner Landstriche, deren Lebensgewohnheiten, Speisen, Behausungen, Kleidung und Sprache.

Der Kurs, so notiert Pigafetta, führt zunächst Richtung Kanaren, dann vorbei an den Kapverdischen Inseln und der Küste Guineas. Magellan, vom König zum „Generalkapitän" der Molukken-Armada ernannt, führt seine Flotte wortkarg und mit Autorität.

Er hält sich bedeckt über seine Pläne und schürt so die Feindseligkeit, die vom ersten Tag an unter den vier anderen spanischen Kapitänen gegen den Fremdling aus Portugal schwelt. Als einer der Schiffsführer Magellan wegen des ungewöhnlichen und gefährlichen Kurses entlang der afrikanischen Küste offen kritisiert, setzt der Generalkapitän ihn kurzerhand gefangen.

Nach fast dreimonatiger Reise segeln die fünf Schiffe am 13. Dezember 1519 in die 18 Jahre zuvor von Portugiesen entdeckte Bahia de Santa Lucia (heute Bucht von Rio de Janeiro) ein. Die dort siedelnden Indianer versorgen die Seefahrer mit Ananasfrüchten von „süßem, vortrefflichem Geschmack", so Pigafetta, und Tapirfleisch. Für eine Spielkarte geben die Einheimischen sechs Hühner her. Und gegen eine Axt werden zwei Mädchen als Sklavinnen angeboten.

Nach zwei Wochen segelt die Armada weiter die Küste Südamerikas hinab und stößt am 10. Januar 1520 bei etwa 35 Grad südlicher Breite auf eine Bucht, die der Spanier Jãno Dias de Solis 1516 entdeckt hat. Es ist der südlichste Punkt, den Europäer bis dahin erreicht haben. Solis, der kurz nach seiner Ankunft von Einheimischen getötet wurde, hat hier eine Durchfahrt zum Pazifik vermutet.

Sollte die Bucht tatsächlich in die Südsee führen? Magellan schickt die Santiago auf Erkundungsfahrt. 15 Tage später bringt ihr Kapitän eine enttäuschende Nachricht: Das Gewässer ist nicht die gesuchte Verbindung zwischen den Weltmeeren. Der Armada bleibt also nichts, als die Küste weiter abzusegeln.

Bald darauf werden die Stürme immer eisiger. Am 31. März 1520 sucht die Flotte Schutz in einer unbesiedelten Bucht, um dort zu überwintern. Mehr als ein halbes Jahr ist es jetzt her, dass die fünf Schiffe Spanien verlassen haben – und nichts ist bisher erreicht. Es herrscht Meuterstimmung, zumal Magellan auch noch die Wein- und Brotrationen kürzt.

In der Nacht zum 2. April bricht eine Revolte los. Mehrere Offiziere bemächtigen sich dreier Schiffe. Kaltblütig holt Magellan zum Gegenschlag aus, schickt zwei Ruderboote aus, deren Männer im Handstreich die Victoria zurückerobern, und lässt deren Kapitän erstechen. Die schockierten Meuterer geben auf.

Dann hält Magellan Gericht. Er verurteilt einen der abtrünnigen Kapitäne zum Tod durch Enthauptung, die Leiche lässt er vierteilen; zwei Meuterer werden an einem leeren Strand ausgesetzt.

Nun herrscht beklommene Ruhe. Monat um Monat bleiben die Schiffe im Winterquartier liegen. Abgelenkt werden die Seefahrer durch einige hünenhafte Männer die, so notiert jedenfalls Pigafetta, so groß sind, dass ihnen „unser Kopf nur bis zum Gürtel reichte".

Zwar ist es im 16. Jahrhundert an Land möglich, mithilfe einer Windrose und astronomischer Beobachtungen Küsten zu vermessen, wie in dieser Illustration von 1584 dargestellt. Doch vom Schiff aus kann Magellan mit diesen Methoden etwa die Meerenge zwischen Atlantik und Pazifik nicht kartieren. Die unübersichtlichen Windungen der Wasserstraße nutzt die Besatzung eines Schiffes, um – von Hunger geplagt – zu desertieren

Seit dem 13. Jahrhundert ist der magnetische Kompass – hier ein Exemplar von 1700 – in Europa gebräuchlich, auch Magellan nutzt ihn. Nach gut 500 Tagen sichten er und seine Gefährten die Philippinen. Der Kapitän schließt Bündnisse mit Einheimischen und bekehrt Hunderte von ihnen zum Christentum

Ihrer großen Füße wegen tauft Magellan die Einheimischen „Patagonier", was so viel wie Großfüßer bedeutet. Zwei der angeblichen Riesen werden gefangen genommen, um sie nach Spanien mitzunehmen (sie kommen allerdings auf der beschwerlichen Fahrt ums Leben).

Am 24. August 1520 verlässt die Flotte den Winterhafen – dezimiert, denn die zur Suche nach einer Durchfahrt vorausgeschickte Santiago ist im Sturm an der Küste zerschellt, die Schiffbrüchigen müssen aufgelesen werden.

Zwei Tage später gelangen die Entdecker zu einer Flussmündung. Nach wochenlanger Suche notiert Pigafetta: „Die heiß gewünschte Straße existiert auch hier nicht."

Am 21. Oktober meldet der Ausguck die nächste Bucht; Magellan lässt sie von der San Antonio und der Concepción erkunden. Die zwei Schiffe bleiben so lange aus, dass man auch sie verloren gibt.

Dann aber segeln sie mit wehenden Wimpeln heran, feuern Kanonenschüsse ab. „Die Mannschaft ließ ein Freudengeheul hören", schreibt Pigafetta bewegt. „Wir taten dasselbe und erfuhren, dass sie die Fortsetzung der Bucht oder vielmehr die Meerenge gefunden hätten. Nun sanken wir alle in die Knie und dankten Gott und der heiligen Maria."

Drei Tage lang, so erzählen die Rückkehrer atemlos, seien beide Schiffe in Richtung Westen vorgedrungen, ohne an das Ende der Wasserstraße zu gelangen. Stets schmeckte das Wasser gleichbleibend salzig, am Ufer zeichneten sich Ebbe und Flut deutlich ab. Und so haben die Männer kaum noch einen Zweifel: Dies ist keine Flussmündung, sondern die gesuchte Durchfahrt zum Südmeer.

Gleichwohl drängen einige Offiziere zur Umkehr: Der Proviant werde knapp. Doch Magellan will die Meerenge bis an ihr Ende durchfahren – „selbst dann, wenn er das Leder am Segelwerk der Schiffe verzehren müsste", so Pigafetta.

Als der Generalkapitän seine Schiffe in die Straße einfahren lässt, liegt fahles Licht über dem Wasser, dem rauen Land und den bläulichen Gletschern. An den Ufern flackern nachts Feuer auf – vermutlich sind die Brände von Blitzen entzündet worden. Magellan tauft die Region Tierra del Fuego, „Feuerland".

Die Passage ist kein schnurgerader Kanal, sondern ein zerfranstes Labyrinth aus Windungen und Abzweigungen, durchzogen von starken Strömungen – eine seemännische Herausforderung von rund 600 Kilometer Länge.

Immer wieder lässt Magellan das Senkblei auswerfen, damit seine vier Schiffe nicht auf Grund laufen, umsteuert vorsichtig Felsen, teilt seine Flotte an Gabelungen, um die richtige Passage nicht zu verfehlen.

Mitte November schließlich erreicht die Besatzung eines vorausgeschickten Bootes den Pazifik. Als Magellan die Nachricht überbracht wird, weint der sonst so verschlossene Mann vor Glück.

Dennoch plagen ihn in der zweiten Monatshälfte Sorgen und tiefe Selbstzweifel. Denn die rebellische Besatzung der San Antonio ist während der Erkundung einer Abzweigung desertiert.

Und nun, der Generalkapitän ist sich sicher, sind die Männer mit dem gekaperten Schiff auf dem Weg nach Spanien – in den Laderäumen ein Großteil des gesamten Proviants (nach einem halben Jahr erreichen die Meuterer tatsächlich Sevilla). Beim König werden sie ihn als Despoten denunzieren, fürchtet Magellan. Soll er umkehren? Versuchen, vor den Abtrünnigen nach Europa zu gelangen? Darf er, da der Proviant zur Neige geht, seine Männer überhaupt noch über einen unbekannten Ozean führen?

In seiner Not befiehlt er den Offizieren schriftlich, ihn „alles wissen zu lassen, was ihr zu unserer Reise glaubt raten zu müssen". Mit Verwunderung wohl werden die Männer diese Zeilen gelesen haben. Stammen sie von ihrem Kapitän, der doch noch nie den Rat eines seiner Untergebenen befolgt hat?

Nur eine einzige Antwort ist erhalten geblieben: Wir sollten den Frühling nutzen, heißt es darin, „um diese Entdeckung weiterzuverfolgen". Also voran!

28. November 1520. Mit drei Schiffen fährt Magellan auf den Pazifik hinaus, für den er keinerlei Karten besitzt. Eine unermessliche Wasserwüste liegt vor ihnen, darüber spannt sich weiter blauer Himmel. Tag um Tag, Woche um Woche segeln die Männer durch diese scheinbar leere Unendlichkeit, den immer gleichen Horizont vor Augen.

Sie haben kaum noch Proviant; fast alle Nahrungsmittel sind verdorben. „Der Zwieback, den wir aßen, war kein Zwieback mehr, sondern nur noch Staub, der mit Würmern und dem Unrat von Mäusen vermischt war und unerträglich stank", schreibt Pigafetta. „Auch das Wasser, das wir zu trinken gezwungen waren, war faulig und übelriechend."

Die Männer verzehren Sägespäne und Mäuse, erschlagen einander wegen einer Ratte. Die Toten lässt Magellan ins Meer werfen – wohl um Kannibalismus zu verhindern. 19 Männer sterben.

Auf ihrem Kurs segelt die Molukken-Armada, wie sich später herausstellt, an Hunderten fruchtbaren Inseln vorbei – und sichtet doch keine einzige.

Erst Ende Januar passieren die Schiffe ein unbewohntes Eiland (vermutlich eine Insel des Tuamotu-Archipels), auf dem nur Bäume und Vögel zu sehen sind. Dort zu ankern ist unmöglich, das Wasser an der Küste ist zu tief. Elf Tage später sichten die Männer eine zweite Insel, wieder findet der Anker keinen Grund.

Am 6. März 1521 zerreißt erneut der Ruf „Land! Land!" die morgendliche Stille. Von seinem Krähennest, 20 Meter über Deck der Victoria, hat der Ausguck Lope Navarro im Dunst eine Küste ausgemacht. Magellan klettert in die Höhe und sieht, wie sich kleine Inseln von der Wasserwüste abheben. Überwältigt belohnt er Navarro mit 100 Dukaten.

Nach einer Fahrt von 98 Tagen über den Pazifik haben die Männer eine Insel-

Als philippinische Fürsten sich dem Machtanspruch der Europäer energisch widersetzen, verlassen Magellans Männer den Archipel. Bevor sie auf den Molukken landen, irren die Schiffe monatelang durch die Inselwelt Südostasiens. In unbekannten Gefilden müssen sich Seefahrer vor allem am Himmel orientieren: etwa mit einem Jakobstab, der die Höhe von Gestirnen misst

Der Kampf um die Inselwelten

Im 17. Jahrhundert verdrängen die Niederlande Portugal als Seemacht. Fernhändler der kleinen Republik gründen einen schlagkräftigen Bund, der die Eilande zwischen Indien und Australien dominiert. Vielerorts sind Niederländer die ersten Europäer

Die Portugiesen entdecken zwar als Erste den Seeweg von Europa nach Indien und Südostasien. Doch lange hält ihr Monopol nicht, denn schon bald treten mächtige Konkurrenten auf – die Niederländer. Ihr Aufstieg zur Seemacht in Asien beginnt mit schrumpeligen, schwarzen Körnern: Der aus Asien kommende Pfeffer ist als Gewürz und Arznei eines der begehrtesten Handelsgüter.

Doch die Schifffahrtswege zu den Monsunwäldern werden im 16. Jahrhundert von Lissabon kontrolliert. Als der Pfeffer-Preis immer höher steigt und Portugal den innereuropäischen Gewürzhandel der Niederländer behindert, beschließen diese, auf eigene Faust nach Südostasien vorzudringen – denn längst ist das wirtschaftlich florierende Land zu einer starken Seemacht herangewachsen.

1594 segelt Willem Barents los, um auf einer Route nördlich von Sibirien eine Nordostpassage nach Indien zu finden; er scheitert jedoch am Packeis der Arktis.

Im gleichen Jahr schließen sich Amsterdamer Geschäftsleute zusammen, um auf der südlichen Route ihr Glück zu versuchen.

Am 2. April 1595 nimmt Cornelis de Houtman mit vier Schiffen Kurs auf Java. Dort bringt sein undiplomatisches Verhalten die Niederländer in Konflikt mit dem Sultan. Erst nach mehreren Anläufen gelingt es, eine kleine Menge an Pfeffer zu erwerben.

Zu einem kommerziellen Erfolg wird die Reise zwar nicht – als die ramponierte Flotte nach Amsterdam zurückkehrt, deckt die Ladung gerade einmal die Kosten des Unternehmens. Doch nun wissen die Auftraggeber, dass der Direkthandel mit Gewürzen aus Ostasien grundsätzlich möglich ist. Eilig rüsten sich auch andere Kaufleute zur Fahrt Richtung Osten.

Die Karten für die beginnende merkantile Eroberung liefert Jan Huyghen van Linschoten. Auf Schiffsreisen nach Indien sammelt er so viele Details wie möglich über Schiffswege, Landschaften, Menschen und Häfen. Sein „Itinerario", eine Kompilation aus Karten, Reiseberichten und geographischen Beschreibungen, ist für seine Landsleute eine entscheidende Navigationshilfe.

Immer mehr niederländische Unternehmer chartern nun Segler. Zwischen 1595 und 1601 machen sich 65 Schiffe auf die Reise in die Inselwelt des Malaiischen Archipels.

Damit ist der Konflikt mit den Portugiesen absehbar. Um Angriffen auf See besser gewachsen zu sein, aber auch um einen Konkurrenzkampf zwischen den einzelnen Unternehmen zu vermeiden, vereinen sich die kleinen Gesellschaften 1602 zu einem Verbund. Die „Vereenigde Oost-Indische Compagnie" (VOC) erhält von der niederländischen Regierung umfangreiche Befugnisse: Sie darf Festungen bauen, Soldaten anwerben, Verträge aushandeln. 1603 sticht die erste schwer bewaffnete VOC-Flotte in See, greift portugiesische Stützpunkte im indischen Goa sowie in Mosambik an und nimmt ein Fort auf der Molukken-Insel Ambon ein.

In den folgenden Jahrzehnten machen Flotten der VOC die Niederlande zur beherrschenden Macht im Indischen Ozean, noch vor der fast zeitgleich in Großbritannien gegründeten East India Company. Das Unternehmen setzt sich auf Java fest, vertreibt die Portugiesen von den „Gewürzinseln", den Molukken im Osten des Malaiischen Archipels, und erobert die Küstenregionen Ceylons (Sri Lanka).

Zudem erringen die Niederländer die Kontrolle über die strategisch wichtige Straße von Malakka zwischen dem heutigen Malaysia und Sumatra; sie errichten auch Stützpunkte an der indischen Küste und auf Formosa (Taiwan).

Selbst mit dem abgeschotteten Japan treibt die Kompanie als einziges europäisches Unternehmen Handel. 1652 richtet sie am Kap der Guten Hoffnung eine Versorgungsstation

für niederländische Schiffe ein und gründet so die Kapkolonie.

Das Direktorium der VOC sitzt zwar in Amsterdam, doch wichtigstes Verwaltungszentrum und Stapelplatz für Waren aus Südostasien ist das 1619 gegründete Batavia (heute Jakarta).

Im 17. Jahrhundert bringt der VOC der Handel mit Gewürznelken, Muskatnuss, Muskatblüte und Zimt, mit Pfeffer, Baumwolle, indischer Seide, Kupfer, Silber, Zucker und Salpeter Millionengewinne. Nicht ganz so erfolgreich ist die 1621 gegründete Westindische Kompanie, die in Westafrika sowie in Nord-, Mittel- und Südamerika Handel treiben soll. Beide Firmenkonglomerate sind das Herz der niederländischen Kolonialmacht im 17. und 18. Jahrhundert.

In die große Zeit der VOC fallen auch die bedeutenden Entdeckungen niederländischer Seefahrer. Schon 1606 betritt Willem Jansz, ein See-fahrer aus Amsterdam, als erster Europäer Australien. 1642/43 entdeckt Abel Tasman Neuseeland, das nach ihm benannte Tasmanien sowie Eilande der Tonga- und Fidschi-Inseln. 1722 landet Jakob Roggeveen als erster Europäer auf der Osterinsel.

Um 1680 steht die VOC auf dem Höhepunkt ihrer Macht, danach beginnt der langsame Abstieg. Die Konkurrenten der Niederlande, vor allem Großbritannien, werden nun immer stärker, Missmanagement in der Unternehmensleitung verschlechtert die Rentabilität.

Als 1780 Großbritannien den Niederlanden den Krieg erklärt und den Briten immer mehr Schiffe auf hoher See in die Hände fallen, kann die VOC bald ihre Bankkredite nicht mehr begleichen. 1798 wird sie aufgelöst. Der niederländische Staat übernimmt deren Besitzungen in Südostasien (im wesentlichen das heutige Indonesien) – und damit die Herrschaft über ein Kolonialreich, das bis Mitte des 20. Jahrhunderts Bestand haben wird.

Christoph Scheuermann

Willem Barents (ca. 1550–1597) sucht in der Arktis Handelsrouten nach Asien

Die Berichte des Pioniers Jan van Linschoten (1563–1611) locken viele Europäer nach Indien

Abel Tasman (ca. 1603–1659), der bedeutendste niederländische Entdecker, sichtet als erster Weißer Fidschi, Neuseeland und Tasmanien

Die »Eendracht«, das Flaggschiff des Admirals Michiel de Ruyter, segelt um 1670 mit anderen Kriegsschiffen der Niederlande in schwerer See. Auf den Fahrten niederländischer Händler in teilweise noch wenig bekannte Gegenden Asiens sichern häufig bewaffnete Schiffe der Handelsgesellschaft VOC die Warenkonvois

gruppe in Mikronesien erreicht: die Marianen. Fast 13 000 Kilometer haben sie seit Verlassen der Meeresstraße zurückgelegt, es ist bis dahin die längste verbriefte Seereise ohne Unterbrechung.

Die Schiffe halten auf die Insel Guam zu und gleiten in eine Lagune mit türkisfarbenem Wasser, gesäumt von Strand, Felsklippen und dicht bewaldeten Hängen. In der grünen Landschaft quellen Bäche und zerstäuben Wasserfälle – ein Paradies für die erschöpften Seefahrer.

Im Nu ist die Armada von Ausleger-Kanus umzingelt. Die Mikronesier, die offenbar einen anderen Eigentumsbegriff haben, erklettern die Decks, eignen sich allerlei Gegenstände an und nehmen ein Beiboot mit auf ihre Insel.

Daraufhin befiehlt Magellan 40 Bewaffnete in zwei Boote und rudert an den Strand. Die Männer brennen mehr als 40 Hütten nieder und töten sieben der überrumpelten Insulaner, die keinen Widerstand leisten.

Pigafetta geht später noch einmal an Land, betrachtet mit Wohlgefallen den „schönen Wuchs" der Frauen, die bis auf eine dünne Rinde, die ihre Lenden bedeckt, völlig nackt sind. Er schaut in die Hütten der Insulaner, lässt sich deren Speere zeigen und notiert, dass sie bis zu diesem Morgen geglaubt haben, „sie seien die einzigen Menschen auf der Erde".

Ein Bootsmann schlägt vor, einige der schönen Frauen mit an Bord zu nehmen. Doch Magellan verbietet es, um die Disziplin nicht zu gefährden. Nach drei Tagen segeln die Schiffe weiter: auf westlichem Kurs, ohne genau zu wissen, wo die Gewürzinseln zu finden sind.

Eine Woche später die nächste Insel. Es ist Samar, die Flotte hat die Philippinen erreicht – einen auf keiner europäischen Karte verzeichneten Archipel mit mehr als 7000 Eilanden.

Da die steilen Klippen keine Landung erlauben, segelt die Armada auf die kleine Insel Suluan zu. Als Magellan zwei Boote vom Ufer auf seine Flotte zusteuern sieht, befiehlt er abzudrehen. Das nächste Eiland, Homonhon, erweist sich

Nachdem Magellan bei Kämpfen gegen Einheimische getötet worden ist, kommt im Herbst 1522 eines von fünf Schiffen seiner Armada an Afrika vorbei zurück nach Spanien, voll beladen mit Gewürzen. Doch die wahre Leistung der Expedition ist immateriell: Sie bringt neues Wissen über den Süden Amerikas – hier eine Karte Feuerlands von 1652. Und sie beweist endgültig, dass die Erde Kugelgestalt hat

als unbewohnt. In einer Bucht lässt er die Schiffe ankern und seine Männer an Land gehen: Die Insel ist mit dichtem Regenwald bedeckt, es gibt Palmen und Frischwasser im Überfluss.

Von der Nachbarinsel Suluan nähert sich ein Boot mit neun Männern. Nach gebärdenreicher Begrüßung schenkt Magellan den Besuchern Spiegel, Kämme, Schellen und weitere Kleinigkeiten. Die Europäer erhalten unter anderem Feigen, und Fisch. Später verabschieden sich die Gäste „in gutem Einvernehmen“, wie Pigafetta vermerkt.

Nach einer Woche lichten die Weißen die Anker und laufen am 7. April in Cebu ein, offenbar eine wohlhabendere Insel, denn dort ist eine große Ansiedlung von Baumhäusern zu sehen.

Bald drängen sich zahlreiche mit Speeren und Schilden ausgerüstete Männer am Strand. Magellan lässt eine Kanonensalve abfeuern, um mit militärischer Stärke zu imponieren.

Und er schickt einen Emissär mit Dolmetscher (einen aus Sumatra stammenden Sklaven) zu König Rajah Humabon von Cebu: Die Salve sei ein Gruß, man wünsche nichts „als Frieden und Freundschaft“. Er, Magellan, ein Abgesandter des „größten und mächtigsten Königs der Erde“, wolle Tauschhandel treiben und sei auf dem Weg zu den Molukken.

Der König Cebus zeigt sich erfreut, fordert aber eine Gebühr für das Ankern im Hafen und den Handel. Die Besucher weigern sich, drohen gar mit Zerstörung und Krieg. Daraufhin lenkt Rajah Humabon ein und schließt rituell Blutsbrüderschaft mit Magellan. Feierlich wird ein Freundschaftsbündnis geschlossen.

Antonio Pigafetta zählt zu der Abordnung, die dem König Gastgeschenke überbringt. Der Monarch sitzt auf Palmblättern, nackt bis auf ein Tuch, das um die Hüften geschlungen ist, geschmückt mit goldenen Ohrringen, einer Halskette und Tätowierungen am ganzen Körper.

Die Fremden überreichen ihm ein gelb-violettes Seidenkleid, eine rote Mütze, eine Silberschüssel und zwei vergoldete Glaspokale – das Kostbarste aus ihrem Fundus an Tand und Waren.

Später tauschen die Europäer Glasperlen und Schellen gegen Reis, Schweine, Ziegen und sonstigen Proviant. Und sie erhalten eine aufregende Nachricht: Die Bewohner der Insel Borneo (knapp 1000 Kilometer südwestlich von Cebu) sollen den Weg zu den Molukken kennen.

Doch Magellan bricht keineswegs sofort dorthin auf – erst will er ein Bekehrungswerk vollbringen. Am Sonntag, dem 14. April 1521, ist auf einem zuvor geweihten Platz alles für die große Zeremonie vorbereitet: Ein Kreuz ist aufgestellt und ein Gerüst errichtet, geschmückt mit Bildteppichen und Palmzweigen.

Magellan, zum Zeichen seiner „Liebe zu den Völkern dieser Insel“ ganz in Weiß gekleidet, nimmt neben dem König auf einem samtbezogenen Stuhl Platz. Ein Priester tauft Rajah Humabon nach dem spanischen König auf den Namen Karl. Fast 800 Männer, Frauen und Kinder empfangen das Taufsakrament; in den Tagen darauf werden auch Bewohner der Nachbarinseln christianisiert.

Doch nicht alle Inselherrscher unterwerfen sich den Europäern. Ein Fürst der Cebu vorgelagerten Insel Mactan will den Fremden keinen Tribut leisten und erkennt auch nicht – wie von Magellan verlangt – die Oberherrschaft König Karls von Cebu an.

Am 27. April 1521 setzt Magellan nach Mactan über. „Wir baten ihn, er möge sich der Gefahr nicht aussetzen“, schreibt Pigafetta in sein Tagebuch.

Mit 49 schwer bewaffneten Männern landet der erfahrene Indienkämpfer auf dem Eiland. Doch es gelingt ihm nicht, seine Leute so dicht an die mit Bögen und Lanzen bewaffnete Inselarmee heranzuführen, dass ihre Feuerwaffen diesen ernsthaften Schaden zufügen können.

Schließlich gehen die Verteidiger sogar in die Offensive. „Sobald unsere Geschütze abgefeuert waren“, schreibt

Pigafetta, „sprangen sie hin und her und schleuderten unter dem Schutz ihrer Schilde Wolken von Pfeilen und Rohrlanzen". Dabei wird Magellan von einem giftigen Pfeil getroffen.

Der Generalkapitän befiehlt den Rückzug. Doch es ist bereits zu spät: Als die Europäer zu ihren Booten waten, erkennen die Einheimischen in ihm den Anführer und zielen vor allem auf ihn.

Zweimal wird ihm der Helm vom Kopf gerissen, dann trifft ihn eine Speerspitze im Gesicht, eine weitere in den Schenkel. „In demselben Augenblick", so Pigafetta, „warfen sich alle Feinde auf ihn und hieben mit ihren Waffen auf ihn ein. So kam unser treuer Führer, unser Licht, unsere Stütze, ums Leben."

Nicht einmal die Leiche ihres Kapitäns können die Europäer später erhandeln – zu kostbar ist den Inselbewohnern diese Trophäe. Magellan hat kein Grab.

Nach anderthalb Jahren ist die Molukken-Armada kopflos, noch ehe sie ihr eigentliches Ziel erreicht hat. Zudem fällt der getaufte König Cebus von den entzauberten Eroberern wieder ab, lockt sie gar in eine Falle – viele Seeleute werden erschlagen oder versklavt.

Überstürzt fliehen die übrigen Europäer und müssen, weil sie zu viele Männer verloren haben, die Concepción aufgeben. Im Juni erreichen sie Borneo – doch finden sie dort keinen Lotsen, der sie zu den Molukken führt. Und so segeln sie fortan planlos über den Pazifik, bringen unterwegs Dschunken und Barken auf, um sie zu plündern, Geiseln zu nehmen – und um Lotsen zu entführen.

Endlich, nach mehr als zweijähriger Reise, sichten sie am 6. November 1521 ihr Ziel: die Gewürzinseln. Sie feuern eine Jubelsalve ab und laufen zwei Tage später in den Hafen von Tidore ein.

Am Tag darauf fährt König Almanzor von Tidore in einem Einbaum heran. Er habe bereits von der Ankunft fremder Schiffe geträumt, heißt er die Europäer willkommen, und wolle ihrem König nur zu gern Freund und Untertan sein.

Was die Entdecker nicht ahnen: Seit der Expedition des inzwischen verstorbenen Magellan-Freundes Francisco Serrão kennt Lissabon die Lage der Molukken und unterhält Handelsbeziehungen mit ihnen, auch wenn die wenig einträglich sind. Doch Almanzor sieht sein Reich durch die Portugiesen bedroht – die Fremden kommen also gerade recht.

Gegen Tuchballen, Trinkgläser, Kupfer, Quecksilber und Messer tauschen die Europäer Säcke mit getrockneten Gewürznelken ein. Und innerhalb eines Monats laufen weitere Könige der Molukken zur spanischen Krone über.

Am 21. Dezember 1521 verlässt die Victoria Tidore: mit westlichem Kurs. Sollte die Mannschaft von Kapitän Sebastián Elcano ihren Heimathafen sicher erreichen, wäre die erste Umrundung der Welt vollendet. (Die Mannschaft der Trinidad dagegen nimmt östlichen Kurs auf Südamerika; nach einer qualvollen Odyssee werden nur vier der 48 Seefahrer Europa wiedersehen.)

Mit 47 Mann Besatzung und 13 Molukkern macht sich die Victoria auf den Heimweg; König Almanzor hat der Crew zwei Lotsen mitgegeben. Mehr als 15 000 Kilometer Wegstrecke liegen vor ihr.

Am 6. September 1522 läuft die in der Heimat längst aufgegebene Victoria in den Hafen von San Lucar bei Sevilla ein – am Ende haben nur 18 Mann die Stürme, Krankheiten und den Hunger auf der letzten Etappe ihrer großen Reise überlebt.

Doch die Fahrt ist ein epochaler wissenschaftlicher Triumph. Erstmals ist der Globus umsegelt und so nachgewiesen worden, dass die Erde kugelförmig ist.

Der von Magellan erhoffte kommerzielle Erfolg bleibt indes aus. So wertvoll die Ladung von 26 Tonnen Gewürzen auch ist – der Verkauf bringt nur wenig mehr ein als die Kosten der Expedition.

Womöglich macht die Leistung der Seefahrer auch deshalb auf König Karl I. wenig Eindruck. Zudem erscheint der Seeweg zu lang und zu gefährlich für die spanischen Schiffe.

Dennoch lädt der Monarch Kapitän Elcano und zwei weitere Besatzungsmitglieder in seine Residenz nach Valladolid. Dort kann der Kommandant der Victoria die schriftlichen Loyalitätsbezeugungen einiger Molukken-Könige vorweisen, muss sich aber auch einer peinlichen Befragung stellen.

Denn Elcano ist an der Meuterei gegen Magellan beteiligt gewesen und Gerüchte davon sind bis nach Spanien gedrungen.

Magellan, so verteidigt sich Elcano, habe die Anweisungen Karls ignoriert und ohnehin die Portugiesen an Bord der Schiffe begünstigt. Schließlich geht der Kapitän straffrei aus. Er erhält sogar eine jährliche Pension von 500 Dukaten, die Ritterwürde sowie ein persönliches Wappen. Es zeigt einen Globus und die Inschrift *primus circumdedesti me*: „Du hast mich als Erster umrundet."

Erst 1525 sendet Karl I. eine zweite Armada zu den Molukken, um dort einen spanischen Handelsposten zu etablieren. Elcano stirbt auf dieser Reise, nur acht von 450 Seeleuten kehren zurück. Auch zwei weitere Expeditionen scheitern.

Im Vertrag von Saragossa stecken Spanien und Portugal 1529 schließlich ihre pazifischen Einflusssphären ab: Die Demarkationslinie verläuft nun entlang dem 145. östlichen Längengrad. Demnach gehören die Molukken Portugal.

Die Meeresstrasse bei Feuerland, Regionen und Orte auf den Philippinen und die Bucht, in der Magellan starb, tragen heute den Namen des großen Seefahrers.

Und auch die „Magellanschen Wolken" sind nach dem Mann aus Sabrosa benannt: Auf ihrer Fahrt durch den Pazifik hatten die Männer seiner Armada die beiden Nachbargalaxien der Milchstraße als erste Europäer am Himmel der Südhalbkugel gesichtet. □

Dr. Ralf Berhorst, 39, ist Journalist in Berlin.
Olaf Mischer, 48, gehört zum Verifikationsteam von GEO*EPOCHE*.

Geheimnisvolle Legenden erzählen sich die Weißen über die noch unentdeckten Gegenden Südamerikas: etwa von einem Indianervolk ohne Köpfe

Pionier wider Willen

Die Gier nach Edelmetall, Land und Sklaven treibt die Europäer im 16. Jahrhundert immer tiefer in den amerikanischen Kontinent. 1541 macht sich der Spanier Francisco de Orellana von den Anden aus auf die Suche nach dem sagenhaften »El Dorado«. Doch der Konquistador entdeckt kein Goldreich, sondern den mächtigsten Strom der Erde: den Amazonas

VON JENS-RAINER BERG; ILLUSTRATIONEN: THEODOR DE BRY UND SÖHNE

Sie kämpfen um ihr Leben, die etwa 50 Spanier im Urwald von Amazonien. Wenige Minuten zuvor ist der Flusslauf vor ihnen noch menschenleer gewesen, ein breites schlammbraunes Band, gesäumt von undurchdringlichem Grün. Doch dann tauchten am Ufer des Amazonas die geweißten Hütten eines Dorfes auf – und plötzlich schwärmten Kanus aus: zehn, 20, 40. Immer mehr. Auf den Einbäumen Krieger, ihre nackten Körper bunt bemalt, jeder verschanzt hinter einem mannshohen Schild aus Echsenhaut.

Die Indianer haben die zwei Boote der Europäer umzingelt, geschrien, Trommeln geschlagen, auf hölzernen Trompeten geblasen. Und den Ring um die Spanier immer enger gezogen.

Als die Krieger die wuchtigen Flussboote der Europäer beinahe erreicht haben, gibt Kapitän Francisco de Orellana das Kommando zum Angriff. Doch das Schießpulver der Arkebusen ist vom Regen so durchfeuchtet, dass sie in diesem entscheidenden Moment nicht zünden.

Jetzt können nur Salven der fünf Armbrustschützen die Indianer zurückwerfen, die dennoch in immer neuen Wellen attackieren. Inzwischen hat die Strömung die Boote direkt vor das Dorf getrieben. Hier ist auch die Böschung voll von Kriegern, die nun an den Fluss drängen. Die Boote drohen zur Todesfalle zu werden.

Orellana entscheidet sich zur Landung: Ein Teil der Spanier kämpft sich, durchs Wasser watend, ans Ufer. Blut färbt die Fluten. Im Nahkampf haben die Einheimischen mit ihren Holzwaffen den Eisenschwertern und Schilden der Fremden wenig entgegenzusetzen. Und so weichen die Indianer bis an den Rand ihres Dorfes zurück. Ein von dem Kapitän rasch zusammengestellter Trupp sichert in der Siedlung große Nah-

Das Aussehen Franciscos de Orellana (ca. 1511–1546) ist nicht überliefert; dieser fiktive Stich aus dem 20. Jh. zeigt ihn, bevor er ein Auge verliert

rungsvorräte: Fisch, Fleisch, Gebäck und Hunderte Schildkröten.

Doch als die Weißen versuchen, die Beute zu den Booten zu schaffen, kehren die Bewohner mit Verstärkung zurück. Eine Übermacht von 2000 Indianern treibt die Eindringlinge wieder in Richtung Fluss. Es kommt zu erbitterten Gefechten. Eine Gruppe Spanier wird eingeschlossen und hält sich bereits für „so gut wie tot", wie der Mönch Gaspar de Carvajal später berichtet.

Doch obwohl viele von ihnen schwer verwundet sind, können sich Orellanas Männer aus der Umklammerung befreien. Noch einmal wehren sie, geführt von ihrem furios fechtenden Kapitän, die Attacke der Indianer auf dem Dorfplatz ab – stehen aber kurz darauf einer noch größeren Zahl von Feinden gegenüber.

Es ist aussichtslos. Orellana befiehlt den Rückzug. Die Spanier laden die gestohlenen Vorräte in die Boote. Der Kapitän lässt die 18 Verwundeten in Decken gehüllt an Bord ihres Schiffes tragen, als handele es sich um Maissäcke: Auf keinen Fall sollen die Indianer – die selbst mehrere hundert Mann verloren haben – erkennen, wie geschwächt die Europäer bereits sind. Doch inzwischen ist das Pulver in den Arkebusen so trocken, dass die Spanier ihre Verfolger mit mehreren Schüssen abschütteln können. Vorerst.

HIER BEGINNT ALSO das Reich des Häuptlings Machiparo, vor dessen Kriegskunst die Spanier von anderen Indianern flussaufwärts gewarnt worden sind. Seit Monaten peinigen Kapitän Orellana und seine Mitstreiter nun schon Hitze und Feuchtigkeit, giftige Insekten und Reptilien. Der Hunger hat mehr als ein halbes Dutzend Opfer gefordert.

Zudem hat die Gruppe dabei versagt, ihren eigentlichen Auftrag zu erfüllen: Hilfe für Kameraden im Dschungel zu holen. Orellana wird ihnen deshalb schon bald als gemeiner Verräter gelten.

Doch damit nicht genug: Von diesem 12. Mai 1542 an müssen die von einer monatelangen Expedition geschwächten Spanier nun auch Tag und Nacht Angriffe kriegerischer Stämme fürchten. Und es gibt keinen Weg zurück.

Den meisten Eroberern sind die Kulte der Indianer gleichgültig. Orellana lernt aber ihre Sprache

Denn der Amazonas treibt den Trupp des Francisco de Orellana flussabwärts wie ein auf dem Wasser tanzendes Palmblatt – gegen die Strömung zu rudern, ist fast unmöglich. Der Konquistador ist gezwungen, den Fluten des mehr als 6000 Kilometer langen Riesenflusses zu folgen, den noch niemand, jedenfalls kein Weißer, auf seiner Länge befahren hat.

Was 15 Monate zuvor weit im Hochgebirge der Anden als Eroberungszug begonnen hat, wird nun – und nur durch das Spiel des Zufalls – zu einer der ungewöhnlichsten und bedeutsamsten Entdeckungsfahrten der Geschichte.

Auf ihrer Odyssee entlang dem Amazonas erkunden Orellana und seine Gefährten erstmals das Innere eines bis dahin unzugänglichen Teils Südamerikas.

Und wie kaum eine andere Expedition demonstriert ihre Fahrt nicht nur die Macht der Europäer, als sie im 16. Jahrhundert in die Welt ausgreifen, sondern auch die Grenzen derselben.

WEITE TEILE Mittel- und Südamerikas stehen bereits unter spanischer Herrschaft, als sich Francisco de Orellana in das noch vollkommen unerforschte Amazonasbecken wagt. Ein halbes Jahrhundert zuvor hat das spanische Abenteuer in der Neuen Welt begonnen. Und schon nach der ersten Fahrt des Christoph Kolumbus 1492 haben iberische Siedler in der Karibik die ersten Außenposten errichtet.

Das Motiv der Pioniere: nackte Gier. Die Ureinwohner werden von den Invasoren, wo immer es geht, unterworfen. Doch die Erträge der Goldminen, welche die Spanier von den versklavten Indianern ausbeuten lassen, sinken schnell. Schon bald drängen die Glücksritter von den karibischen Inseln weiter in Richtung Westen, wo ein riesiges, unbekanntes Areal weit größere Schätze verspricht: *tierra firme*, das amerikanische Festland.

Es beginnt das Zeitalter der Konquistadoren, der „Eroberer". 1519 versucht Hernando Cortés, Großgrundbesitzer auf Kuba, Gerüchten von einer sagenhaft reichen Zivilisation im Hochland jenseits der mittelamerikanischen Küste nachzugehen. Mit gut 500 Spaniern zieht er gegen Tenochtitlán, die Hauptstadt der Azteken. Noch nie hat ein Europäer diese prächtige, aus der Mitte eines Sees emporwachsende Metropole gesehen.

Binnen zweier Jahre gelingt es den Invasoren, das gewaltige Reich des Azteken-Herrschers Montezuma zu bezwingen. Auf seinem Zug profitiert Cortés von Faktoren, die schon bald auch anderen Konquistadoren zum Erfolg verhelfen: überlegenen Waffen und einer ausgeprägten Rücksichtslosigkeit; der Hilfe einheimischer Völker, die mit den Gegnern der Spanier verfeindet sind; aus Europa eingeschleppten Krankheiten, denen die Indianer zu Hunderttausenden erliegen.

Der Sieg über die Azteken löst eine Welle militärischer Expeditionen der Spanier aus. Konquistadoren dringen in das Gebiet des heutigen Nicaragua, nach Guatemala, El Salvador und auf die Halbinsel Yucatán vor, errichten erste Stützpunkte in Panama.

Die spanische Krone lässt die Abenteurer gewähren, die meist auf eigenes

Risiko losziehen. Zwar versucht König Karl I. die zunehmend fiebrigen Aktivitäten in Übersee zu kontrollieren, schickt Gouverneure, die die annektierten Gebiete als Statthalter verwalten sollen.

Doch die Eroberungen sind zu teuer, als dass der Herrscher sie aus seinem Staatshaushalt finanzieren könnte. Zudem ist der Erfolg der Feldzüge in eine unbekannte Welt sehr ungewiss.

Und so beschränkt sich König Karl darauf, Lizenzen zu vergeben, *capitulaciones*, die dazu legitimieren, als Befehlshaber einer Expedition anzutreten und sämtliche neu entdeckten Gebiete im Namen Spaniens in Besitz zu nehmen. Um alles andere haben sich die Konquistadoren selbst zu kümmern.

Sie müssen das Geld für ihre Schiffe, für Waffen sowie Verpflegung aufbringen, zumeist mithilfe eines Kreditgebers. Und sie müssen ihre Mannschaften in Spanien oder der Karibik rekrutieren.

Keiner der angeheuerten Mitfahrer, die sich für die Zeit der Expedition der Befehlsgewalt eines Konquistadors unterordnen, erhält für seine Dienste regulären Sold. Das Einzige, was lockt, ist die Aussicht auf einen Anteil an der Beute: auf Land, auf die Arbeitskraft besiegter Indianer oder auf Gold.

Knapp ein Jahrzehnt nach der Einnahme von Tenochtitlán erwirkt Francisco Pizarro, der uneheliche Sohn eines Landadeligen aus Kastilien, eine dieser königlichen Eroberungslizenzen.

Pizarro hat in Panama von einem Indianerreich im Süden des Kontinents gehört, das ebenso mächtig sein soll wie das der Azteken – und möglicherweise noch

Als Jüngling kommt Orellana in die Neue Welt, wo fliegende Fische Schiffe der Konquistadoren umschwärmen. Der Kupferstecher Theodor de Bry und seine Söhne halten ab 1590 solche Szenen aus Amerika fest

Von den Anden zieht Orellana auf der Suche nach Gold hinab in die tropischen Niederungen des Amazonasbeckens. Die dort lebenden Indianer berauschen sich an Getränken, die sie aus Knollen brauen

prunkvoller. Zweimal ist Pizarro bereits an die Küsten Südamerikas vorgestoßen: ohne großen Erfolg. Jetzt will er der Sache entschiedener nachgehen.

An Männern, die sich für solche Unternehmungen gewinnen lassen, herrscht kein Mangel. Spanien hat vor nicht allzu langer Zeit, nach Jahrhunderte währendem Konflikt, das letzte maurische Königreich auf seinem Gebiet erobert und die Muslime von der Iberischen Halbinsel vertrieben. Für viele Soldaten hat der Kampf um Land gegen eine andere Kultur jahrzehntelang zum Alltag gehört; er hat über Generationen die spanische Vorstellungswelt geprägt und eine Gesellschaft von Kriegern entstehen lassen.

Mehr noch: Wer sich als Kämpfer der christlichen Könige gegen die Mauren verdingte, konnte nach dem Sieg mit beträchtlichen Beutegütern rechnen, oft auch mit einer eigenen Grundherrschaft in den zurückeroberten Territorien.

Selbst Nichtadelige vermochten auf diese Weise über alle Standesgrenzen hinweg in den Rang eines *hidalgo* aufzusteigen: eines Edelmannes, dessen Lebensstil mit einer großen Residenz, mit Pferden, Gefolgsleuten und Dienstboten als aristokratisches Ideal gilt.

Wie nirgendwo sonst in Europa haben Soldaten in Spanien die Chance auf Wohlstand und sozialen Aufstieg – ein Anreiz, der viele dazu verleitet, sich den Konquistadoren anzuschließen.

Im November 1532 gelingt Pizarro ein Coup, der selbst die Eroberungen des Hernando Cortés verblassen lässt. In Cajamarca, inmitten zerklüfteter Andenzüge, lockt der Konquistador den Inka-Herrscher Atahualpa in einen Hinterhalt.

Während vor den Toren Zehntausende indianische Krieger lagern, betritt Atahualpa mit rund 5000 leicht bewaffneten Gefolgsleuten die Bergstadt, wo Pizarro angeblich mit ihm reden möchte. Doch der Inka, Gebieter über ein gewaltiges, hoch organisiertes Reich, hat die Stärke – und die Gerissenheit – der Spanier unterschätzt. Mit Arkebusen und Kanonen massakrieren Pizarros 167 Mann die eingeschlossenen Indianer.

Der blutige Überraschungstriumph ist vollkommen. Mehr als 1500 Indianer finden an diesem Tag den Tod, kein einziger Spanier muss sterben. Atahualpa lebt, doch er ist nun Pizarros Gefangener.

Rasch wird klar, welche Schätze das Inka-Reich birgt. In der Hoffnung, ein respektables Lösegeld werde die Fremden dazu bewegen, das Land zu verlassen und ihm die Freiheit zu schenken, schickt Atahualpa Agenten in alle Winkel seines Reiches. Sie sollen Gold und Silber nach Cajamarca schaffen. Am Ende halten die Spanier Schmuck und Kultgegenstände in Händen, die – später eingeschmolzen – mehr als 6000 Kilogramm 22-karätigen Goldes und 12 000 Kilo reinen Silbers ergeben. Den Inka-Herrscher rettet auch das nicht. Pizarro lässt ihn hinrichten und setzt einen Marionettenkönig ein.

Angelockt von solchen Erfolgen, strömen immer mehr Spanier nach Peru.

FRANCISCO DE ORELLANA hält sich zu diesem Zeitpunkt bereits in Südamerika auf. Obwohl erst Anfang 20, zählt er zu den erfahrenen Konquistadoren. Schon mit 16 oder 17 Jahren, 1527, hat er das Gut seiner Familie in den staubigen Weiten der spanischen Extremadura verlassen. Vielleicht war es der in Panama lebende Francisco Pizarro – ein Onkel oder Cousin des jungen Adeligen –, der ihm bei der Reise in die Ferne half.

Schon bald nimmt Orellana an ersten Expeditionen teil, erkundet unbekannte Landstriche, überfällt Indianerdörfer. Als Gefolgsmann Pizarros ist er möglicherweise sogar beim Blutbad von Cajamarca dabei. Seinen Ruf als fähiger Kämpfer bezahlt er teuer: In einer Schlacht verliert er ein Auge.

Anfang 1535, acht Jahre nach seiner Ankunft in der Neuen Welt, ist Orellana ein wohlhabender und wichtiger Mann: einer jener Gefolgsleute, auf die Pizarro dringend angewiesen ist. Denn die spanische Oberhoheit bleibt leicht zu erschüttern: Als der von Pizarro eingesetzte indianische Schattenkönig plötzlich beginnt, gegen die Fremdherrschaft, gegen Ausbeutung und Misshandlungen zu rebellieren und mit Zehntausenden Soldaten Lima angreift, muss Orellana eine Eingreiftruppe zusammenstellen.

Nach Orellanas Fahrt erscheint der Lauf des Amazonas erstmals auf europäischen Karten, wie 1592 auf dieser von Theodor de Bry

Golfo Mexicano
Insula dicta Testudines
Cuba insula
Iucatan
Iamaica
Hispaniola
Hanc insulam Hispaniam Anglia ex parte tenent atq[ue] inde auri aromatu[m] maximam vim trasmittunt.
Anegada
Angilla
Baruada
Antigua
Deseada
Marigalente
Dominica
Matinino
S. Vincentz
Barnodos
Cubagua
Villarica
Tausco
Tapaia
Granata
Nicoia
Las Velas
Trugillo
Nombre de dios
Costa brava
Cuba
Darien
Panama
P. de guera
Mapelo
S. Miguel
Cabo de baxas
Cally
Popoian
Los Quillacigas
Cartagena
Catagena
Vraba
Antiochia
Cartago
Caribana
Auiapari
Paria
Camari
R. de S. Vincente
Pincon
Insula S. Iacobi
Coaque
Tumbes
Thomebaba
Los piedras
Tambobláco
Loxa
Chilimazata
Puchio
Chira
Caxamalca fuit regia Atabalipæ
Guacha baba
Chimo vallis
Truxillo
Los Reyes
Lima vallis
Guiamchuco
Caxamalaca
Pachacama
Arequipa
Cuzco
Chili
Arica
Tarapaca
Tacamapunta
Potosi
Plata
Chicara
Peru provincia
Nova
Orbis
Pars
Paguana
Marannon flu.
Pagvana provincia
Prouincia de Omagua
Picora
Pro de los picoras
R. Grande
Maragnon flu.
Tisnada
C. Blanco
Humos
Orellana
Amazones
R. Aoripana
Brasilia
Vratamban
Carcaraos
Chichane
R. de Paraguay
Para guate
R. Parana
Asumption
S. Anna
Rio de Lepe
El grand Rio de la plata
Mepenes
R. de Pete
Guirunaos
Charcas
Copaiapa
Coquimbo
Quintete
Tarapaca
Chica
C. de Chili
Chili
R. de mangue
P. de palma
C. de S. Maria
R. S. Francisco
C. hermoso
R. de salinas
Parana
Canechingones
Anthropophagi
R. de Xanaes
R. de Caracarao
S. Espirito
R. de la plata
C. blanco
Chica
R. d. S. Mathias
Terra baxa
Baia sin fundo
Baretas blancas
Tres puntas
B. d. S. Mathias
B. de Cabalhos
Arrecifes d. lobos
C. d. S. Do
Patagones
Hic Magellanus pigmites in uenit 13 pedum longitudinis
C. primero
Gigantum regio
C. deseado
Insula de fuego
Estrecho de Magellanes
C. deseado
P. grande de los sue
P. mal segura
C. delle ysollette
C. Frio
Baia Real
Promontorium
Aldea
R. del estremo
R. de Ienero
Sinus S. Geo
Portus S. Lucie
R. de regis

Zwei Indianer bestäuben einen Edlen mit Goldpuder. Der Mythos von El Dorado, »dem Vergoldeten«, auf den der Stich anspielt, lockt auch Orellana. Doch kein Europäer wird das Reich dieses Häuptlings je finden

Die Rebellen werden geschlagen. Doch kurz darauf sind es die eigenen Landsleute, die Pizarros Macht infrage stellen: Diego de Almagro, ein ehemaliger Mitkämpfer, beansprucht die alte Inka-Stadt Cuzco für sich. In der Entscheidungsschlacht kommandiert Orellana eine Einheit von 700 Fuß- und Reitersoldaten auf Seiten Pizarros – und gewinnt.

Der Krieg unter den Besatzern ist eine Warnung. Gefolgsleute der Konquistadoren, die ohne Beschäftigung sind, ohne neue Ziele, und denen ihre bisherige Beute zu gering ist, gefährden das Regime. Also schickt Pizarro die Helden der ersten Stunde auf weitere Eroberungszüge: Sie sollen bislang unbekannte Gebiete unterwerfen. Orellana erhält den Auftrag, eine Nordprovinz einzunehmen und dort eine Hafenstadt zu gründen.

Auch das erledigt der Einäugige gewissenhaft.

Orellana wird daraufhin zum Vizegouverneur ernannt und kann nun *encomiendas* an verdiente Mitstreiter vergeben. Diese in der Neuen Welt üblichen Zuwendungen verschaffen dem Empfänger eine bestimmte Anzahl Indianer, die er für sich schuften lassen kann. In allen spanischen Kolonien der Neuen Welt wird die einheimische Bevölkerung auf diese Weise ausgebeutet, vor allem in Minen und auf Feldern.

Immer neue Legenden locken die Spanier in diesen Jahren in die noch unerforschten Gebiete des Landes, obwohl niemand genau sagen kann, wie diese sagenhaften Geschichten entstehen – sind es Berichtsfetzen gescheiterter Expeditionen, einheimische Überlieferung, die letzten Worte gefolterter Indianer?

Um 1540 erzählen sich die Spanier in Peru vor allem von El Dorado, „dem Vergoldeten“. Ein Kazike sei er, ein indianischer Fürst, der sich von seinen Untertanen in einem traditionellen Ritual den Körper regelmäßig mit Goldstaub bepudern lasse. Sein Reich, prunkvoll und groß, liege jenseits der Andenkämme, irgendwo in den tropischen Niederungen, die sich gen Osten erstrecken.

Ein Halbbruder Francisco Pizarros beschließt, der Legende auf den Grund zu gehen und eine Expedition vorzubereiten. Gonzalo Pizarro, Mitte 30, Gouverneur der Stadt Quito im Norden und damit Orellanas unmittelbarer Vorgesetzter, ist unerschrocken und charismatisch, hart und unerbittlich gegen sich und andere, brillant im Schwertkampf und grausam gegenüber den Einheimischen.

Von Indianerhäuptlingen will Gonzalo Pizarro erfahren haben, dass es im Territorium von El Dorado zudem weitläufige Zimtwälder geben soll. Das Gewürz, gewonnen aus der Rinde ostindischer Bäume, erzielt in Europa hohe Preise.

Francisco de Orellana zögert nicht, als er von den Plänen seines Verwandten hört. Er bittet Gonzalo, ihn begleiten zu dürfen. Der sagt zu.

An einem Tag im Februar 1541 wälzt sich ein imposanter Treck im Morgengrauen aus den Toren Quitos, um über die Anden in Richtung des Regenwaldes zu ziehen. Angeführt wird er von mehr als 200 Spaniern, glänzend mit Schwertern und Schilden, fast jeder von ihnen zu Pferde.

Ihnen folgt eine Meute von 2000 Hunden, abgerichtet für die Jagd auf wilde Tiere und Indianer. Dahinter gehen 4000 Trägersklaven. Zusammen mit Hunderten Lamas sollen sie den Proviant schleppen, die Lanzen, Armbrüste und Arkebusen, die Munition sowie Äxte und Macheten. Am Ende des Zuges führen Männer 2000 Schweine an Stricken.

Doch einer fehlt: Orellana.

Obwohl der einäugige Konquistador keine Zeit verloren hat, in seiner abgelegenen Provinz gut 20 Mitstreiter um sich zu sammeln, erreicht er Quito etwa zwei Wochen zu spät. Sogleich nimmt er die Verfolgung auf. Warnungen der Bewohner Quitos, die gewählte Strecke sei viel zu gefährlich für eine derart kleine Mannschaft, ignoriert er.

Die Probleme kommen schnell. Keine 40 Kilometer weiter östlich müssen die Eroberer eine jener schneebedeckten Gebirgsketten passieren, die das Hochland von der Ebene trennen. Die Kälte ist kaum zu ertragen. Auf den eisigen Felsen geraten die Pferde ins Straucheln. Und qualvoll gekrümmte Leichen säumen den Weg: indianische Träger Gonzalos, die dem extremen und ungewohnten Klima nichts entgegenzusetzen hatten.

Am Fuße der Anden tauchen die Männer ein in das dichte, feuchte Grün des Regenwalds. Zwar hat Pizarros Tross Schneisen durch das Unterholz geschlagen – zugleich aber die Gegend ausgeplündert. Weit und breit sind weder Jagdwild noch essbare Pflanzen zu finden. Orellana merkt, dass seine Vorräte aufgebraucht sein werden, ehe die anderen erreicht sind. Er schickt Boten voraus, die Pizarros Trupp bald einholen.

Dank der Hilfslieferungen von Gonzalos Proviantmeister stoßen Orellanas Männer schließlich zum Hauptkontingent, das am Fuße eines Vulkans Lager gemacht hat – kaum weniger erschöpft als die Neuankömmlinge. Froh über die Verstärkung, ernennt Gonzalo den Verwandten zu seinem Stellvertreter.

Während Orellana das Kommando im Lager übernimmt, bricht Gonzalo mit einem Voraustrupp von 80 Spaniern und etlichen Indianern auf. Es vergehen zehn Wochen, bis die Späher endlich fündig werden: Zimt! Doch der angebliche Wald erweist sich als schüttere Ansammlung einzelner Bäume – und die Pflanzen sind Zimtgewächsen bestenfalls ähnlich.

Zwar riechen ihre Knospen ein wenig nach dem wertvollen Gewürz, die Rinde jedoch schmeckt „nach absolut nichts“, wie Pizarro später beklagt. Hiermit wird sich kein Handel treiben lassen.

Schlimmer noch: Keiner der Indianer, denen Gonzalo begegnet, kann dessen Fragen nach einem nahen Goldreich beantworten. Auch kennt keiner fruchtbare Ebenen oder begehbare Straßen, die das Vorankommen der Expedition erleichtern würden. Wütend und enttäuscht lässt der Konquistador manche der Verhörten von seinen Hunden zerreißen, andere verbrennt er bei lebendigem Leibe.

Trommeln und hölzerne Trompeten erklingen bei den Zeremonien der Indianer

Gonzalo gibt nicht auf, wendet sich nach Norden – und endlich hört er, was er hören will. Ein Stammeshäuptling namens Delicola berichtet von großen Siedlungen nicht weit entfernt im Osten; von wohlhabenden Regionen, beherrscht von mächtigen Fürsten.

Ob Delicola nun Kunde hat, dass es besser ist, den Spaniern nach dem Mund zu reden, oder ob er nur versucht, die Eindringlinge aus seinem Territorium zu locken – die erfundenen Berichte verfehlen ihre Wirkung nicht. Mit frischem Enthusiasmus ziehen die Spanier weiter, nachdem Orellana mit dem Rest der Expedition dazugestoßen ist.

Zahlreiche Flüsse durchschlängeln den Regenwald. Um sie zu überqueren, müssen die Männer hölzerne Behelfsbrücken errichten. Oft dauert es Tage, bis die Ausrüstung auf die andere Seite geschafft ist. Schließlich lassen Gonzalo und Orellana ihren Tross dem Lauf des bis dahin größten Flusses folgen.

Inzwischen hat sich der Zustand der Expedition merklich verschlechtert. Von den 4000 indianischen Trägern leben nur noch ein paar Dutzend; die anderen hat ein tödliches Fieber befallen oder sie sind an Erschöpfung gestorben. Der Proviant ist ebenfalls geschrumpft, fast alle Schweine sind verzehrt. Der Rest muss rationiert werden.

Auf dem Wasser scheint die Hoffnung der angeschlagenen Expedition zu liegen. Ein massives Boot könnte die Transportprobleme lösen und zugleich als Schutz gegen angreifende indianische Kanufahrer dienen.

Und so ist binnen weniger Tage die „San Pedro“ fertig gestellt, ein Flussboot mit beträchtlichem Stauraum und Platz für etwa 20 Mann.

Die Kranken und Verwundeten gleiten nun auf dem Fluss dahin, während die übrigen Spanier ihre Pferde am Ufer entlangführen. Der Weg an Land wird zunehmend beschwerlicher. Das Unterholz reicht meist direkt bis an die Wasserlinie, zäher Morast bremst die Schritte. Lianen blockieren die Durchgänge zwischen den Bäumen; Bäche kreuzen das Gelände – so tief, dass immer wieder Pferde und Menschen darin ertrinken.

Tag für Tag kämpfen sich die Spanier weiter, angetrieben von dem fast manischen Gonzalo, der keine Umkehr duldet. In sechs Wochen legen sie noch einmal 300 Kilometer zurück, schließlich durch menschenleeres Gebiet. Ein paar Früchte sind das einzig Essbare, was die Ausgehungerten finden.

Zehn Monate nach dem Aufbruch hat die Expedition ihren Tiefpunkt erreicht – nun geht es ums Überleben.

Da macht Orellana einen Vorschlag. Schon zuvor hat er, von Gonzalo skeptisch beäugt, den blinden Weitermarsch abgelehnt. Orellana ist kaum weniger kampferprobt und hartnäckig als sein etwas älterer Kommandant – aber er ist umsichtiger, bedachter, intelligenter als das Gros der Konquistadoren. Seit seinen ersten Tagen in der Neuen Welt hat er indianische Sprachen studiert und sogar eigene Wortfibeln angelegt.

Nun berichtet er, einer der Waldindianer habe ihm anvertraut, noch weiter stromabwärts gebe es all das, wonach sie so verzweifelt suchen: Essen im Überfluss. Orellana bietet an, ein Vorauskommando anzuführen. Mit dem Flussboot werde er schneller vorankommen und könne bald mit Nahrung zurück sein.

Es ist Weihnachten, der 26. Dezember 1541, als Orellanas kleine Flotte ablegt. 58 Spanier, darunter Bruder Gaspar de Carvajal, verteilen sich auf das Boot und etwa zehn zuvor erbeutete Kanus. Zur Sicherheit haben die Männer drei Arkebusen und einige Armbrüste an Bord.

Die meisten Waffen, die Pferde und die etwa 140 übrigen Männer bleiben mit Gonzalo Pizarro zurück. Mit gedämpftem

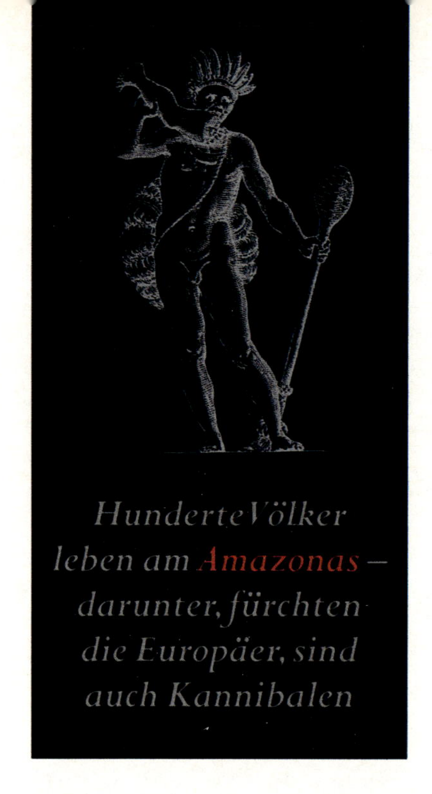

Optimismus wünschen beide Parteien einander Glück. Sie werden sich nie wiedersehen.

Orellanas Expedition droht schon am zweiten Tag zu scheitern: Das Boot läuft auf einen im Fluss treibenden Baumstumpf und beginnt zu sinken. Gerade noch rechtzeitig können die Männer das Gefährt an Land ziehen.

Die Reparatur dauert nicht lang. Wieder auf dem Wasser, profitieren die Spanier von der Strömung, die durch Zuflüsse und Regenfälle ständig stärker wird. Die Männer reisen drei weitere Tage, ohne sich all zu sehr anstrengen zu müssen – aber auch, ohne Nahrung oder gar eine Siedlung zu finden.

Und langsam wird Orellana bewusst: Eine Rückkehr ist nur noch schwer möglich. Das voll beladene Boot ließe sich gegen diesen Strom allenfalls im Schritttempo flussaufwärts bewegen. Und schon jetzt, so schätzt der Kapitän, liegen zwischen ihnen und den Zurückgelassenen mehr als 400 Kilometer.

Der Befehlshaber entschließt sich, wie Bruder Gaspar in seinem Fahrttagebuch notiert, vorerst „dem Fluss zu folgen und somit entweder zu sterben oder zu erfahren, was dort an seinem Lauf liegt, voller Vertrauen in Unseren Herrn".

Zunächst sieht es so aus, als sei der Tod die sehr viel wahrscheinlichere Variante. Einige der Männer sind bereits „so geschwächt, dass sie nicht mehr stehen können" und an Land „auf allen vieren" nach Nahrung suchen. Manche essen „Ledergürtel und Sohlen, gekocht mit einigen Kräutern", andere graben im Wald mit bloßen Händen nach Wurzeln und vergiften sich fast dabei. Sieben Spanier sterben an den Entbehrungen.

In ihrem fortschreitenden Hungerwahn halten es die Überlebenden anfangs für eine Fantasmagorie, als sie eines Nachts Trommeln hören. Doch die Schläge werden lauter, deutlicher.

Am Morgen des 9. Januar 1542, nach 14 Tagen auf dem Fluss, stoßen die Konquistadoren auf ein Indianerdorf. Es wirkt, als sei es fluchtartig verlassen worden: Die Spanier finden bereits zubereitetes Essen im Überfluss und stillen gierig ihren Hunger.

Als die Bewohner zurückkehren, entspinnt sich eine unerwartete Szene: Orellana, dem vorsichtigen Eroberer, gelingt es, sich mit den Einheimischen zu verständigen. Auf seine Bitten, ihren Häuptling herbeizuholen, erscheint ein prächtig geschmückter älterer Mann. Orellana und der Kazike umarmen sich. Der Konquistador überreicht spanische Gewänder; der Indianer revanchiert sich mit Waldhühnern, Truthähnen und Fisch.

Hunderte von Indianervölkern siedeln in den tropischen Niederungen des Amazonasgebietes. Sie leben von der Jagd und vom Fischfang, sammeln Nüsse und Früchte und bauen Maniok an. Manche Völkerschaften umfassen nur ein paar Dörfer, andere dagegen Zehntausende von Menschen, denen mehrere Häuptlinge vorstehen.

Entlang den Flussläufen – dort, wo die fruchtbaren Überschwemmungsgebiete regelmäßige Maisernten garantieren – liegen große, straff organisierte Gemeinwesen, deren Kaziken gottähnlichen Status genießen. Diese Stammesbünde treiben untereinander regen Handel; nach außen führen sie nicht selten Krieg gegen andere Völker. Weiße hat keiner von ihnen jemals gesehen.

Die Erlösung durch die gastfreundlichen Einheimischen stürzt Orellana in ein Dilemma: Soll er gestärkt und mit aufgefüllten Vorräten den Rückweg antreten, wie er es Pizarro versprochen hat? Die Strecke muss nach seinen Berechnungen inzwischen mehr als 1000 Kilometer betragen.

Während der Expeditionsleiter noch mit sich ringt, sogar eine hohe Belohnung aussetzt, sollten einige seiner Gefährten als Boten die Rückreise wagen, haben die längst ihre Entscheidung getroffen: In einer schriftlichen Petition drohen sie ihrem Kapitän mit Meuterei, sollte der die Umkehr tatsächlich befehlen.

Orellana lenkt ein. Er tritt offiziell als Stellvertreter Pizarros zurück und lässt sich zum alleinigen Anführer wählen. Dies ist die Geburtsstunde einer neuen Expedition. Orellana weiß, dass Pizarro ihn als Deserteur brandmarken wird, dass dieser Moment den Bruch mit seinem alten Leben in Peru bedeutet. Er tauscht alles bislang Erreichte gegen eine Reise in vollkommene Ungewissheit.

Die einzige Konstante bleibt der Fluss. Irgendwann – so hoffen die Spanier – werde er sich in ein Meer ergießen, womöglich in den Atlantik.

Rücksichtslos treiben Spanier in Peru indianische Träger an. Die Expedition von Orellana und dessen Gefährten Pizarro zählt anfangs 4000 einheimische Sklaven – keiner von ihnen überlebt die Strapazen

Schon zuvor hat Orellana den Bau eines zweiten Bootes angeordnet, größer und stabiler als das erste – eines, das zur Not auch auf See bestehen kann. Um die dazu benötigten Nägel zu fertigen, schaufeln die Männer Gruben, in denen sie zuvor mühsam hergestellte Holzkohle mit Blasebälgen aus Stiefelschäften anfeuern. Als Rohmaterial dienen all jene Eisengegenstände aus dem Expeditionsgepäck, die nur irgendwie entbehrlich sind.

Drei Wochen später sind 2000 Langnägel geschmiedet. Die ganze Zeit über haben die Indianer ihre Gäste großzügig mit Essen versorgt. Nun spürt Orellana, dass die Gastgeber mürrisch werden.

Und anders als Gonzalo Pizarro versucht der Kapitän jede unnötige Konfrontation zu vermeiden. Er weiß, dass

Oft wehren sich Einheimische gegen die Brutalität der europäischen Eroberer – hier, indem sie den Goldhungrigen flüssiges Edelmetall in den Rachen gießen. Auch Orellana wird in heftige Kämpfe verwickelt

das Wohlwollen der Indianer in dieser Wildnis lebenswichtig ist. Der Bau des neuen Bootes kann warten.

Am 2. Februar 1542 packen die Spanier ihre Sachen und verabschieden sich. Allerdings nicht, ohne das Gebiet zuvor im Namen der spanischen Krone in Besitz genommen zu haben.

Der Fluss wird nun stetig breiter. Am 12. Februar 1542 reißt im rechten Ufer eine gewaltige Öffnung auf, aus der sich ockerfarbene Wassermassen schieben. Binnen kurzem befinden sich die Boote auf einem neuen, gigantischen Strom, für den ihr bisheriger Wasserweg nur Zufluss war. Sie sind auf dem Hauptlauf des Amazonas.

Orellana ahnt wahrscheinlich nicht, dass es sich um jenen Fluss handelt, dessen Mündung der spanische Seefahrer Vicente Yáñez Pinzón bereits im Jahr 1500 entdeckt hat. Wegen seiner ungeheuren Größe nannte ihn Pinzón „Süßwassermeer". Weiter als 400 Kilometer ist noch kein europäisches Schiff von hoher See aus in sein Delta vorgedrungen.

Der Amazonas ist einzigartig. 1100 Flüsse münden in ihn; das Stromsystem bedeckt ein Regenwaldgebiet, das zehnmal so groß ist wie die Iberische Halbinsel. Ein Fünftel allen Flusswassers der Erde fließt aus seiner Mündung.

Orellanas Friedenstaktik zahlt sich aus. Ende Februar, nach mehreren ruhigen Fahrtwochen, begrüßen Untertanen des Herrschers Aparia die bärtigen Fremden auf dem Fluss mit Speisen. Offenbar ist die Nachricht von der merkwürdigen Flotte entlang den Ufern vorausgeeilt. In einem seiner Dörfer serviert der Häuptling kurz darauf ein Mahl aus Schildkröten und Amazonas-Seekühen, gerösteten Katzen und Affen.

Freigebig – vielleicht auch aus Furcht vor den Waffen der Eindringlinge – überlassen die Indianer den Spaniern ein Dorf als Unterkunft. Vor den mit Palmwedeln gedeckten Hütten lässt Orellana ein großes Holzkreuz errichten: als Zeichen des christlich-spanischen Machtanspruchs, aber auch, um der Expedition Mut zu spenden. Regelmäßig halten die beiden Geistlichen Gottesdienste ab.

Nach weniger als acht Wochen Bauzeit kann hier das zweite Boot zu Wasser gelassen werden. Kalfatert haben die Männer den Holzrumpf der „Victoria" mit einer Mischung aus Baumwolle und Pech, das die Indianer aus Pflanzenharz gewonnen haben.

Am 24. April brechen die Spanier auf. Solange sie noch durch das Reich von Aparia reisen, werden sie in jedem Dorf zuvorkommend behandelt und verpflegt – dafür hat der Herrscher gesorgt. Doch jenseits der letzten Siedlungen erstrecken sich erneut Hunderte Kilometer unbewohnten Regenwalds. Bald leiden die Männer „mehr Not und Hunger als jemals zuvor".

Und dann treffen sie auf das Dorf des Oberhäuptlings Machiparo.

Nach der blutigen Schlacht vom 12. Mai 1542 gegen die Hundertschaften Machiparos stellt sich für die auf dem Strom treibenden Spanier ein zehrender Rhythmus ein: Alle paar Tage treffen sie auf wehrhafte Indianer, die sie in Scharmützel verwickeln; gehen die Vorräte zur Neige, greifen die Eindringlinge ein Dorf an, um Nahrungsmittel zu rauben.

Orellana ist nun nicht mehr zurückhaltender Diplomat, sondern entschlossener Kriegsherr. Einmal lässt er ein erobertes

Mehr als 5000 Kilometer legen Orellana und seine Gefährten auf dem Amazonas zurück. Sie sind die ersten Weißen, die den Strom der Länge nach befahren – und Südamerika fast komplett durchqueren

Dorf niederbrennen, ein anderes Mal lässt er mehrere Einheimische hängen, um sich Respekt zu verschaffen.

Seit den ersten Tagen hat die Expedition mehr als 3000 Kilometer zurückgelegt. Die Siedlungen der Indianer wirken jetzt wohlhabender, ihre Zivilisation weiter entwickelt. Orellana ist sich bewusst, dass er von seiner Reise, sollte alles gut gehen, einzigartige Erkenntnisse nach Europa mitbringen wird. Er lässt Bruder Gaspar so viel wie möglich in einem Tagebuch niederschreiben.

Die Notizen des Chronisten dokumentieren eine zuvor unbekannte Welt: Sie sind das schriftliche Zeugnis einer großen Entdeckungsfahrt.

Carvajal berichtet von Silberschmuck und feinen Töpferwaren, farbenreich verziert und den Erzeugnissen auf den spanischen Märkten ebenbürtig. Beschreibt Schreine und kunstvoll geschnitzte Kultgegenstände, einen Opferaltar etwa, der auf zwei löwenähnlichen Kreaturen ruht. Erzählt von kilometerlangen Siedlungen mit separaten Vierteln und mehreren Häfen, sogar von Städten, die weiß und unerreichbar in der Ferne glitzern.

An einer Uferstelle führen breite, sorgsam ausgebaute Straßen ins Landesinnere. Sind dies die Wege in das Reich von El Dorado?

Orellana wagt es nicht, den Flusslauf zu verlassen und ihnen zu folgen. Jahrhunderte später werden Wissenschaftler vermuten, dass es auch im Amazonasbecken einst große, komplexe Staatswesen gegeben hat, ähnlich denen der Inka und Azteken. Reiche, die längst vom Urwald überwuchert worden sind.

Bei einem ihrer zahllosen Kämpfe stoßen die Spanier auf etwa ein Dutzend weibliche Krieger. „Diese Frauen sind sehr hellhäutig und groß und tragen sehr langes Haar, das sie geflochten um den Kopf gewickelt haben", notiert Carvajal.

„Sie sind sehr kräftig und gehen, abgesehen von der bedeckten Scham, ganz nackt. In den Händen tragen sie Pfeile und Bogen, und sie leisten im Kampf so viel wie zehn männliche Indianer."

Damit nicht genug: Die Frauen, so der Mönch, erschlügen jeden Indianer, der sich dem Gemetzel mit den Spaniern entziehen wolle.

Von einem Gefangenen erfährt Orellana kurz darauf mehr. Die Herrscherin dieser furchteinflößenden Frauen heiße Coñori und gebiete über ein Reich im Hinterland, mit Straßen und zahlreichen Vasallenvölkern. Die Häuser dort bestünden aus Stein, die oberste Kaste esse von goldenem Geschirr und trage Gewänder aus kostbarer Lama-Wolle. In den Städten der Frauen gebe es keine Männer. Wollten die Kriegerinnen Nachwuchs zeugen, entführten sie männliche Krieger aus den Nachbarreichen und ließen sie eine Zeit lang bei sich wohnen.

Carvajal nennt die Kämpferinnen in seinem Tagebuch „Amazonen" – nach jenem weiblichen Kriegervolk Kleinasiens, von dem die griechischen Mythen erzählt haben. Doch kein Weißer wird das Imperium dieser Frauen jemals finden.

DIE LANDSCHAFT verändert sich allmählich. Der dichte Urwald macht weitläufigen Savannen Platz. Und dann, Anfang Juli, bemerken die Spanier plötzlich, dass sich der Wasserspiegel in regelmäßigen Abständen hebt und senkt.

Endlich: Das Meer mit seinen Gezeiten kann nicht mehr fern sein.

Flussabwärts sind die Indianerstämme wohlhabender – und ihre Krieger schlagkräftiger

Bei nächster Gelegenheit lässt Orellana die Boote kielholen. Die Rümpfe müssen ausgebessert und Masten errichtet werden. Aus Schlingpflanzen winden die Männer Taue, aus ihren Schlafdecken knüpfen sie Segel. Nach zwei Wochen Arbeit sind die Boote seetauglich, bereit für die letzte große Etappe.

Am 26. August 1542, neun Monate nach ihrem Abschied von Pizarro und etwa 18 Monate nach dem Aufbruch in Quito, passiert Orellanas Expedition die Mündung des Amazonas. Die Gruppe zählt noch gut 45 Mann, elf Spanier sind an Hunger und Krankheit gestorben, nur drei den unzähligen Kämpfen gegen die Indianer zum Opfer gefallen. Die schwerste Verletzung trägt Bruder Gaspar davon: Er hat ein Auge verloren.

Die Mannschaften steuern die Boote nach Norden, die Küste entlang Richtung Karibik. Nur so haben sie ohne Kompass und Seekarten eine Chance. In der dritten Nacht, in Dunkelheit und schwerer See, verliert die Besatzung der Victoria die San Pedro aus den Augen. Allein erreicht das größere Schiff mit Orellana an Bord nach etwa 2200 Kilometern auf dem Meer die spanische Insel Cubagua, nördlich des heutigen Venezuela.

Am 11. September macht die Besatzung im Hafen der dortigen Kolonie fest und trifft auf gute Bekannte: Die San Pedro ist zwei Tage zuvor angekommen.

Auf ihrer 8000 Kilometer langen Fahrt haben Orellana und seine Männer nicht nur einen gigantischen Fluss, sondern zugleich ein riesiges Gebiet Südamerikas entdeckt. Erstmals nimmt der Nordosten des Kontinents, von dem bisher lediglich die Küstenstreifen bekannt waren, im europäischen Bewusstsein Gestalt an.

WENIGER GUT ergeht es Gonzalo Pizarro. Ohne Kunde oder Essenslieferung von Orellana ist er schon bald gezwungen, den Rückweg anzutreten. Es wird ein katastrophaler Marsch.

Im August 1542, als Orellana auf der anderen Seite des Kontinents gerade die Seefahrt vorbereitet, stolpern etwa 80 ab-

Bezwinger zweier Kontinente

Ab etwa 1500 stoßen europäische Abenteurer mit Macht auf das amerikanische Festland vor. Zumeist Spanier erkunden riesige, nie gesehene Regionen, unterwerfen prunkvolle Reiche. Den Eroberern folgen wissenschaftliche Expeditionen

Auf der Suche nach Gold und Ruhm zieht es im 16. Jahrhundert zahlreiche Konquistadoren in die Neue Welt. Einer der ersten in dieser langen Reihe spanischer Eroberer ist Alonso de Ojeda.

Der Adelige fährt 1493 mit der zweiten Expedition des Kolumbus nach Südamerika. Auf Hispaniola kämpft er gegen nur mit Pfeilen und Speeren bewaffnete Indianer. Als erster Europäer dringt er in das Innere der Insel vor und findet dort Gold.

1499 führt de Ojeda eine eigene Flotte auf Entdeckungs- und Beutefahrt von Spanien an die Nordküste Südamerikas. Dort stößt er auf eine Siedlung, die Indianer auf Pfählen ins Meer gebaut haben.

Er nennt den Ort „Venezuela", Klein-Venedig, weil er ihn an die Lagunenstadt erinnert.

1501 verschlagt es auch Vasco Núñez de Balboa nach Hispaniola. 1510 gelangt er ins heutige Kolumbien, wo er San Miguel gründet, Ausgangspunkt vieler zukünftiger Eroberungen.

1513 wagt Núñez de Balboa einen Marsch über die Landenge Panamas, kämpft sich mit seinen Begleitern bis an den Pazifik und nimmt das „Südmeer" feierlich für die spanische Krone in Besitz.

Etwa zur gleichen Zeit sichtet Juan Ponce de León als erster Europäer den Südosten des nordamerikanischen Festlandes. Der Konquistador hat bereits 1506 brutal Puerto Rico unterworfen. Als er 1513 die Gewässer nördlich von Kuba erkundet, erblickt er um Ostern Land, dem er den Namen „La Florida" gibt – nach „Pascua Florida", einem spanischen Namen für das Auferstehungsfest.

1521 versucht Ponce de León in Florida eine Kolonie zu gründen – doch die Siedler werden von Einheimischen angegriffen; der Konquistador wird verwundet und stirbt bald darauf auf Kuba.

Knapp 20 Jahre später zieht Hernando de Soto raubend und mordend durch La Florida (entspricht etwa den heutigen Staaten Florida, South Carolina, Tennessee, Georgia, Alabama, Arkansas Mississippi und Louisiana).

De Soto ist einst an der Seite Francisco Pizarros bei der Niederwerfung der Inka zu Ruhm und Reichtum gelangt und träumt nun von einer ähnlichen Eroberung. 1539 führt er eine Armee von 600 Soldaten und 213 Pferden. 1541 erreichen die Männer als erste Europäer den Mississippi. Dort stirbt de Soto im Jahr darauf.

1540 leitet Francisco Vazquez de Coronado, der Statthalter der spanischen Kolonie Nueva Galicia (Westmexiko), eine Expedition, die im Auftrag des Königs die „Sieben goldenen Städte von Cíbola" im südlichen Nordamerika finden soll.

Von diesen sagenhaften Orten hat Álvar Núñez Cabeza de Vaca berichtet, der sich zwischen 1528 und 1536 von Florida nach Mexiko durchgeschlagen hat, nachdem er von seiner Expedition getrennt wurde.

De Coronados Männer gelangen durch die Prärien der heutigen US-Staaten Arizona, New Mexico, Texas und Oklahoma bis in die Region Quivira (Kansas). Dort, so haben indianische Führer dem Konquistador erzählt, leben die Menschen angeblich in mehrstöckigen Steinhäusern. Tatsächlich aber

wohnen die Menschen Quiviras in Strohhütten.

Enttäuscht kehrt de Coronado nach Mexiko zurück. Doch er ist der erste Europäer, der den nordamerikanischen Westen durchquert.

Von 1528 an versuchen auch deutsche Konquistadoren verstärkt ihr Glück in der Neuen Welt. In jenem Jahr überlässt der spanische König Karl I. – seit 1519 auch deutscher König (ab 1530 Kaiser) – dem Augsburger Handelshaus der Welser Venezuela als Pfandbesitz für gewährte Kredite (bis 1556).

Der erste Gouverneur der Welser, Ambrosius Dalfinger aus Ulm, rückt 1531 mit fast 200 Mann von seiner Station an der Küste ins Landesinnere vor. Sein Ziel: El Dorado, das Goldland. Doch Dalfinger wird 1533 von einem Indianer getötet.

Sein Nachfolger Georg Hohermuth von Speyer setzt die Suche nach dem sagenhaften Land fort. Auch er findet es nicht, doch entdeckt er unter anderem die westlichen Zuflüsse des Orinoco und die nordwestlichen Zuflüsse des Amazonas.

Mehr als ein Jahrhundert später entzaubert Alexander Freiherr von Humboldt den Mythos El Dorado. Dies sei nicht der Name eines Landes, notiert er, „er bedeutet ganz einfach ‚der Vergoldete'". Humboldt vermutet, dass die Legende am Guatavita-See (nahe der heutigen Stadt Bogotá) ihren Ausgang genommen hat. Der Häuptling eines dort siedelnden Indianerstammes wurde von seinen Dienern mit Ölen gesalbt und anschließend mit Goldstaub gepudert: „el rey dorado", der goldene König.

1799 bricht der 29-jährige Humboldt zu einer fünfjährigen Expedition in das Gebiet der heutigen Staaten Kuba, Venezuela, Kolumbien, Ecuador, Peru und Mexiko auf. Er ist kein Konquistador, sondern ein moderner Naturwissenschaftler, der Gesteinsproben analysiert, die Temperaturen von Gewässern misst und Tiere beobachtet, um die Wechselbeziehungen zwischen Vegetation, Tierwelt, Boden und Klima zu erforschen.

Seine Reise wird zu einer der legendärsten Expeditionen aller Zeiten. Noch heute wird Humboldt in Südamerika als Universalgelehrter verehrt.

Mara Küpper, Olaf Mischer

Mit nur 167 Kämpfern besiegt Francisco Pizarro (ca. 1478 bis 1541) 1532 den Inka-König Atahualpa

Hernando Cortés (1485–1547) kämpft 1522 in Mexiko die Azteken nieder

Nach ersten deutschen Expeditionen um 1530 erforscht der Naturkundler Alexander von Humboldt (1769–1859) im 19. Jahrhundert das Innere Südamerikas

Nicht nur in Südamerika landen die Pioniere: 1513 trifft der Spanier Juan Ponce de León in den Wäldern Floridas erstmals auf nordamerikanische Indianer. Knapp 30 Jahre später gelangen Konquistadoren bis in den heutigen US-Staat Kansas

gezehrte Spanier in zerrissenen Kleidern durch die Tore Quitos – ein armseliges Bild des Scheiterns, unerträglich für den hochmütigen Gonzalo.

Zudem muss er erfahren, dass sein Bruder Francisco kurz zuvor einem Anschlag mit ihm verfeindeter Spanier zum Opfer gefallen ist. Voller Verbitterung verfasst Gonzalo seinen Expeditionsbericht an den König und bezichtigt Orellana darin der „größten Grausamkeit, die ein Verräter je gezeigt hat".

Doch es ist nicht der Zorn Pizarros, der Francisco fortan das Leben schwer macht. Nach Spanien zurückgekehrt, spricht Orellana bei Hofe vor. Er will das neu entdeckte Gebiet am Amazonas weiter erkunden, es erobern und besiedeln.

Die Ankunft eines Konquistadors, der keine Goldbarren bringt, sondern lediglich Kunde von neuem Land, löst am Hof nur mäßige Begeisterung aus.

Die Diplomaten des Königs, die vor allem auf die reichen Kolonien in Mexiko und Peru blicken, bezweifeln den Wert von Orellanas Entdeckungen.

Zudem halten sie diese für politisch heikel: Im Vertrag von Tordesillas haben sich die konkurrierenden Kolonialmächte Spanien und Portugal ja ein halbes Jahrhundert zuvor auf ihre Einflusssphären in der Neuen Welt geeinigt. Basierend auf einem päpstlichen Dekret, ist eine gedachte Linie von Pol zu Pol festgelegt worden, rund 2300 Kilometer westlich der Kapverdischen Inseln auf der Höhe des heutigen São Paulo. Spanien stehen, so das Abkommen, seither alle zukünftigen Entdeckungen westlich dieser Linie zu, Portugal jene östlich davon.

Dass das gewaltige Mündungsdelta des von Orellana befahrenen Flusses den Portugiesen gehört, ist unumstritten. Und möglicherweise liegen auch größere Teile des neu entdeckten Gebietes auf der portugiesischen Seite der Tordesillas-Linie. Eine neue Kolonie in dieser Region könnte, so die königlichen Berater, unerwünschten Streit bringen.

Nach neun langen Monaten erhält der Kapitän schließlich doch noch eine *capi-*

An einer Uferstelle begegnen Orellanas Männer respekteinflößenden Kriegerinnen. Die Spanier nennen sie »Amazonen« – nach der griechischen Mythologie. Schon bald trägt der neu entdeckte Strom ihren Namen

tulación für die Eroberung „Neu-Andalusiens“. Doch es ist ein Knebelvertrag ohne Beispiel. Orellana muss nicht nur alle Kosten der Eroberung selbst tragen, sondern der Krone auch elf Zwölftel aller möglichen Erträge versprechen – üblich ist ein Fünftel.

Die Vorbereitungen laufen zudem von Anbeginn schlecht. Dem Konquistador gelingt es nicht, die vertraglich geforderten 300 Soldaten und die nötige Ausrüstung zusammenzubekommen. Immer wieder verhindern Kontrolleure des Königs seine Abfahrt. Sicher geglaubte Kreditgeber springen ab.

Doch die Ungeduld treibt Orellana voran. Gegen das ausdrückliche Verbot der Krone segelt er im Mai 1545 mit drei Schiffen los. Auf der Überfahrt dezimieren Krankheiten die ohnehin kleine Mannschaft; eines der vier Schiffe muss aufgegeben werden, mit einem weiteren desertiert ein Teil der Crew.

Als die restliche Flotte schließlich das Amazonas-Delta erreicht, sucht Orellana monatelang in dem sich über mehrere hundert Kilometer erstreckenden Gewirr der Inseln und Nebenströme nach dem Hauptarm des Flusses.

Vergebens.

Schließlich errichten die Männer auf einer Insel ein Basislager. Mehrere Dutzend Spanier sind bereits an Hunger gestorben. Die beiden verbliebenen Seeschiffe gehen verloren: Eines strandet, das andere müssen die Männer für den Bau eines Flussbootes ausschlachten.

Mit dem Boot und kleiner Mannschaft geht Orellana auf Erkundungstour. Als er nach 27 Tagen ohne Erfolg ins Lager zurückkehrt, findet er die Hütten leer. Die Männer haben sich offensichtlich auf den Weg zurück gemacht.

Der Konquistador, der bereits seit Tagen krank ist, beschließt, die Expedition abzubrechen und die nächste spanische Kolonie anzulaufen. Doch auf der Fahrt zur Mündung greifen Indianer das Boot an. 17 Spanier sterben im Pfeilregen, ein Großteil der Besatzung.

Orellana verlässt endgültig der Mut; sein Zustand verschlechtert sich zusehends. Wenige Tage später ist er tot. Gestorben im Alter von 35 Jahren.

Es ist November 1546. Die Gefährten begraben seine Leiche am Fuß eines mächtigen Baums. Nur wenige Meter entfernt von jenem Fluss, gegen den der große Entdecker am Ende doch nicht bestehen konnte.

ES WERDEN FAST 100 JAHRE vergehen, ehe es einer portugiesischen Expedition erstmals gelingt, den Amazonas stromaufwärts zu befahren und von der Mündung bis in sein Quellgebiet vorzudringen. Noch einmal gut hundert Jahre später, um 1740, bereisen die ersten europäischen Wissenschaftler den Lauf des Riesenflusses, nehmen geophysikalische Messungen vor, studieren Landschaft und Bewohner, Fauna und Flora. Und bereits seit Beginn des 17. Jahrhunderts haben die Portugiesen auf dem Amazonas feste Stützpunkte und Missionsstationen bis zu 1000 Kilometer flussaufwärts errichtet.

Die europäische Entdeckung und Eroberung Mittel- und Südamerikas ist zu diesem Zeitpunkt, nicht zuletzt aufgrund der Fahrt Orellanas, so gut wie abgeschlossen.

Spanien herrscht mit zwei Vizekönigen, die in Mexiko und Peru residieren, bereits über den größten Teil des Kontinents. Portugal beansprucht den Osten Südamerikas, im Bereich des heutigen Brasilien.

Große, schwer zugängliche Teile der Amazonasregion aber bleiben für die Europäer auch weiterhin Niemandsland.

Auf den Karten europäischer Navigatoren taucht allerdings bereits im Jahre 1544 der mächtige Lauf jenes Flusses auf, der den südamerikanischen Kontinent beinahe ganz von West nach Ost durchmisst. Ein paar Jahre lang wird er „Río de Orellana“ genannt, nach seinem ersten Bezwinger.

Doch der Ruhm des Konquistadors verblasst schnell. Und so setzt sich für den wasserreichsten Strom der Erde schon bald ein anderer Name durch.

Bereits 1545 nennen ihn die ersten Kartographen nach jenen Kriegerinnen, die einst auf den Mönch und Chronisten Gaspar de Carvajal einen so tiefen Eindruck gemacht haben, den „Fluss der Amazonen“.

Oder kurz: „Amazonas“. □

Jens-Rainer Berg, 33, ist Historiker und Redakteur von GEO*EPOCHE*. Theodor de Bry (1528–1598) gründete in Frankfurt/Main mit seinen Söhnen einen Verlag und prägte durch seine Kupferstiche das frühe Amerikabild Europas.

Die Hudson's Bay Company kauft den Indianern des amerikanischen Nordens **Biberpelze** ab. 1770 schickt

Vorstoß ans Polarmeer

VON MARCUS FRANKEN

Juli 1771: Am Rande des Polarmeeres hat eine kleine Gruppe Inuit am Coppermine River ihre Zelte aufgebaut, um Lachse zu fangen. Obwohl sich die Inuit seit langem mit benachbarten Indianerstämmen bekriegen, haben sie keine Wachen aufgestellt. Sie ahnen nicht, dass hinter nahe gelegenen Hügeln Kämpfer vom Volk der Chipewyan lauern.

Doch Matonabbee, der Anführer der Chipewyan, ist eigentlich gar nicht gekommen, um gegen die Inuit zu kämpfen. Ein halbes Jahr zuvor, am 7. Dezember 1770, sind die Indianer zusammen mit dem Engländer Samuel Hearne von einem Fort am westlichen Ufer der Hudson Bay losgezogen – einem Binnenmeer, das 1610 von dem Briten Henry Hudson auf der Suche nach einer Nordwestpassage entdeckt worden war.

An seinen Ufern liegen die Stützpunkte der Hudson's Bay Company, einer 1670 in London gegründeten Handelsgesellschaft. In ihrem Auftrag ist Hearne mit den Chipewyan unterwegs.

Die Company besitzt das Monopol über einen lukrativen Handel: Sie tauscht bei den Einheimischen Äxte, Messer, Gewehre sowie Tabak und Brandy gegen Felle und Pelze. Dei Einheimischen nähen seit Jahrhunderten Kleidung aus Pelzen und Tierhäuten, bauen daraus ihre Zelte. Jetzt sind die Felle Handelsgüter, um an die Waren der Weißen zu kommen.

So geben beispielsweise die neu erworbenen Vorderlader den Stämmen Macht und Reichtum. Die Cree, die nahe der Hudson Bay siedeln, kaufen ein Gewehr für 14 Biberfelle und verkaufen es den Blackfoot-Indianern im Westen für 50 Felle.

Englands Monarch Karl II. hat der Hudson's Bay Company (HBC) das gesamte Land im Einzugsgebiet aller Flüsse, die in die Hudson Bay münden, übertragen – freilich unter der Bedingung, auf der Suche nach Rohstoffen und „anderen lohnenden Gütern" weiter in die Wildnis vorzudringen.

Doch anfangs sind die Männer in den wenigen HBC-Handelsposten vollauf damit beschäftigt, die Winter zu überleben. Die Meeresstraße vom Atlantik in die Hudson Bay liegt rund 400 Kilometer vom Polarkreis entfernt und ist nur wenige Monate im Jahr befahrbar. In dieser Zeit kommen die Segler mit Verpflegung und Handelswaren aus England, danach sind die Stationen von der Außenwelt abgeschnitten.

Die Indianer sind für die Hudson's Bay Company „ein Aktivposten", wie einer ihrer Repräsentanten an die Zentrale in London schreibt: „Wir müssen sie am Leben erhalten für zukünftige Profite." Die Einheimischen fangen die Biber und bringen die Felle die Flüsse herab. Solange sich nichts ändert, laufen die Dinge zum Besten.

Im Jahre 1770, als Samuel Hearne nach Nordwesten aufbricht, ist es allerdings vorbei mit dem ruhigen Geschäft: Englische, irische und französische Waldläufer ignorieren das Handelsmonopol der HBC, dringen auf eigene Faust in die Wildnis vor und beliefern mit den Fellen den europäischen Markt. Die Company ist gezwungen, sich nach neuen Einnahmequellen umzusehen.

Samuel Hearne (1745–1792) von der HBC erreicht auf dem Landweg den Arktischen Ozean

Samuel Hearne ist 24 Jahre alt, als er sich zum ersten Mal auf den Weg macht, die Landschaften nördlich und westlich der Hudson Bay zu erforschen. Zum einen soll er einen Fluss finden, von dem die Indianer erzählen, er sei ebenso reich an Kupfervorkommen wie an Bibern. Zum anderen lautet sein Auftrag, nach einer Nordwestpassage Ausschau zu halten.

Denn noch immer ist die Vorstellung von einer Wasserstraße verbreitet, welche die Hudson Bay mit dem Pazifik verbindet. Sollte diese Passage tatsächlich existieren, wäre es für die Company von größter Bedeutung, sie zu finden und unter ihre Kontrolle zu bringen.

Hearne ist in London aufgewachsen, hat sich mit elf Jahren zur Royal Navy gemeldet und 1766 auf einem Handelsschiff der Hudson's Bay Company angeheuert. Als er nicht weiter befördert wurde, bat er um Versetzung – und wurde auf Entdeckungsreisen geschickt.

Doch seine erste Expedition im Jahr 1769 scheitert schon

nach wenigen Wochen kläglich. Auch seine zweite Reise muss Hearne abbrechen – ausgeplündert und von den meisten seiner Begleiter verlassen –, ohne den sagenhaften Kupferfluss erreicht zu haben.

Hearne erkennt, dass er in der Wildnis nur überleben kann, wenn er sich an das Leben der Indianer anpasst: Beim dritten Anlauf gibt er sich völlig in die Hand seines einheimischen Führers Matonabbee, den er auf der Rückkehr von der zweiten Reise kennen und schätzen gelernt hat.

Statt Leibwächter und Proviant für viele Wochen nimmt er kaum mehr mit als seinen Quadranten und sein Gewehr. Gemeinsam mit den Chipewyan folgt er den Rotwild- und Karibuherden mit dem Sommer nach Norden – als einziger Weißer in der Gruppe.

Monatelang ziehen sie durch Sümpfe; setzen über Bäche und Seen, jagen Wild und essen indianische Delikatessen wie Biber-Baby und Büffel-Föten. Im Norden ist die Landschaft sumpfig, baumlos, öde. Obwohl es Sommer ist, schneit es häufig.

Als sie am gesuchten Kupferfluss auf die Inuit treffen, sind sie mehr als 1400 Kilometer von ihrem Ausgangspunkt an der Hudson Bay entfernt. Davon, dass die Chipewyan Krieg mit den Inuit führen wollen, steht allerdings nichts in Hearnes Vertrag mit der Company.

Am 17. Juli 1771 schleichen sich die Chipewyan gegen ein Uhr morgens an die schlafenden Inuit heran. Hearne versucht nicht, die Männer davon abzubringen. Er will weder sich noch seinen Auftrag gefährden. Die Indianer erstechen und erschlagen rund 20 Männer, Frauen und Kinder. Dann ziehen sie weiter, als wäre nichts geschehen. Hearne tauft die Stelle auf den Namen „Bloody Falls", blutige Wasserfälle.

Bis zur Küste des Arktischen Ozeans sind es jetzt nur noch acht Meilen Fußmarsch. Samuel Hearne ist der erste Europäer, der das Polarmeer vom nordamerikanischen Festland aus erreicht.

In Niederlassungen wie Lower Fort Garry handeln die Agenten der 1670 in London gegründeten Hudson's Bay Company mit Biberpelzen, die auf Schlitten antransportiert werden – und erwirtschaften dabei ein Vermögen

Kommerziell aber ist die Expedition eine große Enttäuschung: Das Meer an der Küste ist auch im Sommer vereist. Den Kupferfluss blockieren so viele Untiefen, dass er selbst für indianische Kanus schwer befahrbar ist – von britischen Seglern ganz zu schweigen. Und die Kupfervorkommen, die Hearne findet, sind nicht der Rede wert.

Immerhin kann der Brite jetzt beweisen, dass von der Hudson Bay aus keine Passage in den Pazifik führt: Sie ist nicht das Tor zur nordwestlichen Durchfahrt.

Die HBC schickt in den folgenden Jahren nur wenige weitere Expeditionen los, da sie keinen Gewinn einbringen. Erst als die Gesellschaft 1821 mit der konkurrierenden North West Company fusioniert, beginnt das Unternehmen, sein gigantisches Hinterland systematisch zu erforschen. 1870 schließlich tritt die Firma die Hoheitsrechte über ihr Gebiet an das Dominion of Canada ab, den Vorläufer des heutigen Staates Kanada.

Hearne kehrt im Juni 1772 zur Hudson Bay zurück. Er ist mit den Ergebnissen seiner Reise zufrieden, obwohl seine Entdeckungen „vermutlich weder der Nation insgesamt noch der Hudson's Bay Company von großem materiellen Nutzen sein werden", wie er notiert.

Bis 1787 bleibt Hearne bei der HBC. Er gründet 1774 Cumberland House, deren ersten Inlandsposten westlich der Hudson Bay. Schließlich kehrt er nach England zurück und verfasst einen Bericht über seine Reisen. 1792 stirbt er, vermutlich an einem Leberleiden. „A Journey from Prince of Wales's Fort in Hudson's Bay, to the Northern Ocean" erscheint drei Jahre nach seinem Tod.

Hearnes Entdeckungen bilden später die Grundlage für die Überlandexpedition, auf der John Franklin 1819 bis 1821 die nordamerikanische Festlandsküste im Mündungsbereich des Coppermine Rivers erkundet (siehe Seite 142).

Die Kartierung der Küste in ihrem weiteren Verlauf Richtung Osten wird schließlich von 1837 bis 1839 durch Thomas Simpson und Peter Warren Dease sowie in den 1850er Jahren durch John Rae unternommen.

Alle drei sind Forscher im Auftrag der Hudson's Bay Company. □

Marcus Franken, 38, ist Wissenschaftsjournalist in Berlin.

Die Entdeckung des Nichts

Europas Navigatoren jagen einer Utopie nach: dem legendären Südkontinent, groß, fruchtbar und reich. 1774 segelt der Brite James Cook so weit südlich wie niemand zuvor – und entdeckt, dass es das Traumland gar nicht gibt. Dafür findet Georg Forster, ein junger Preuße in Cooks Diensten, sein Paradies. Und verliert es wieder

Der erfahrene Kapitän James Cook (1728–1779, ganz links) zeichnet auf seiner ersten Weltreise ab 1769 unter anderem eine genaue Karte von Neuseelands Küste. An Cooks Suche nach dem Südkontinent nimmt 1772 auch der junge Deutsche Georg Forster (1754–1794, daneben, rechts) mit seinem Vater teil

Im August 1773 ankern die zwei Schiffe von Cooks Expedition in einer Bucht von Tahiti. Die Pazifikinsel dient als Zwischenstopp

VON JÖRG-UWE ALBIG

Dies ist die Geschichte einer Entdeckung, die anders ist als alle anderen. Ihr Ergebnis ist nicht Neuland, sondern: das Nichts.

Zunächst ist es nicht einfach eine Reise, sondern eine Pilgerfahrt. Sie führt nicht schlicht in die Ferne, sondern geradewegs ins Paradies. Breitengrad um Breitengrad wird es hinübergehen in ein „Land, wo noch die Freiheit des Goldenen Zeitalters herrscht".

So hat der französische Seefahrer Louis-Antoine de Bougainville die Insel Tahiti beschrieben, wo er im April 1768 landete. Von „schönsten Wiesen" schwärmt er, von „herrlichsten Fruchtbäumen", von liebenswerten Menschen, „sanft und guttätig". Kurz: Tahiti scheint „der Garten Eden zu sein".

Ein junger Mann namens Georg Forster übersetzt den Reisebericht, und er klingt ihm wie Gesang: „Allenthalben herrschten Gastfreiheit, Ruhe, sanfte Freude, und dem Anschein nach waren die Einwohner sehr glücklich."

Ein unendlich lockendes Bild für einen 17-Jährigen aus einem Dorf in Westpreußen, der Ruhe, Glück und sanfte Freude kaum je kennen gelernt hat. Ein Ideal der Schönheit und Gesundheit für den kränklichen Knaben, dessen Gesicht von Blattern gezeichnet ist.

Ein Freiheitstraum für den gehorsamen Sohn, dem die brachialen Züchtigungen der Kindheit noch in den Knochen stecken. Der jetzt, im Winter 1771, unter des Vaters Fuchtel Übersetzungen anfertigt, um im Londoner Exil den Haushalt durchzubringen.

Der junge Mann ist auf der Höhe seiner Zeit. Er teilt deren Sehnsucht nach besseren Welten: Gut 20 Jahre später wird er sich als Jakobiner auf die Seite der Französischen Revolution schlagen, wird helfen, die erste deutsche Republik in Mainz zu organisieren.

Europas Intellektuelle sind längst reif für die seligen Inseln: Schon im 16. Jahrhundert hat Michel de Montaigne seine ideale Gesellschaft in ferne Welten projiziert, wo „es keine Handelsgeschäfte gibt, keine Kenntnis der Schrift, keine Zähl- und Rechenkunst".

Jetzt vermuten Dichter und Denker alles Glück dieser Erde bei den „Indianern", wie man in Europa alle neu entdeckten Völker nennt. Und so erzählt der Schriftsteller Daniel Defoe („Robinson Crusoe") von Neustarts unter Palmen, schwärmt der Philosoph Jean-Jacques Rousseau von den „Wilden", vom unschuldigen „Zustand der Natur".

Und nun liest Georg Forster in Bougainvilles Bericht von einem Land, in dem wahrhaftig „allgemeine Ehrlichkeit und gar kein Misstrauen" herrschen. Er übersetzt und übersetzt.

Forster ist ein Wunderkind. Schon mit zwölf Jahren hat er seinen Vater Reinhold, einen verkrachten Prediger und Naturforscher aus dem Danziger Raum, auf eine Wolga-Expedition im Auftrag der Zarin begleitet. Die versprochene Belohnung der Herrscherin freilich blieb aus. Schulden trieben Vater und Sohn ins englische Exil.

Mit nicht einmal 13 Jahren hat Georg Michail Lomonossows Geschichte Russlands ins Englische übersetzt; mit 14 Französisch-Unterricht gegeben. Und nun, mit 17, sitzt er unermüdlich, mit roten Augen über Bougainvilles „Reise um die Welt" – während der Vater verzweifelt das riesige London durchstreift, um eine Anstellung zu finden.

Eines Juniabends im Jahr 1772 lächelt den beiden das Glück. Ein Bote bringt einen Brief der britischen Admiralität. Für ein Handgeld von 4000 Pfund soll Forster sen. den berühmten Kapitän James Cook als wissenschaftlicher Chronist auf dessen neuer Weltreise begleiten.

Forster bittet, seinen Sohn als Assistenten und Zeichner mitnehmen zu dürfen, und sagt dann erleichtert zu. Eile ist geboten: Bereits in zwölf Tagen soll Abfahrt sein.

James Cook ist kein Schwärmer, sondern ein Skeptiker, ein nüchterner Diener der Krone. Der Sohn eines Tagelöhners, der sich aus eigener Kraft emporkämpft. Ein hochgewachsener, hagerer Asket mit langer Nase, hohen Wangenknochen und, so ein ansonsten wohlwollender Biograf, wenig Sinn für „Artigkeit, Witz und eine gewisse Kultur".

Dafür ist Cook getrieben von einem unbändigen Entdeckerdrang. Als Lehrling in einem Krämerladen im ostenglischen Staithes soll ihn sein Hang zu unbekannten Fernen verführt haben, einen Südsee-Schilling in die eigene Tasche zu stecken und die Sondermünze gegen ein ordinäres Geldstück auszutauschen. Cook wurde entlassen – und ging zur See.

Er gilt als genialer Navigator: Im Krieg um die nordamerikanischen Kolonien hat er einen ungewöhnlich heiklen Abschnitt des kanadischen St.-Lorenz-Stroms binnen zwei Tagen ausgelotet und abgesteckt und so der britischen Belagerungsflotte den Weg gebahnt.

Er ist ein akribischer Kartograph, der die Welt wie kein Zweiter in Längen- und Breitengrade pressen kann: Auf seiner ersten Weltreise hat er in sechs Monaten die gut 3850 Kilometer lange Küste Neuseelands vermessen, ein Land von der

Auf seiner Fahrt durch den südlichen Pazifik begegnet Cook den unterschiedlichsten Völkerschaften. Viele von ihnen tragen kunstvoll gefertigten Schmuck – wie dieser Bewohner der Insel Mangaia, die der Kapitän auf seiner dritten Expedition (1776 bis 1779) besuchen wird

Nicht alle Südseebewohner empfangen die Fremden so feierlich wie diese Männer 1779 auf den Sandwich-Inseln (Hawaii). Viele sind zurückhaltend. Die Menschen auf Tahiti hingegen begrüßen die Europäer als Freunde, wie Georg Forster in seinem Tagebuch festhält

Größe des Vereinigten Königreichs. Und so präzise sind seine Karten, dass viele von ihnen noch bis ins Jahr 1994 in Gebrauch bleiben werden.

Vor seiner ersten Reise bestand die Weltkarte noch zu einem guten Drittel aus weißen Flecken – zum Ende seiner Seefahrtskarriere wird er ein Bild der Erde hinterlassen, das demjenigen des 21. Jahrhunderts schon verblüffend ähnlich sieht. Und wie der junge Forster sucht auch er nach einem Utopia, wenn auch im wohlverstandenen Interesse der Krone.

Im Zeitalter der Aufklärung wetteifern vor allem Frankreich und Großbritannien weltweit um nützliches Wissen und Reichtümer, rüsten Forschungsexpeditionen aus, die zugleich Landnahmen sind.

Auch der Kapitän Bougainville hat heimlich am Strand von Tahiti eine Urkunde vergraben, die das Paradies zum Besitz des französischen Königs erklärt.

„Alle Reichtümer der Erde gehören Europa, das die Wissenschaften zum Souverän der anderen Weltteile gemacht haben", sagt er ohne Umschweife. „Gehen wir daran, diese Ernte einzubringen."

Denn „die Inseln der Südsee besitzen alles, was die nördlichen Meere hergeben", hat er prophezeit, dazu „Kaffee, Zucker, Kakao, Indigo, Koschenille, Ambra, Perlmutt, Perlen". Außerdem „Gewürze, Gold, Silber und Edelsteine".

Zwar hat der Seefahrer am Ende von seiner Reise keine Schätze mitgebracht – doch wenigstens hat er einen Mythos intakt gelassen: Noch immer geistert durch Europas Köpfe die Sage vom Südkontinent, der *terra australis incognita* – riesig und unermesslich reich.

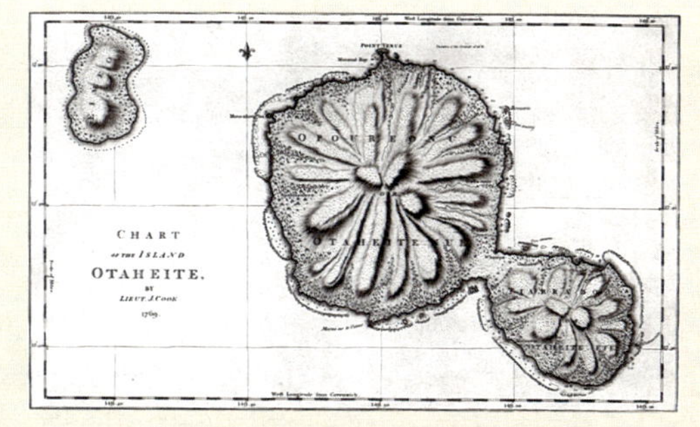

Anfangs vermuteten europäische Seefahrer, Tahiti sei Teil des legendären Südkontinents. Bereits auf seiner ersten Weltreise hat Cook die vulkanische, nur durch einen Isthmus miteinander verbundene Doppel-Insel kartiert. Als Forster das Eiland 1773 zum ersten Mal betritt, scheinen ihm dort Mensch und Natur in einem idealen Urzustand zu leben

SCHON IN DER ANTIKE haben Gelehrte die Überzeugung vertreten, zur Landmasse der Nordhalbkugel müsse es einen Ausgleich im Süden geben, um den Globus im Gleichgewicht zu halten. Im 13. Jahrhundert berichtete dann Marco Polo von einem goldreichen Südland, das auf den Weltkarten der Renaissance bald zur festen Größe wurde – ohne jemals gesichtet worden zu sein.

Noch immer lockt dieses Reich der Fülle. Bereits 1764 hat Englands König den Kapitän John Byron zum Durchkäm-

Cooks Bordmaler halten Flora und Fauna der unbekannten Südseewelt fest (Hornhecht, Tahiti)

men des Pazifiks entsandt. Zwei Jahre später folgte ihm Samuel Wallis – der Tahiti entdeckte in der festen Meinung, dass die Insel ein Teil des Südkontinents war.

Auch Cook sollte 1769, bei seiner ersten Fahrt um den Globus, auf Tahiti offiziell nur den Durchgang der Venus vor der Sonne beobachten. Anschließend aber, so trug ihm ein Geheimschreiben auf, sollte er das Meer bis zu einer Breite von 40 Grad südwärts nach jenem unbekannten „Land großen Ausmaßes“

Cook legt auf der Reise über 300 000 Kilometer zurück – mehr als jemals zuvor ein Kapitän

durchsuchen, das Europas unermessliche Begierden befriedigen konnte.

Cook ergriff auf dieser Fahrt im Namen Seiner Majestät zunächst Besitz von Neuseeland und einer riesigen Landmasse, die später Australien genannt wurde – und legte so den Grundstein für die weiße Besiedelung des Pazifikraums.

Doch bei der Umsegelung Neuseelands stellte er fest, dass sich auch hinter diesen Küsten nicht die dort vermutete Terra Australis erstreckt.

Die Entzauberung begrüßte der Skeptiker beinahe mit Triumph: „Dann rief ich die Offiziere an Deck und fragte sie, ob sie nun überzeugt seien, dass dies Land eine Insel sei, was sie bejahten.“

Seine Mission aber ist noch immer nicht erfüllt. Und die Konkurrenz sitzt ihm auf den Fersen: Frankreich schickt den Kapitän Jean François de Surville ins Rennen, der vor Südamerikas Küste ertrinkt, dann Yves-Joseph de Kerguelen, der nur eine öde Inselgruppe im Indischen Ozean findet, schließlich Marion du Fresne, der die Prinz-Edward-Inseln für einen Teil des Südlands hält und kurz darauf Kannibalen zum Opfer fällt. Auch die Spanier schicken in regelmäßigen Schüben ihre Späher über die Meere.

Jetzt will Cook den Rest des Pazifiks absegeln, um das Südland endlich dingfest zu machen.

SO VERMISCHEN SICH Paradies, Utopia und Schlaraffenland auf dieser Reise zu einem gierigen Traum. Zwei umgebaute Kohlenfrachter, Cooks „Resolution“ und die „Adventure“, sollen ihm nachjagen.

Im Bauch der Resolution lagern fünf Dutzend Tonnen mit Wasser, ebenso viele mit Sauerkraut, dazu gepökeltes Rind- und Schweinefleisch, Mehl, Erbsen, Zwieback, Wein, Branntwein und etliche Tonnen Steinkohle. Die Resolution führt 25 Kanonen mit sich, die Adventure hat 20 Geschütze.

Das sind nicht die schwerfälligen Kriegsschiffe, die bislang auf Entdeckungsreisen fuhren. Ihr geringer Tiefgang erlaubt es, auch flache Häfen anzulaufen, und verhindert, dass sie von den scharfen Kanten der Korallenriffe beschädigt werden. Die Besatzung von 118 respektive 83 Mann, darunter zwei Waldhornbläser, ist klein genug, um sich unterwegs selbst zu versorgen.

Die wichtigste Neuerung an Bord aber sind die vier revolutionären Chronometer des Erfinders John Harrison, die – anders als etwa Pendeluhren – auch auf See die genaue Zeit anzeigen und so die umständlichen astronomischen Berechnungen zur Positionsbestimmung überflüssig machen.

Bis dahin ist es Navigatoren unmöglich gewesen, die exakte geographische Länge eines Punktes auf See zu verorten. 40 Jahre lang hat der Tüftler Harrison seine „Uhrenmaschine“ perfektioniert, ohne Gehör zu finden – jetzt weist ihr Cook ihren Platz in der Geschichte der Seefahrt zu.

Zwar fragt sich Georg Forster, wie in einem nicht einmal 34 Meter langen und zehn Meter breiten Gefährt mit 469 Tonnen Ladefähigkeit „noch hundert und zwanzig Menschen Platz finden“ und „drei Jahre lang, bei unverdaulicher Kost, bei steter Anstrengung und allem Druck der härtesten Lebensart, gesund und guten Mutes bleiben können“.

Doch dann kommt der 13. Juli 1772: Abfahrt. Der Hafen von Plymouth bleibt zurück, und Georg vergießt ein paar Tränen. Wind kommt auf, das Schiff rollt; selbst die ältesten Seebären packt schon bald die Seekrankheit. Man bekämpft sie „durch gewärmten roten Oporto-Wein“.

Für den jungen Forster ist der Weg ins Gelobte Land anfangs gesäumt von Enttäuschungen. Die Männer Madeiras erscheinen

Die Expeditionsteilnehmer sichten entlang ihrer Route exotische Fischarten – etwa diesen Drachenkopf

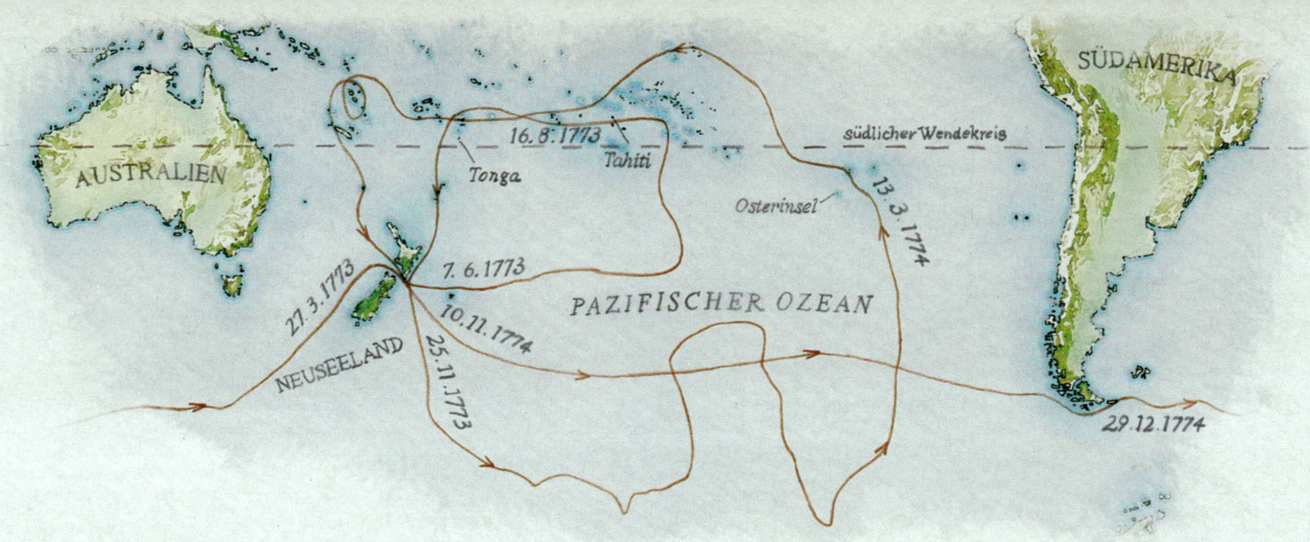

ihm „plump", die Frauen „hässlich". Auf den Kapverdischen Inseln betteln die Menschen „mit einer düstern Fühllosigkeit" – nun ja, vielleicht ist es ja nur „natürlich", denkt Georg mild, „dass die Bewohner des heißen Erdstreichs eine Neigung zur Faulheit haben".

Umso tiefer schockiert ihn der Sklavenhandel in der niederländischen Kolonie am Kap der Guten Hoffnung, wo Malayen, Bengalen und Madegassen barfuß ihren Herren zu Willen sind. Eisern schaut er auf den Ozean, der nachts im Schimmer von Millionen phosphoreszierender Kleintiere glimmt, denkt an den Schöpfer, „dessen Allmacht dieses Schauspiel bereitet" hat. Und vielleicht auch an die Freuden der Südsee, die dieser Glanz anzukündigen scheint.

DOCH DER WEG in den zweiten Menschheitsfrühling führt durch den ewigen Winter. Die Resolution und die Adventure sind die ersten europäischen Schiffe, die den antarktischen Zirkel überqueren. Schon kurz hinter dem Kap bricht die Kälte über das Schiff herein; die dicken Hosen, die der Kapitän austeilen lässt, sind sämtlich zu kurz.

Durch Regen, Hagel und Schnee und Felder von Eisbergen halten die Schiffe auf den Südpol zu. Manchmal sehen sie tagelang keinen Sonnenstrahl, kein Stück offenen Himmels. Das Eis an den Tauen reißt die Hände auf; trotz Behandlung mit Karottenmarmelade und gekochtem Malz lässt der Skorbut das Zahnfleisch einiger Seeleute faulen, lässt die Glieder schwellen und Geschwüre platzen, erzeugt „grüne fettige Filamente im Urin".

Was hat Cook nicht alles unternommen, um seine Mannschaft zur Gesundheit zu zwingen! Er bestraft Matrosen, die unter Deck ihre Notdurft verrichten, hält sie an, kalte Bäder im Meer zu nehmen, lässt Wäsche im Kielwasser waschen und Schwefel verbrennen, um die schlechte Luft zu vertreiben.

Er verhängt Prügelstrafen über Seeleute, die ihre Ration an frischem Rindfleisch verweigern, verbietet ihnen den geliebten Fettzwieback, der seiner Ansicht nach „stinkende Luft" im Körper staut, macht ihnen dafür das verhasste, aber Vitamin-C-reiche Sauerkraut durch eigenes Vorbild schmackhaft: „Von dem Augenblick an, da sie ihre Vorgesetzten etwas schätzen sehen, wird es das beste Zeug in der Welt und ihr Erfinder ein verdammt ehrbarer Kerl."

Doch am besten schützen vor Skorbut jene frischen Früchte und Pflanzen, die Cook bei jedem Landgang sammeln lässt – lebenswichtiger, doch in antarktischen Breiten unerreichbarer Luxus.

Am 8. Februar verliert die Resolution ihr Schwesterschiff Adventure im Nebel. Am 24. Februar – der 62. südliche Breitengrad ist erreicht – beschließt Cook endlich, „zur größten Zufriedenheit eines jeden von uns, für diesmal nicht weiter nach Süden zu gehen", sondern entlang der Packeisgrenze nach Osten zu segeln.

Durch Seehundsherden und Felder von Seegras zieht die Resolution schließlich gen Norden. Nach vier Monaten und zwei Tagen auf offenem Meer erreicht sie die Südinsel Neuseelands, die Cook schon von seiner ersten Reise kennt.

Das Grün der Bäume und Büsche tröstet die von der Leere wunden Augen. Fi-

Cooks zweite Weltreise, eine Spähfahrt durch die warmen Gefilde der Südsee und die kalte antarktische Welt, bringt wertvolle geographische Erkenntnisse. Der junge Georg Forster, der diesen Rochen malt, erweist sich dabei als talentierter Naturforscher

In Doppelrumpfbooten mit imposant aufragendem Bug stechen tahitianische Krieger in See, um die Nachbarinsel Moorea anzugreifen. Schon bald wird Georg Forster bewusst, dass es auch im vermeintlich friedlichen Pazifikidyll Gewalt und Ungleichheit gibt

sche sind die erste frische Nahrung seit dem Abschied von Afrika – den Seefahrern erscheint sie wie „die herrlichste in unserm ganzen Leben". Wasserfälle stürzen über Felsen, Drosseln schreien und Baumläufer singen.

Die Männer roden einen Morgen Wald, sägen die Bäume zu Planken und Brennholz. Sie füllen die Wasserfässer auf, bringen das Schiff auf Vordermann, bauen eine Sternwarte. In einer Meerenge im Norden treffen sie auf die Adventure, feuern vor Freude ein paar Viertelpfünder ab. Binnen zehn Tagen zeichnet Georg in den Wäldern der Insel 19 Vögel, drei Fische und sechs Pflanzen, bestaunt kolibriartige Vögel, die ohne Angst die Matrosen umschwirren und leichte Beute der Schiffskatzen werden.

Die Menschen aber bleiben scheu und verstockt. Am 28. März zieht ein Kanu mit einem halben Dutzend „Indianern" vorbei: Weder mit Zurufen noch Geschenken lassen sie sich zum Näherkommen bewegen. Am 6. April steht ein Mann mit einer Streitaxt auf einer Klippe, begleitet von zwei Frauen mit Speeren.

„Tayo harre maï", locken die Seefahrer, was auf Tahiti „Freund, komm her!" heißt. Doch der Mann, dieser Sprache unkundig, rührt sich nicht, hält nur zornige Reden und schwingt seine Waffe.

Vergeblich buhlt Kapitän Cook und balzt, wirft dem Verdutzten Schnupftücher zu. Schreitet schließlich dem Mann entgegen, ein paar Bögen Papier in der Hand: Der nimmt die Blätter hin, zitternd vor Angst. Da umarmt der Kapitän den Verschreckten, reibt seine Nase an der des Gegenübers.

Und endlich fasst der Fremde Zutrauen, ruft sogar die beiden Frauen – deren eine, so Georg Forster, auch „gar nicht so unangenehm" aussieht, „als man in Neuseeland wohl hätte vermuten sollen".

Mit Dudelsäcken, Pfeifen und Trommeln versuchen die Entdecker in der Folge, die Antipoden an Bord zu locken. Doch erst nach Tagen entschließen sich zwei Maori, das Schiff zu betreten – nicht ohne es zuvor mit Beschwörungsformeln und Schlägen mit einem grünen Zweig geläutert zu haben. Als ein Mann jedoch auch noch Cooks Stirn mit einer stinkenden Salbe einreiben will, schreckt der Seemann zurück: Der Bordzeichner muss an Stelle des Kapitäns die Haut hinhalten, um der Etikette Genüge zu tun.

Nein, die Neuseeländer sind nicht das „gutherzige Volk" des Kapitäns Bougainville. Die Männer behandeln die Weiber wie Unrat: „In Neuseeland scheint diese Tyrannei viel weiter getrieben zu sein denn irgend sonst wo", stellt der junge Forster fest. Die Frauen selbst pickten Ungeziefer aus ihren Kleidern und zerknackten es zwischen den Zähnen.

Ratlos lassen die Seefahrer ein paar Ziegen und Schafe zurück, Kartoffeln, europäische Gemüse. Sie verschenken Medaillen mit dem Bild König Georgs III. und setzen fünf Gänse aus. Am 7. Juni verlässt die Resolution Neuseeland.

Als Cook den Aufbruch befiehlt, tut es Georg Forster nicht leid. Die „Indianer" erscheinen ihm als Geschöpfe voll „roher Wildheit", voll „hitzigen Temperaments" und „grausamer Gewohnheiten". Die edlen Naturmenschen, die dem jungen Mann vorschweben, stehen noch aus

Zwei Monate lang segeln die Schiffe jetzt auf offenem Meer – zuerst ostwärts, dann Richtung Norden. Mit jeder Seemeile wächst die Hoffnung auf den Südkontinent, auf die „Neuheit und Nutzbarkeit seiner Naturprodukte“, die „uns für alle deshalb ausgestandene Mühe und Gefahren reichlich belohnen würde“. Aber auch der Zweifel des Kapitäns, ob es jenen Südkontinent überhaupt gibt. Schon kann Georg Forster mit „Gewissheit“ feststellen, „dass in den mittleren Breiten der Süd-See kein großes Land zu finden ist“.

Anfang August dreht Cook in Richtung Westnordwest. Kurz darauf passieren die Abenteurer den Tuamotu-Archipel, lavieren durch Korallenriffe. Es ist ein Sonntag, der 15. August 1773, als gegen sechs Uhr nachmittags, in acht Meilen Entfernung, die Silhouette der Insel Tahiti aus dem Meer wächst. Langsam segelt die Resolution der Küste entgegen, die ganze Nacht hindurch.

„Der trübe Kummer, der bisher unsere Stirne umwölkt hatte, verschwand“, wird Forster sich später erinnern, „die fürchterlichen Vorstellungen von Krankheit und Schrecken des Todes wichen zurück, und all unsere Sorgen entschliefen.“

DER NÄCHSTE MORGEN ist ein Traum, eine Vision; der Anbruch eines Tages und eines neuen Lebens. Die Insel liegt zwei Meilen voraus; ein leichter Wind bringt „die erfrischendsten und herrlichsten Wohlgerüche“. Bewaldete Berge leuchten in der Frühsonne, überragen eine Ebene mit Brotfruchtbäumen, Palmen und kleinen Häusern. Ein Riff umkränzt den Hafen. Hunderte halbnackte, unbewaffnete Männer rudern in Kanus auf die Schiffe zu, bringen Kokosnüsse, Brotfrüchte, Bananenstauden und entbieten den Willkommensgruß: „Tayo“, Freund!

Verzückt wandert Georg Forster über die Insel. Kristallene Wasserfälle stürzen zwischen duftenden Sträuchern in blumenumrankte Teiche. Die Frauen sind reizend, ihre Bewegungen sanft.

Die Tage der Menschen sind Reigen schlichter Wonnen, vom Morgenbad in den Quellen und Bächen über die Ruhe am Mittag bis zu den Tänzen am Abend: „Zufrieden mit dieser einfachen Art zu leben, wissen diese Bewohner eines so glücklichen Klimas nichts von Kummer und Sorgen und sind bei aller ihrer übrigen Unwissenheit glücklich zu preisen.“

Brotfruchtbäume, Bananen und tahitianische Äpfel wachsen wie von selbst. Die Frauen fertigen Kleider, doch mehr zum Zeitvertreib denn als „wirkliche Arbeit“. Die Männer bauen Häuser und Schiffe, Werkzeug und Waffen – „freiwillig“ aber und nur zum „eigenen unmittelbaren Nutzen“. Das Leben kreist „in einem beständigen Zirkel von mancherlei reizendem Genusse“.

Beseelt genießt Georg Freundlichkeit und Zuneigung der Insulaner. Die fassen die Eindringlinge bei den Händen, blättern deren Hemden auf, streichen staunend über weiße Haut. Bereitwillig tragen sie die Besucher durchs Wasser, vom Boot zum Land und zurück, fächeln ihnen mit Blättern Kühlung zu. Sie nehmen die Fremden in ihre Familien auf, teilen ihre Schätze mit ihnen; die Äpfel schmecken nach Ananas.

Alle Häuser stehen offen, keiner hat Angst vor Dieben; wer etwas hat, teilt es mit dem, der etwas braucht. Selbst die Alten scheinen so wohlig zu leben, dass sie kaum Falten und Runzeln haben. „Denn Kummer, Sorgen und Unglück, die uns so frühzeitig alt machen, scheinen diesem glücklichen Volke gänzlich unbekannt zu sein.“

Nachts glänzt die Matavai-Bucht im Mondschein wie Silber, unwirklich, das „Werk einer fruchtbaren, lachenden Fantasie“. Der junge Forster sitzt im Glanz, umsummt vom zarten Murmeln der Insulaner. Vielleicht denkt er jetzt an Rousseau – doch auch ohne dessen „Zurück zur Natur“ wühlt ihm jäh die Erkenntnis das Herz auf, „dass Menschenliebe dem Menschen natürlich sei“.

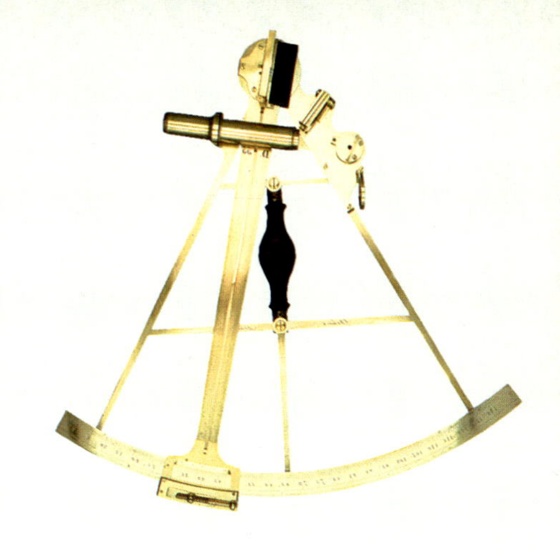

Oft segeln Cooks Schiffe wochenlang, ohne Land zu sichten. Dann ermittelt der Kapitän seine Position mithilfe eines Sextanten – der erst 40 Jahre zuvor entwickelt worden ist

Gut begreift er die Motive des Hilfskanoniers John Marra, der sich eines Tages absetzt, um die Fron des Matrosenlebens gegen einen Platz an der ewigen Sonne zu tauschen.

Ein verbreiteter Wunsch: Schon auf Cooks erster Reise hatten viele geplant, auf Tahiti zu bleiben. Zwei Flüchtlinge zwang der Kapitän damals aufs Schiff zurück, indem er ein paar Häuptlinge als Geiseln nahm und so die Insulaner zur Auslieferung der Ausreißer nötigte; nach der Rückkehr setzte es pro Mann 24 Peitschenhiebe. Jetzt lässt Cook den Deserteur einfangen und für 14 Tage in Eisen legen.

Der Europäer ist, das sieht auch Forster ein, „nun einmal zu lauter Plackereien“ bestimmt. „Wie ist hingegen beim Tahitier das alles so ganz anders“, schwärmt er. „Wie glücklich, wie ruhig

Dank neuer Chronometer, die auch auf See die exakte Zeit anzeigen, kann Cook so sicher navigieren wie kein Kapitän vor ihm. Denn erstmals lässt sich mit diesen Uhren auch die geographische Länge der Schiffsposition zweifelsfrei ermitteln

Vor Cooks Augen verschlingen die Insulaner ihr Mahl aus geröstetem Menschenfleisch

lebt nicht der! Zwei oder drei Brotfruchtbäume sind hinreichend, ihm drei Viertel des Jahres hindurch Brot und Unterhalt zu geben!"

Georgs Herz ist voll und möchte dichten. Er entwirft poetische Skizzen, deren Held er selbst ist; Dialoge voll edler Freundschaft und keuscher Liebe.

Nicht mehr Georg heißt er darin, sondern „Teori", wie die Insulaner ihn nennen. In einem der Poeme trifft er die schöne Tochter eines reichen Mannes. Sie trägt ihn über einen Fluss, führt ihn auf eine Wiese neben ihrer Hütte: „Dort will ich dir die Müdigkeit vertreiben."

Teori, selig: „Ist das naiver Mutwille oder Frohsinn der glücklichen Wildheit?"

So frohlocken die Sinne. Doch zugleich räuspert sich die Moral. Denn die Frauen, die sich den Wünschen der ausgehungerten Seebären für einen Nagel oder ein Hemd ausliefern, gibt es auch hier. Einige sind kaum neun Jahre alt; auf ihren Kanus umspielen sie von früh bis spät das Schiff, locken wie Sirenen die rauen Gesellen.

Diese schönen großen Augen; die weißen Gardenien in den Haaren, die Trachten, die „den wohlgebildeten Busen und schöne Arme und Hände unbedeckt" lassen! Die „verführerische Positur", mit der sie das Schiff umschwimmen, „so nackt, als die Natur sie gebildet" hat! Die Geschicklichkeit ihrer Massagen, die den „Umlauf des Blutes in den feineren Gefäßen" befördern!

Georg, 18 Jahre alt, Sohn eines Predigers, ist berückt – und peinlich berührt zugleich. Er kann es nicht fassen, „dass unverheiratete Personen sich ohne Unterschied einer Menge von Liebhabern hingeben dürfen". Eine Frau ist sogar so feinsinnig, einem einäugigen Matrosen, zu dessen Betreuung sie sich nicht überwinden kann, ersatzweise ihre ebenfalls einäugige Freundin anzubieten.

So bleiben die Menschen Tahitis selbst im Laster noch gut. Und der bezauberte Sittenwächter hilft sich mit einer eigenen Erklärung: Die Weißen sind schuld an all der Unmoral.

Die Zügellosigkeiten Tahitis sind „die Konsequenzen eines Handels mit Europäern", sagt sich der junge Mann. Und: „Wahrlich! Wenn die Wissenschaft und Gelehrsamkeit einzelner Menschen auf Kosten der Glückseligkeit ganzer Nationen erkauft werden muss; so wäre es, für die Entdecker und Entdeckten, besser, dass die Südsee den unruhigen Europäern ewig unbekannt geblieben wäre!"

So spaziert er, botanisierend und herbarisierend, zeichnend und sammelnd, bestimmend und benennend durchs Paradies – und schämt sich dafür.

Immer fremder werden dem jungen Georg seine eigenen Leute, sein eigener Kontinent. Selbst der eigene Vater, lange gefürchtet, schrumpft unter der südlichen Sonne zum Popanz.

Dessen Eitelkeit, mit der er ständig seinen „kleinen Vorrat von eigenen Abenteuern, Anekdoten und lustigen oder witzigen Einfällen" wiederholt! Sein Gemecker, seine Streitsucht, sein verbissener Forscher-Ehrgeiz, den die Tahitianer verspotten, indem sie listig Farne mit Blüten bestecken und die gefälschten Naturwunder dem begeisterten Forscher überreichen!

UND AUCH COOK VERLIERT wohl an Autorität, wenn er sich bei Landungen mit Kanonensalven Respekt verschaffen muss oder „Wilden" die Ohren abschneiden lässt. Wenn er angesichts eines gestohlenen Zinnlöffels die Flinte zückt.

Sein Biograf Georg Christoph Lichtenberg wird Cook später als „despotischen Schiffskapitän" beschreiben, „der bei dem mindesten Versehen eines Matrosen mit dem Fuße stampft" und ständig „ein finsteres, störrisches, zurückhaltendes Wesen" zur Schau stellt.

Vor allem bei Eigentum versteht der Kapitän keinen Spaß: Einen Seemann, der Nägel stiehlt, lässt er mit zwei Dutzend Hieben auspeitschen – dem Doppelten des üblichen Strafmaßes. Auf der dritten Reise wird er nach einem Mundraub an Bord die ganze Mannschaft auf Zweidrittelrationen setzen, wird auf Moorea nach dem Verlust zweier Ziegen wie ein Berserker Hütten niederbrennen und Boote zerstören lassen.

George Gilbert, ein Fähnrich, rügt später, der Captain habe die Insulaner „auf eine für einen Europäer eher unpassende Weise" behandelt, wenn er „ihre Ohren abschnitt oder mit Schrot auf sie schoss", wenn er „hinter ihnen her ruderte, um sie mit den Riemen zu schlagen; und den Bootshaken in sie zu stechen".

Und der Astronom William Bayly bescheinigt seinem Kommandanten „in einigen Fällen große Grausamkeit".

Cook hat keinen Sinn für die kollektive Lebensweise der Insulaner, die nur

Mit seiner Maske beeindruckt der Bewohner des Sandwich-Archipels (Hawaii) die Europäer. Cook entdeckt die Inseln auf seiner dritten Reise

Bei seinem ersten Tahiti-Besuch darf Cook (in roter Jacke) einem rituellen Menschenopfer beiwohnen, mit ehrerbietig gezogenem Hut. Später ist er weniger rücksichtsvoll gegenüber den Einheimischen: Als die ihm zwei Ziegen stehlen, lässt er ihre Hütten niederbrennen

für ihre unmittelbaren Bedürfnisse fischen und sammeln und kaum persönlichen Besitz kennen. Und sind nicht an der Neigung der Insulaner „zu allerhand kleinen Diebereien", so mutmaßt der junge Forster, zuallererst die Europäer „selbst schuld, weil wir die erste Veranlassung dazu gegeben und sie mit Dingen bekannt gemacht haben, deren verführerischem Reiz sie nicht widerstehen können"?

Noch als auf der Nachbarinsel Huahine der Naturforscher Anders Sparrman von Einheimischen überfallen wird und fast nackt und blutend das Lager erreicht, ergreift Georg die Partei der Insulaner: „Lasterhafte Gemütsarten gibt's unter allen Völkern", notiert er, „aber einem Bösewichte in diesen Inseln könnten wir in England oder anderen zivilisierten Ländern fünfzig entgegenstellen."

Der junge Mann nimmt auch nur schwach Anstoß an den stumpfen Räuschen der Kawa-Trinker, denen das Pfefferbaumwurzel-Gebräu „eine schuppige, schäbige Haut, rote Augen und rote Flecken über den ganzen Leib" zaubert. Und diskret umstelzt er bei seinen Spaziergängen die „Zeichen einer gesunden Verdauung", mit denen die Inselbewohner die Wege zu tüpfeln pflegen.

Doch dann gerät sein Glaube an die „Elysischen Felder" in der Südsee ins Wanken.

Es ist ein köstlicher Tag. Kühlend weht Wind vom Meer. Der junge Forster und der Bordzeichner William Hodges haben einen Begräbnisplatz porträtiert und sind feierlicher Stimmung.

Da erblicken sie in einem stattlichen Haus einen unfassbar fetten Mann, den Leib ausgestreckt, den Kopf auf eine hölzerne Stütze gelehnt. Eine Frau stopft ihm Brotfrüchte und Brocken gebackenen Fisches ins Maul; zwei Diener bereiten den Nachtisch zu. „Mit sehr gefräßigem Appetit" verschlingt er die Leckerbissen, befiehlt kauend seinen Lakaien, mit dem Füttern ja nicht aufzuhören – „ein vollkommnes Bild phlegmatischer Fühllosigkeit".

Forster ist erschüttert. „Wir hatten uns bis dahin mit der angenehmen Hoffnung geschmeichelt", wird er sich später erinnern, „dass wir doch endlich einen kleinen Winkel der Erde ausfindig gemacht, wo eine ganze Nation einen Grad von Zivilisation zu erreichen und dabei doch eine gewisse frugale Gleichheit unter sich zu erhalten gewusst habe."

Jetzt stellt er „beim Anblick dieses trägen Wollüstlings" fest, dass es auch hier jene „privilegierten Schmarotzer" gibt, die „sich mit dem Fette und dem Überfluss des Landes mästen, indes der fleißigere Bürger desselben im Schweiße seines Angesichts darben muss".

So lernt Forster auch Tahitis Hackordnungen kennen. Er hört von Königen und adeligen „Erihs", von der Mittelschicht der „Manahaunas" und der Dienerkaste, den „Tautaus".

Und dann werden die Weißen zur Audienz beim jungen Herrscher Aheatua geladen, der ihnen Schweine zum Tausch gegen Beile verspricht.

Hunderte Untertanen, die Schultern zur Ehrerbietung entblößt, umstehen die

Im Norden Neuseelands frischt Cook Vorräte auf. Forster findet auf der Insel diese Blüte eines Myrtengewächses

Szene; Büttel halten sie mit Stockschlägen auf Abstand. Adelige und Kriegsherrn sitzen dem König zur Seite, schirmen ihn ab mit mächtigen Leibern.

Aheatua rückt auf seinem Thron zur Seite, damit Cook neben ihm Platz nehmen kann. Der König trägt einen breiten Rindenschurz, langes Haar und eine Miene voll Furcht und Misstrauen. Sein Benehmen ist steif und zeremoniell.

Cook schenkt ihm Stoffe, eine Axt, ein Messer, Nägel, Spiegel und Korallen. Es wäre ihm lieb, lässt der bezauberte König Cook wissen, wenn die Fremden noch fünf Monate auf der Insel bleiben würden.

Nein, antwortet Cook: Er wolle sogar unverzüglich wieder abreisen, wenn seine Mannschaft keine Lebensmittel geliefert bekäme.

Einen Monat wenigstens, bittet der König, fünf Tage nur. Doch der Captain bleibt hart. Schließlich bringt ein Untertan ein Schwein herbei, und Cook gibt sich vorläufig zufrieden.

Der König spielt begeistert mit Cooks Taschenuhr: „Kleine Sonne" nennt er sie. „Au-wäh", ruft das Volk voller Staunen. „Mumu!", schreien die Diener des Königs, „still!" Und wieder sausen die Prügel auf die Untertanen herab.

Forster gerät ins Grübeln. Zwar erscheint der Unterschied in der „Lebensart" zwischen König und Volk auf dieser Insel geringer als der zwischen einem englischen Handwerker und einem Tagelöhner. Doch „die ursprüngliche Gleichheit der Stände" ist bereits „in Verfall geraten, die Vornehmern der Nation leben schon auf Kosten der Geringern".

Was aber, fragt er sich, wenn die aristokratischen Nichtstuer sich hemmungslos auf Kosten der Unterschicht vermehren? Dann, prophezeit Georg Forster, wird auch in Tahiti eine Revolution fällig: „Dies ist der gewöhnliche Zirkel aller Staaten."

Wie im Zeitraffer erscheint ihm die Entwicklung der Menschheit vor seinem Auge. Er sieht plötzlich, woher ihre Sitten stammen und wohin sie führen können. Und das Schiff wird zur Zeitmaschine, die den Passagieren ihre Vergangenheit zeigt und ihre Zukunft.

Es gibt durchaus auch Insulaner, welche die Lust packt, sich im Kommenden umzuschauen, die Uhr etwas vorzudrehen. Ein 17-jähriger Knabe namens Porea besteigt für ein paar Tage die Resolution, legt Schifferhosen und ein Leinenjackett an, schwingt Reden in ausgedachtem Englisch – und verlässt beim nächsten Landgang wieder das Schiff.

Ein junger Mann namens O-Hedidi nimmt Poreas Platz ein, um nach Europa mitzureisen, tauft sich bald darauf in „Maheine" um und wird umgehend seekrank. Ein Jüngling namens O-Mai sticht auf dem Schwesterschiff Adventure in See, wird später in London König Georg vorgestellt und hält für eine Saison die Salons der Hauptstadt in Atem.

NACH 17 TAGEN verlassen die Schiffe Tahiti; es ist der 2. September 1773. Denn noch immer lockt der Südkontinent. Sie ziehen weiter von Insel zu Insel, immer in der Hoffnung auf Proviant, etwas Frischkost gegen den Skorbut, ein paar Schweine, die den faden Speiseplan auflockern: das Pökelfleisch, die Weizengrütze jeden Morgen um acht, der Schiffszwieback am Abend, die ewige Erbsensuppe.

Auf der Insel Raiatea tanzen die Frauen zum Klang der Trommeln, die Hände wehen grazil in der Luft. Auch im Tonga-Archipel sind die Menschen voll Liebreiz; im Meer schweben anmutige „Frauenspersonen" wie „Amphibien im Wasser", in der Luft der Duft der Zitronellen.

Am 21. Oktober schimmert die Küste Neuseelands in den Fernrohren. Doch die Menschen, die sie Anfang November auf der Nordinsel treffen, stinken und starren vor Dreck; kurz darauf finden die Seefahrer einen Haufen menschlicher Eingeweide am Strand: das jugendliche Opfer eines Stammeskriegs. Den größten Teil des Körpers haben Maori verzehrt.

Ein Leutnant von der Resolution lässt sich nicht abschrecken, den Kopf des Toten als Souvenir zu erwerben und auf der Reling des Schiffs zur Schau zu stellen. Für eine Gruppe Einheimischer schneidet er nach deren eifrigem Betteln schließlich eine Wange heraus, die sie am offenen Feuer grillen. „Und kaum war dies geschehen, so verschlungen es die Neuseeländer vor unsern Augen mit der größten Gierigkeit."

Doch noch immer nimmt Forster die „Wilden" in Schutz: „So sehr es auch unsrer Erziehung zuwider sein mag, so ist es doch an und für sich weder unnatürlich noch strafbar, Menschenfleisch zu es-

Etwa 300 botanische Illustrationen fertigt Georg Forster auf der Reise – darunter dieses Bild eines Giftstrauchs

sen." Ist denn nicht Europas Sitte ebenso barbarisch, „zu Felde zu gehen und uns bei Tausenden die Hälse zu brechen, bloß um den Ehrgeiz eines Fürsten oder die Grillen seiner Mätresse zu befriedigen"?

Auch Georgs Begleiter führen oft „viel Menschenliebe im Munde und so wenig im Herzen". Auf Huahine verprügelt ein Leutnant einen Einheimischen, der sich weigert, erlegte Wildenten aus dem See zu apportieren. Auf den Marquesas erschießt ein Offizier einen Mann, der eine Eisenstange stiehlt.

Auf den Neuen Hebriden fällt den Weißen ein Melanesier zum Opfer, der eine in den Sand gezogene Grenzlinie missachtet: Als die Wache ihn brutal zurückstößt und der Gekränkte daraufhin einen Pfeil auf den Bogen legt, wird er ohne Umstände erschossen.

Sanft verzweifelt Georg an seinen Landsleuten, an der Zivilisation, die ihren eigenen Verfall besorgt. „Die Gewohnheit, umzubringen und zu morden", stellt er fest, „ist Leidenschaft bei ihnen geworden." Kaum entfernten sie sich vom „Genuss der stillen häuslichen Freuden", träten „grobe viehische Begierden an die Stelle besserer Empfindungen".

Nach einer Schiesserei mit melanesischen Kriegern, bei der tote und verletzte Einheimische auf der Strecke bleiben, überfällt den jungen Mann endgültig die Resignation: Es scheint „ein unvermeidliches Übel zu sein, dass wir Europäer bei unseren Entdeckungsreisen den armen Wilden allemal hart anfallen müssen".

Ist, wie im Paradies der Schöpfungsgeschichte, der Tod der Preis der Erkenntnis? Hat der Aufklärer Rousseau Recht, der Fortschritt und Wissenschaft für das Verderben der Menschheit verantwortlich macht?

Am 20. Dezember 1773 kreuzt das Schiff erneut den Polarkreis, durchquert Eisbergfelder, die an „gewisse Gegenden der Hölle" erinnern, an „Trümmer einer zerstörten Welt". Erreicht Ende Januar 1774 die Breite von 71 Grad und zehn Minuten. So weit südlich ist noch niemand vorgedrungen: Von hier bis zum Pol, folgert Cook, kann kein Leben mehr sein. Der Traum vom üppigen Südkontinent ist ausgeträumt.

Später wird der Kapitän darüber schreiben: „Ich, der ich den Ehrgeiz besaß, nicht nur weiter nach Süden vorzustoßen als irgendjemand zuvor, sondern so weit, wie es für Menschen möglich ist, bedauerte nicht, hier vor die Notwendigkeit dieses Abbruchs gestellt zu werden, da er doch in gewisser Weise unsere Lage erleichterte."

Und so besteht Cooks große Entdeckung in einer Lücke. Er wird als der Mann in die Geschichte eingehen, der eine Abwesenheit beweist. Als der große Aufräumer, der die Welt nicht mit Neuland beschwert, sondern von fantastischem Ballast befreit. Als Pionier dessen, was der Historiker Daniel Boorstin später die „negative Entdeckung" nennen wird. Als Hauptprotagonist der vielleicht größten Nicht-Entdeckung aller Zeiten.

Ein Minus-Kolumbus – dem es jedoch als Erstem gelingt, der Menschheit eine Vorstellung davon zu vermitteln, wie sich Land und Wasser auf dem Erdball tatsächlich verteilen.

Krank und kraftlos von karger Kost und den Tücken des Klimas erreichen die Männer Mitte März die Osterinsel. Das karge Eiland ist Forster widerwärtig. Er schleppt sich durch die Einöde, die Beine fast bis zur Lähmung geschwollen; außer süßen Kartoffeln und ein paar Hühnern gibt das Terrain nichts her.

Die riesigen Bildsäulen erscheinen ihm von unerträglicher Primitivität, die Männer „mehrenteils nackend", die wenigen Frauen „die ausschweifendsten Kreaturen, die wir je gesehen".

Mit ungestilltem Appetit, gequält von Verstopfung und Gallenfieber, ziehen die Entdecker weiter. Machen im April noch einmal kurz auf Tahiti Station.

Am 13. Juli, dem zweiten Jahrestag ihrer Odyssee, ertränken die Matrosen, irgendwo hinter Fidschi, „allen Kummer und Verdruss" im Grog. Zwei Jahre haben sie jetzt damit zugebracht, „lauter schon entdeckte Inseln aufzusuchen". Regen trieft durch die mangelhaft abgedichteten Ritzen des Schiffes, und nirgendwo zeigt sich ein Landeplatz.

Dann die Insel Tanna: ein Hafen. Schon 1606 hat der Spanier Pedro Fernández de Quirós die dazugehörige Inselgruppe entdeckt, auch Bougainville hat sie passiert – nichts Neues unter der Sonne. Cook immerhin bleibt es vorbehalten, den Archipel auf den Namen „Neue Hebriden" zu taufen – in Anlehnung an die Inselgruppe vor Schottland.

Der Inselvulkan zeigt ein erhabenes Schauspiel: Mächtig ist sein Donnern; malerisch glüht das Feuer, vergoldet den Rauch, der vom Gipfel aufsteigt.

Durch Vogelgesang, Glockenwinden und duftend blühende Sträucher steigen die Entdecker am Kraterhang empor, sehen Felsenklumpen durch die Luft fliegen, groß wie Rettungsboote, untersuchen die feine Asche, die das Land überzieht und den Boden fruchtbar macht.

Wie gut es tut, Natur zu sehen, die kein menschlicher Einfluss verderben kann! Singend verbrüdern sie sich mit den Insulanern, Kannibalen mit Stäbchen in den Nasen, die Köpfe starrend vor stacheligen Zöpfchen: „Einige deutsche

Zwei Liwi, gezeichnet auf Cooks dritter Reise. Auch lebende Tiere nehmen die Entdecker mit nach Europa

Zum Rhythmus der Trommeln tanzen diese Tahitianerinnen, jeweils begleitet von einem Mann. Auf den Südseeinseln, die Cook schon bei seinen ersten Fahrten bereist hat, wird der Kapitän als Ehrengast bei besonderen Festen bewirtet

und englische Lieder, besonders die von lustiger Art, gefielen ihnen sehr", notiert Georg, „aber keines trug so viel allgemeinen Beifall davon als Dr. Sparrmans schwedische Volkslieder."

Dann, am 4. September, um sieben Uhr morgens, sichtet ein Schiffskadett vom Mastkorb aus Land im Süden. Es scheint sich weit nach Westen und Südosten zu erstrecken; der Frühnebel entrückt es, obwohl es kaum acht Seemeilen voraus liegt.

Ungeduldig warten die Seefahrer auf das Ende der Windstille, die das Schiff noch am Nachmittag weit vom Ufer fern hält. An mehreren Punkten der Küste steigt Rauch auf, ein Zeichen, dass das Land bewohnt ist. Und noch vor Einbruch der Nacht nähern sich drei Kanus unter Segeln – und machen bald darauf wieder kehrt.

Endlich: die erste Entdeckung einer bedeutenden Insel auf dieser Reise! Es ist ein hügeliges Land, das den Kapitän an die schottischen Highlands erinnert, von den Römern Caledonia genannt: So zögert er nicht, der Entdeckung den Namen „Neukaledonien" zu geben.

Am nächsten Morgen passiert die Resolution ein Riff. Sie wird begrüßt von winkenden Männern mit „einem freundschaftlichen, freimütigen Wesen", doch „träger, gleichgültiger Gemütsart": Die Gewehre, mit denen die Besucher Enten schießen, machen den Neukaledoniern keine Angst, doch scheinen sie kein Plaudern zu kennen, kein Spiel und kein Lachen.

Die Männer tragen Penishülsen aus Feigenbaumrinde, stolz nach oben gebunden, für die Europäer ein befremdlicher Anblick. „Indessen sind die Begriffe von Scham freilich in allen Ländern verschieden", macht sich der junge Forster klar.

Dafür bieten die Berge grandiose Blicke über Bäche, Pflanzungen und das schillernde Meer. Die Eisenteilchen im Gestein führen die Forsters zu der Vermutung, „dass in diesem Lande manche schätzbaren Mineralien vorhanden sein müssten" – eine Hoffnung, die sich ein Jahrhundert später für die Franzosen erfüllt, die das Land in Besitz nehmen und in seinem Inneren auf ausgedehnte Nickelvorräte stoßen.

Auf einer Insel lässt Kapitän Cook eine Inschrift in einen Baum hauen: „His Brittanic Majesty's Ship Resolution Sept. 1774." Und eines abends sitzen Eindringlinge und Eingeborene einträchtig am Strand, plaudern und essen Fische.

Die Frauen Tahitis tragen mitunter farbenprächtige Kleider. Den Herrscher der Insel beschenkt Cook mit Stoffen aus Europa

Da sehen die Insulaner, wie die Weißen an einem großen gepökelten Rinderknochen nagen. Und ergreifen entsetzt die Flucht. Denn die Söhne der kargen Insel haben noch nie ein so großes Tier gesehen. Und halten die Fremden für Menschenfresser.

Wieder einmal blicken die Entdecker in ihr Spiegelbild: Im Angesicht des Ursprungs sind sie die Barbaren. Ist Fleischverzehr nicht immer ein Zeichen von Not, grübelt der junge Forster: „Denn einer Kreatur das Leben nehmen, ist etwas Gewaltsames und kann nicht anders, als durch eine sehr dringende Ursache in kalte Gewohnheit übergehen."

Dennoch, so beruhigt er sein Gewissen, haben sie sich auf diesen Inseln ein Mal nicht benommen wie der Elefant im Porzellanladen: Die Neukaledonier sind „das einzige Volk in der Südsee, das keine Ursache hat, mit unserer Anwesenheit unzufrieden zu sein".

Für die ausgehungerte Besatzung aber bietet die Insel nur wenig. Es gibt keine Schweine, nicht einmal Hunde; nur ein paar Hühner und kaum Gemüse. Manchmal gelangt zur Feier des Tages eine Yam-Wurzel auf die Tafel der Offiziere – „indes der gemeine Matrose", wie Forster bemerkt, seit Tonga „keinen frischen Bissen gekostet" hat. Die Matrosen drängen zum Aufbruch in fruchtbarere Gegenden.

Im Oktober ankert die Resolution in Neuseeland, bricht am 10. November wieder auf. Um abermals den antarktischen Kreis zu kreuzen, dann entlang der Packeisgrenze nach Osten in den Atlantik zu segeln und so die Existenz eines Südkontinents mit Sicherheit ausschließen zu können.

Nach nur 38 Tagen erreicht das Schiff, von steifen Winden getrieben, Feuerland, die Tierra del Fuego. Und hier geschieht etwas, was in Georg Forster alle Ideen vom seligen Naturzustand endgültig zerstört.

Es sind vier Kanus aus Baumrinde, die sich dem Schiff nähern, auf jedem fünf bis acht Menschen. Die Leute scheinen direkt aus der Urzeit zu stammen. „Pesseräh", rufen sie, „pesseräh!"

Sie sind nackt bis auf ein Stück Seehundsfell um den Hals. Borsten entsprießen den Kinnen der Männer; Haare stehen starr vor Tran um die Schädel. Von den Nasen fließt unablässig Rotz.

Ihr Geruch nach rohem, halbverfaultem Seehundsfleisch ist von weitem zu wittern. Sie verstehen keine Zeichensprache, zeigen weder Freude noch Neugier. Sie scheinen nur ein Wort zu kennen, das sie ständig wiederholen wie einen Vogelschrei: „Pesseräh", rufen sie mit klagender Stimme, „pesseräh!"

Forster ist entsetzt. „Ihre ganze Lebensart kam dem tierischen Zustande näher als bei irgendeinem anderen Volk."

Und das Schlimmste: Sie scheinen „unsere Überlegenheit und unsere Vorzüge gar nicht zu fühlen". Sie zeigen weder Neid noch Bewunderung für das Schiff – und sind offenbar unfähig, ihre „eigene dürftige Lage mit dem glücklichern Zustande andrer zu vergleichen".

Dem jungen Mann zieht diese „seltsamste Mischung von Dummheit, Gleichgültigkeit und Untätigkeit" das Herz zusammen. Und sie gibt ihm zu denken. Schon länger dämmert es ihm, dass auch an den Quellen der Natur nicht die Seligkeit wohnt. Erst dort, wo der Existenzkampf zur Ruhe kommt, findet der Mensch die Muße zu höherem Streben, zur Liebe, zu Gott.

„Was die ärgste Sophisterei auch je zum Vorteil des ursprünglichen Lebens vorbringen mag, so braucht man sich doch nur die bedauernswürdige Situation dieser Pesserähs vorzustellen, um überzeugt zu werden, dass wir bei unsrer gesitteten Verfassung unendlich glücklicher sind!"

So hat auch Georg Forster sein Nichts entdeckt, seine Entzauberung.

Die Resolution aber fährt weiter entlang der Packeisgrenze in Richtung Südosten, segelt am Kap Hoorn vorbei und kehrt am 30. Juli 1775 nach Portsmouth zurück. Nach drei Jahren und 18 Tagen auf den Weltmeeren, kaum 180 Tage davon an Land.

Cook lässt in einen Baum eine Inschrift hauen – als Beweis für seine Entdeckung

Über 300 000 Kilometer hat das Schiff zurückgelegt, mehr als jemals ein Segler zuvor. Nur vier Männer hat Cook verloren: einen durch Krankheit, drei sind ertrunken.

Die Utopie vom einfachen, ursprünglichen Leben aber hat es schlimmer erwischt.

Zwar haben die Entdecker zum einen „die glücklichern Völkerschaften der Gesellschaftsinseln bemerkt" – zum anderen aber auch „die armseligen Wilden von Tierra del Fuego gesehen; halb verhungert, betäubt und gedankenlos" und „bis an die Grenzen der unvernünftigen Tiere herabgewürdigt".

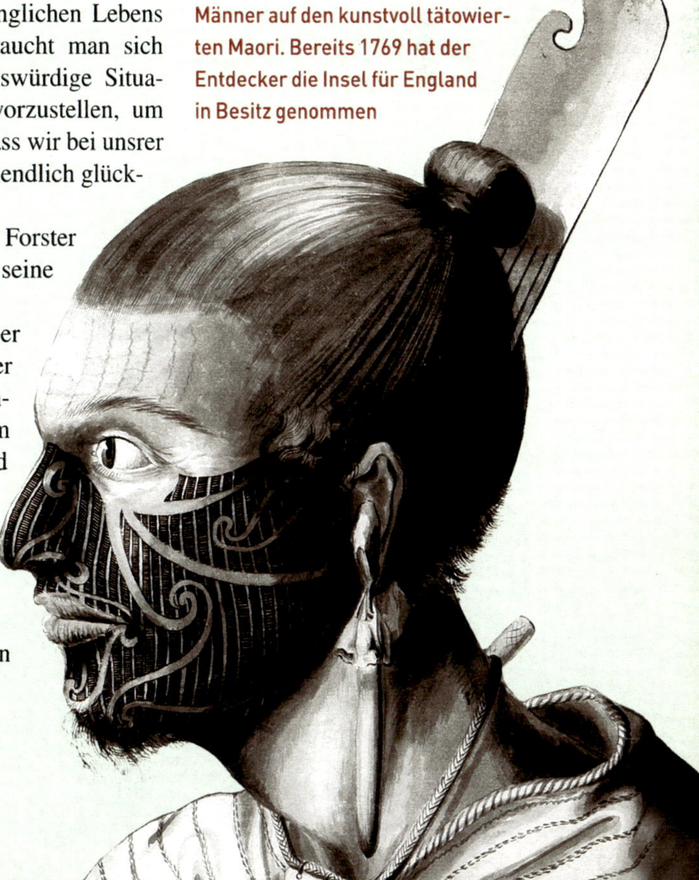

Auf Neuseeland treffen Cooks Männer auf den kunstvoll tätowierten Maori. Bereits 1769 hat der Entdecker die Insel für England in Besitz genommen

Die Kundschafter im Südmeer

Im frühen 16. Jahrhundert entdeckt ein Spanier als erster Europäer den Pazifik. Generationen von Abenteurern durchforsten anschließend den Ozean nach mächtigen Landmassen und Reichtümern – doch sie finden vor allem Tausende kleiner und großer Inseln

Der Pazifik, der ein Drittel der Erdoberfläche bedeckt, wird bereits zwei Jahrhunderte vor James Cook Ziel europäischer Entdecker. Am 25. September 1513 steht der Spanier Vasco Núñez de Balboa auf einem Berg im heutigen Panama und blickt auf ein ihm unbekanntes Meer.

Er tauft es „mar del sur", Südmeer, und nimmt es für seinen König in Besitz.

Sieben Jahre später segelt Ferdinand Magellan, vom südlichen Atlantik kommend, auf der später nach ihm benannten Magellanstraße zwischen Patagonien und Feuerland in den Pazifik (siehe Seite 50). 1567 startet der Spanier Alvaro de Mendaña de Neyra von Peru aus.

Nach 82 Tagen landet er auf einer Insel, die Teil eines größeren Archipels ist. Er glaubt, die Goldinseln von König Salomon gefunden zu haben; daher der Name: Salomonen.

1595 beauftragt ihn der spanische Vizekönig von Peru, „die westlichen Inseln der Südsee zu unterwerfen und zu bevölkern". An Bord sind auf dieser Expedition deshalb nicht nur Matrosen und Soldaten, sondern auch deren Frauen und Kinder.

Anfang September landen die Spanier auf einem südöstlich der Salomonen gelegenen Eiland. Obwohl der Inselkönig den Fremden seine Freundschaft bekundet, ermorden sie ihn und viele der Einheimischen. Die Siedlung, die sie errichten, hat indes nur kurzen Bestand: Hunger, Krankheit und Disziplinlosigkeit entzweien die Kolonisten rasch.

Als Mendaña im Oktober plötzlich stirbt, befiehlt dessen Frau Isabel dem Obersteuermann Pedro Fernández de Quirós, die Überlebenden in die mehr als 5000 Kilometer Luftlinie entfernte philippinische Siedlung Manila zu bringen (der Ort ist 1571 von Spaniern gegründet worden).

Im 17. Jahrhundert dominieren die Niederländer die Schifffahrt im Pazifik, nachdem die Spanier nach der Niederlage ihrer Armada gegen England 1588 die Vorherrschaft über die Meere verloren haben. 1602 gründen der Fernhändler der Republik die „Vereinigte Ostindische Compagnie" (VOC). Nur wer dort Mitglied ist, darf um das Kap der Guten Hoffnung und durch die Magellanstraße segeln.

Doch einige Kaufleute, vor allem aus der Stadt Hoorn auf Texel, wollen das Handelsmonopol unterlaufen und beauftragen im Frühjahr 1615 den Kapitän Willem Corneliszoon Schouten und den Kaufmannssohn Jacob Le Maire, einen neuen Seeweg zu finden. Sie segeln südlich der Route Magellans auf der von ihnen entdeckten Le-Maire-Straße und umrunden die Südspitze Amerikas, die sie „Kap Hoorn" nennen. Im Pazifik entdecken sie mehrere Inseln und nehmen Kontakt zu deren Bewohnern auf.

Ende Oktober 1616 erreichen sie die niederländische Kolonie Jakarta. Der dortige Resident der VOC glaubt nicht, dass seine Landsleute einen neuen Weg in den Pazifik gefunden haben, konfisziert ihr Schiff mitsamt Ladung und lässt Schouten und Le Maire in die Niederlande verfrachten. Le Maire stirbt auf der Fahrt. Schouten reist drei Jahre später erneut in die Südsee. Er stirbt 1625 vor Madagaskar.

Im 18. Jahrhundert suchen vor allem Engländer und Franzosen nach dem legendären Südkontinent. Der britische Kapitän Samuel Wallis segelt 1766 von Plymouth los. Er passiert die Magellanstraße und entdeckt in der Südsee Tahiti.

Nur wenige Monate später landet der Franzose Louis Antoine de Bougainville während seiner Weltumsegelung auf der gleichen Insel. Ludwig XV. hat ihm den Auftrag

Der spanische Eroberer Vasco Núñez de Balboa (ca. 1475 bis 1517) tauft die unbekannte Wasserfläche östlich des heutigen Panama 1513 das »Südmeer«. Sieben Jahre später durchqueren die Europäer bereits den größten Ozean der Erde

erteilt, den Pazifik zu erforschen: „In jenen Breiten findet man kostbare Metalle und Gewürze." Nach zwei Wochen Aufenthalt auf Tahiti segelt er weiter. Während der Fahrt wird der Proviant knapp: Statt Pökelfleisch isst die Besatzung mitunter Ratten. Bougainville muss den Matrosen verbieten, die Lederummantelung der Quermasten anzunagen.

Als sie die Salomonen passieren, kommt es zu einem Kampf mit Einheimischen. Die Besatzung kapert ein Kanu, Bougainville findet darin einen „halb gerösteten menschlichen Kiefer". Als das Schiff im März 1769 heimkehrt, wird der Kapitän von seinen Landsleuten gefeiert. Anfangs glaubt ihm allerdings niemand, dass er die Welt umsegelt hat: Denn dann, so meinen viele, hätte er doch unweigerlich auf China stoßen müssen.

Der Niederländer Willem Schouten (um 1567–1625) segelt erstmals um die Südspitze Amerikas zum Pazifik

Den Nordpazifik erkundet vor allem der Däne Vitus Bering (1681–1741) – so die Meeresstraße östlich von Sibirien

Im Auftrag des französischen Königs erforscht Louis Antoine de Bougainville (1729–1811) das Südmeer

Den Nordpazifik erforscht als einer der ersten Europäer der Däne Vitus Bering. Er erhält 1725 von Zar Peter I. den Auftrag, die arktische Küste Sibiriens zu erkunden. Auf seiner Reise passiert er unter anderem die später nach ihm benannte Meerenge zwischen Sibirien und Alaska.

Seine zweite, 1733 beginnende Expedition soll im Auftrag der Zarin Anna unter anderem das sibirische Hinterland erschließen und die Küste Nordsibiriens kartieren sowie die Seewege nach Japan und Amerika erkunden. 1740 gründet Bering auf der Halbinsel Kamtschatka die Siedlung Petropawlowsk. Von dort sticht er im folgenden Jahr in See, durchsegelt den nördlichen Pazifik und landet in Alaska.

Doch schon bald nach der Abfahrt leidet er an Skorbut. Während ihn die Krankheit ans Bett fesselt, gerät das Schiff in einen Sturm – die Besatzung ist halb verhungert und erfroren; die Toten werden einfach über Bord geworfen.

Als das Unwetter vorbei ist, erleidet die völlig entkräftete Mannschaft auf einer kahlen, unbewohnten Insel Schiffbruch. Sie errichtet ein notdürftiges Lager: eine Erdspalte, über die sie ein Segeltuch spannt.

Immer mehr Männer erliegen den Entbehrungen, die Lebenden sind zu schwach, die Leichen aus dem Schlupfwinkel zu tragen. Am 8. Dezember 1741 stirbt Bering.

Im Frühling bauen sich die Überlebenden aus dem Holz ihres gestrandeten Schiffs ein Segelboot und retten sich nach Petropawlowsk. Von 77 Mann kehren nur 46 zurück.

Christian Meyer

Und so resümiert der junge Forster ernüchtert: „Durch die Betrachtung dieser verschiedenen Völker müssen jedem Unparteiischen die Vorteile und Wohltaten, welche Sittlichkeit und Religion über unsern Weltteil verbreitet haben, immer deutlicher und einleuchtender werden."

Am 9. August wird Cook vom König empfangen und als „unser bester Navigator" in die Royal Society aufgenommen. Denn das Ende der Utopie vom Südkontinent ist für die Wissenschaft ein Sieg. Ein Triumph der Tugenden von Ratio und Aufklärung – Skepsis, Augenschein und Akribie – über Wunschdenken und Aberglauben.

Und es ist, als sei dem „negativen Entdecker" der Verzicht auf das Südland eine größere Genugtuung als alle dessen vermeintliche Schätze.

„Wir hoffen, dass unser Nichtauffinden desselben weniger Raum für zukünftige Spekulationen über unbekannte Welten lassen wird", schreibt er. Und heftet eine ganze Hemisphäre ab wie eine erledigte Aktennotiz: „Ich bin nun fertig mit dem SÜDLICHEN PAZIFISCHEN OZEAN."

Cook bleibt der Entdecker des Nichts. Und auf seiner dritten Reise wird er den Schauplatz seiner eigenen Vernichtung aufspüren.

Am 12. Juli 1776 sticht die Resolution von neuem in See: Cook soll jene Nordwestpassage finden, die im Inselreich des heutigen Kanada Pazifik und Atlantik miteinander verbindet. Das Schiff segelt nach Neuseeland, passiert noch einmal Tonga und Tahiti. Am 18. Januar 1778 sichtet Cook eine Inselgruppe (das heutige Hawaii), die er nach dem ersten Lord der Admiralität „Sandwich-Inseln" tauft.

Nach einem weiteren Jahr und einem fruchtlosen Vorstoß in die arktischen Gewässer des Nordpazifiks kehrt er zu ihnen zurück, um dort über den Winter Kraft zu sammeln für einen erneuten Ansturm auf die Nordwestpassage.

Seine dritte Entdeckungsfahrt führt James Cook auf der Suche nach einer Passage zum Atlantik in den Pazifik. Auf Hawaii geraten die Entdecker mit Insulanern aneinander. Cook (blaue Jacke) wird am Strand erschlagen – er hinterlässt ein neues Bild der pazifischen Welt

Am 17. Januar 1779 ankern Resolution und „Discovery" schließlich in der Kealakekua-Bucht auf der Hauptinsel Hawaii. Es sind bewegte Tage: Die Insulaner feiern gerade die alljährliche Wiederkehr des Gottes Lono. Und möglicherweise halten sie Cook für dessen Inkarnation – oder zumindest für dessen Gesandten.

Jedenfalls werfen sich die Insulaner vor dem Kapitän in den Staub, bringen Geschenke dar. Ein Priester schmückt den Entdecker mit roten Federn, opfert ein Schwein, spricht Gebete, verhöhnt die eigenen Götter.

In den folgenden Wochen kann Cook keinen Schritt tun, ohne die Demut der Hawaiianer zu genießen, die Kniefälle, die ehrfürchtige Gesellschaft der Priester.

Doch dann begeht er möglicherweise Fehler, als er einen Zaun, der die Kultstätte der Hawaiianer begrenzt, als Brennholz an Bord bringen lässt. Als er einen Mann seiner Besatzung, der am Schlaganfall stirbt, an Land bestatten lässt und so die Sterblichkeit der Ankömmlinge unter Beweis stellt.

Und schließlich erweist sich sein Schiff keineswegs als Götterfahrzeug: Als die Resolution mit einem Riss im Fockmast repariert werden muss, ist von dem gewohnten Respekt nichts mehr zu spüren.

In der Nacht auf den 14. Februar 1779 verschwindet das Beiboot der Discovery. Cook geht mit neun Seesoldaten an Land, um den Dorfhäuptling und dessen beide Söhne als Geiseln zu nehmen.

Der Häuptling, sich keiner Schuld bewusst, will arglos den Fremden folgen, wird aber von seiner Frau und zwei Unterhäuptlingen zurückgehalten. Dorfbewohner mit Speeren, Dolchen und Keulen sammeln sich. Als Cook eine Schrotladung auf einen Krieger abfeuert, fallen die Hawaiianer mit einem Steinhagel über die entzauberten Götter her.

Die Briten feuern eine Salve in die Menge, doch ihre Linie zerbricht unter der Übermacht. Ein Keulenschlag trifft Cooks Kopf, ein Dolch seine Schulter, der Kapitän fällt ins Wasser. Dann folgen Dutzende von Hieben.

Mit 50 Jahren stirbt James Cook im seichten Wasser vor Hawaii.

15 Jahre später endet auch die Reise des Georg Forster – der nach seiner Rückkehr mit Cook noch dem englischen König vorgestellt worden war.

Nach dem Abzug der Franzosen 1793 sind die Tage seiner revolutionären Mainzer Republik gezählt: Als Kollaborateur verfällt Forster während eines Paris-Aufenthalts der Reichsacht und darf nicht mehr zurückkehren.

Mittellos erlebt er die Schreckensherrschaft des Maximilien Robespierre. Im Januar 1794, keine 40 Jahre alt, stirbt er in Paris an einer Lungenentzündung.

Und so entdeckt auch Forster zum zweiten Mal sein Nichts: Selbst die Revolution hat das Paradies nicht gebracht. Der Garten Eden, so scheint es, liegt nicht auf dieser Welt. □

Jörg-Uwe Albig, 46, ist Schriftsteller und Journalist in Berlin. Sein jüngstes Buch „Land voller Liebe" ist gerade im Tropen-Verlag erschienen.

Die Herrnhuter Brüder sind fromme deutsche Protestanten, die **Missionare** in die Welt schicken. Ihr Prediger

Wider Eis und Teufel

VON CAROLINE LAHUSEN

Gnadenberg in Schlesien, 6. Juni 1777. Alle führenden Mitglieder der strenggläubigen, protestantischen Gemeinschaft der Herrnhuter Brüdergemeine haben sich am Bett des Missionars David Cranz eingefunden. Mit Harfenmusik begleiten ihn die Brüder in seinen letzten Stunden. Dann geht Cranz gelassen „heim zum Herrn", wie ein Chronist berichtet.

Mit Cranz stirbt ein Pionier der wissenschaftlichen Entdeckungsfahrten. Denn die von dem Deutschen verfasste „Historie von Grönland" dokumentiert auf 1160 Seiten nicht nur die abenteuerlichen Anfänge der Herrnhuter Mission bei den Inuit, sondern liefert auch eine detailreiche Beschreibung der nahezu unerforschten größten Insel der Welt.

Die Schrift wird für die Zeitgenossen zur wohl wichtigsten Grundlage für die Entdeckung der Insel; Klimaforscher, Volkskundler, Geologen, Botaniker und Zoologen lassen sich später von ihr inspirieren.

Cranz hat von August 1761 bis September 1762 in Grönland gelebt, um die Geschichte des dortigen Herrnhuter Missionswerks zu verfassen. Doch berichtet er in seiner umfangreichen Studie auch vom Ursprung des Treibeises und der Eisberge, von Walen und Seehunden und „von dem moralischen Verhalten der Grönländer".

Er fühlt sich ein in die Lebensgewohnheiten der Inselbewohner, beschreibt deren „zierliche" Sprache, in der sie „mit wenigen Worten viel sagen können, ohne undeutlich zu werden". Später wird der Brite James Cook die Schrift für einen Sprachvergleich zwischen den grönländischen Inuit und den Yupik-Eskimos in Alaska nutzen.

David Cranz ist der erste einer Reihe großer Natur- und vor allem Kulturforscher, welche die Herrnhuter Mission hervorbringt. Denn anders als Pioniere anderer Glaubensgemeinschaften sind die Brüder dazu angehalten, die Lebensweise der Ungetauften mit Respekt zu beobachten und nicht um jeden Preis zu ändern. Da sie vielfach auch die jeweilige Landessprache beherrschen, erhalten sie tiefere Einblicke in fremde Kulturen als die meisten ihrer Zeitgenossen.

Zudem entdecken Herrnhuter fern der Heimat unbekannte Pflanzen und Tiere, beschreiben die Geographie und Geologie fremder Länder und erforschen systematisch die Sprachen ihrer Bewohner.

Über die Beobachtungen und Eindrücke berichten sie in Büchern, wissenschaftlichen Zeitschriften oder volkstümlichen Schriften.

Als die ersten Herrnhuter Missionare am 20. Mai 1733 an Bord der „Caritas" an der Westküste Grönlands landen, ist Cranz gerade zehn Jahre alt und hat die Grenzen seiner Heimat Hinterpommern noch nicht überschritten. Doch dank seiner späteren Beschreibung ist bekannt, dass die Glaubensverkünder zunächst „nichts als kahle Klippen und mit Schnee und Eis bedeckte Felsen" erkennen können.

Ebenso unzugänglich wie das Land sind die Inuit, rund 2000 Menschen in der Region. Ihre Seelen zu gewinnen, „den Samen Christi in ihr Herz zu pflanzen" – das ist die Aufgabe der Herrnhuter.

David Cranz (1723–1777): Geistlicher, Forscher, Verfasser der »Historie von Grönland«

Die Brüdergemeine ist erst wenige Jahre alt. Der Ort Herrnhut in der Oberlausitz ist im Jahr 1722 von mährischen Flüchtlingen gegründet worden. Es sind besonders strenge Protestanten, die ein einfaches, gottesfürchtiges Leben führen wollen – und die ihren Glauben in die Welt hinaustragen.

Noch im 18. Jahrhundert etablieren die Brüder Missionen auf der Karibikinsel St. Thomas, in Lappland und im südamerikanischen Surinam; sie bemühen sich um christliche Sklaven in Algerien und Kopten in Kairo, fahren zu den Khoikhoin nach Südafrika, zu den mongolischen Kalmücken und in die Walachei. Bis nach Ceylon und zu den Nikobaren-Inseln im Golf von Bengalen dringen sie vor.

Anfangs melden sich vor allem Handwerker für den Missionsdienst, die sich mit ihrer Hände Arbeit selbst versorgen und dadurch rascher respektiert werden.

Die Brüder sollen sich nicht aufdrängen, sondern den Alltag mit den Einheimischen leben und Neugier

David Cranz gelangt so nach Grönland – und wird zu einem Pionier der wissenschaftlichen Entdeckungsreisen

Die Station Neu-Herrnhut auf Grönland dient dem Missionar David Cranz als Basis für Streifzüge, die er über die Insel unternimmt. Dabei erforscht er die Besonderheiten der Topographie ebenso wie die Lebensgewohnheiten der Einwohner

bei ihnen wecken. Sie haben die fremde Sprache zu lernen und dabei Eigenarten des jeweiligen Volkes zu berücksichtigen: Erst wenn Missionare bei den Einheimischen auf Interesse stoßen, sollen die Prediger in Einzelgesprächen nach denen suchen, die bereit sind, den christlichen Glauben anzunehmen.

Zu den ersten Missionaren der Herrnhuter gehören jene drei Brüder, die nach Grönland entsandt werden. In den zwei Wochen nach ihrer Ankunft bauen sie sich eine Hütte aus Steinen und Grassoden, die ihnen oft in den Händen gefrieren, so bitterkalt ist es zu dieser Jahreszeit.

Noch schwieriger ist die Versorgung mit frischer Nahrung. Für Ackerbau ist der Boden ungeeignet; Fischen und Jagen wie die Einheimischen können sie nicht, weil sie keine Übung im Kajakfahren haben. Bei ihrer ersten Ausfahrt werden sie vom Sturm überrascht und kommen nur knapp davon.

Das größte Problem der Herrnhuter aber ist, dass sich die Inuit allen Annäherungsversuchen verschließen. Der Missionsposten kann selbst zu Beginn des fünften Jahres noch keine einzige Taufe vermelden.

Zumindest verbessern sich die Lebensumstände der Brüder. Sie haben Erfahrung im Fischfang gewonnen, doch während der Wintermonate werden die Lebensmittel stets knapp, sodass sie sogar „widerwärtiges" Seehundfleisch essen, und wenn es auch davon nichts mehr gibt, halten sie sich mit Muscheln und Seegras am Leben.

Vor allem in der dunklen Jahreszeit machen sie „dank fleißiger Ausforschung der Grönländer" Fortschritte beim Erlernen der Inuit-Sprache und wagen sich nun an die Übersetzung der Bibel. Ihre Missionsstation, die sie „Neu-Herrnhut" nennen, besteht schließlich aus einem großen Holzhaus und einem Nebengebäude. Bereits 1734 sind zwei weitere Missionare aus der Heimat dazugekommen, seit Juli 1736 leben auch die ersten Frauen, drei Verwandte eines Predigers aus Herrnhut, in der Mission.

Und dann bekehren sie doch den ersten Heiden. Am 2. Juni 1738 – so berichtet David Cranz – erzählen sie einer Gruppe von Inuit vom Leben Jesu, als ein Mann namens Kajarnak zum Tisch tritt und „mit einer lauten und beweglichen Stimme" fordert: „Sage mir das noch einmal, denn ich möchte auch gern selig werden."

Die Mission in Grönland wird schließlich ein Erfolg. Als David Cranz im August 1761 in Neu-Herrnhut ankommt, ist er vom Anblick des „Gemein-Hauses" beeindruckt, das „mit zwei Flügeln und dem Hof wie ein kleiner Palast aussieht".

Neben dem großen Kirchensaal hat es mehrere Wohnräume, Schulzimmer für die Kinder, ein Proviantspeicher, eine Küche und eine Backstube. An den Seiten des Haupthauses reihen sich 16, von allen Seiten mit Löffelkraut und Gras bewachsene Hütten, in denen während des Winters 470 Inuit wohnen, die von den Missionaren lernen wollen.

Cranz wiederum lernt von den Inuit. Ein Jahr lang bereist er deren Land, beobachtet, notiert. Drei Jahre benötigt er anschließend, um aus den Aufzeichnungen sein monumentales Werk zu formen.

Erst im März 1900, 167 Jahre nachdem die ersten Herrnhuter auf Grönland gelandet sind, verlassen die Missionare die unter dänischer Hoheit stehende Insel – auf Druck Kopenhagens.

Doch heute studieren wieder junge Menschen in dem großen Holzhaus der deutschen Gottesmänner. Es gehört der Universität von Nuuk. Für die Studenten hält deren Bibliothek auch David Cranz' „Historie von Grönland" bereit – eine der bedeutendsten Quellen zur Geschichte der Insel. □

Caroline Lahusen, 40, ist Historikerin und Journalistin in Hamburg.

Verschollen im OUT

Ludwig Leichhardt ist Naturforscher in Europa. Später reist er nach Australien. Er will dessen Landschaften ergründen – und so unsterblich werden

VON INSA HOLST

Es ist sein Lebenstraum. Ein Wagnis, eine Pioniertat. Noch nie zuvor hat ein Europäer versucht, Australien von Ost nach West zu durchqueren. Ludwig Leichhardt, Naturforscher aus Preußen, will der Erste sein.

Sein Ziel ist die Stadt Perth im Mündungsgebiet des Swan River an der Südwestküste, mehr als 3500 Kilometer Luftlinie von Brisbane im Osten entfernt. Aber Leichhardt will nicht direkt gehen. Er plant, zunächst in Richtung Norden zu ziehen, um dort Flussläufe zu erkunden sowie die Flora und Fauna zu studieren. Später will er sich nach Südwesten wenden, das Innere des Kontinents erforschen und schließlich zum Swan River marschieren. Bei der Beschaffung der Ausrüstung wie auch bei ihrer Finanzierung hilft ihm der Kaufmann John Mackay aus Sydney.

Anfang April 1848 bricht Leichhardt von Macpherson's Station auf, einer Farm etwa 400 Kilometer nordwestlich von Brisbane.

Die Zügel in der einen Hand, in der anderen den Kompass, reitet der 34-Jährige vornweg. Eine Hand voll Europäer und zwei Aborigines begleiten ihn zu Pferd. Zu ihren Vorräten gehören rund 350 Kilo Mehl, 50 Kilo Tee, 45 Kilo Salz, 30 Kilo Tabak sowie getrocknetes Rindfleisch und 49 Ochsen. 20 Esel tragen die Lasten, darunter auch Messgeräte, ein Zelt sowie Blei und Schießpulver für die Gewehre.

Dies ist Leichhardts zweiter Versuch. Ein Jahr zuvor ist eine Expedition bei anhaltenden Regenfällen etwa 750 Kilometer nordwestlich von Brisbane gescheitert: Die Männer fieberten, Stechfliegen und Maden hatten sich in die Körper gebohrt, halb verfaultes Fleisch hatte ihre Mägen verdorben.

Dieses Mal scheint es zunächst besser zu laufen. „Wir sind sehr vom Wetter begünstigt, unsere Maulesel und Ochsen sind sehr friedlich", hat er kurz vor dem Aufbruch in einem Bericht für den „Sydney Morning Herald" geschrieben. Und an einen Freund: „Myriaden von Fliegen sind unser einziges Ärgernis."

Im frühen 19. Jahrhundert sind nur die Küsten Australiens von Europäern besiedelt – das Innere des riesigen Landes ist ihnen weitgehend unbekannt. 1848 bricht der Deutsche Ludwig Leichhardt auf, den Erdteil als erster Weißer zu durchqueren. Er kommt nie an

Es sind die letzten Nachrichten von Ludwig Leichhardt, sein letztes Lebenszeichen ist eine von stampfenden Hufen aufgewirbelte Staubwolke. Nach Norden verschwindet er mit seinem Tross in der Wildnis. Für immer.

Leichhardts Expedition ist bis heute verschollen. Das Schicksal des Preußen im Outback gehört zu den großen Rätseln in der Geschichte der Entdeckungen. Was ist geschehen? Wo und wann scheiterte er? Und weshalb?

Etliche Suchtrupps haben im Laufe der Zeit nach der Gruppe geforscht. Haben Baummarkierungen entdeckt, Lagerüberreste, einige Knochen, hier und da ein wenig verwittertes Metall. Doch sind all diese Funde wirklich Überreste der verschollenen Expedition? Spekulationen ranken sich bis heute um die letzte Reise des Ludwig Leichhardt.

Seine Geschichte beginnt in einem Dorf in der Niederlausitz. Dort wird Ludwig Leichhardt 1813 als sechstes Kind eines Torfinspektors geboren. Der Junge ist ein hochintelligentes, aber schwächliches Kind. Eisern und asketisch trainiert er seinen Körper – es soll Tage gegeben haben, an denen er auf jegliche Nahrung verzichtete. Bald lernt Ludwig zudem, Käfer und Schmetterlinge zu präparieren und Pflanzen zu züchten.

1834 beginnt er in Göttingen zu studieren. Nach ein paar Semestern Philologie wendet er sich den Naturwissenschaften zu. Seine „interessanteste Lektüre" seien aber nicht Fachbücher, sondern Reiseberichte, notiert er in seinem Tagebuch.

Leichhardts großes Vorbild ist Alexander von Humboldt. „Ich strebe", schreibt er, „nach freiem Studium in einer unbekannten Natur, dass ich vielleicht meinen Namen mit Ehren in der großen Unsterblichkeitstafel einschreiben möchte."

Doch für weite Reisen fehlt ihm das Geld, bis er 1835 Freundschaft mit dem Medizinstudenten William Nicholson schließt. Der wohlhabende Engländer ermuntert Leichhardt, sich neben den Naturwissenschaften auch der Medizin zu widmen – und finanziert ihn.

Gemeinsam mit Nicholson zieht Ludwig Leichhardt durch Europa, studiert die naturkundlichen Sammlungen der Londoner und Pariser Museen, treibt geologische Studien, sammelt in Süditalien kistenweise Steine, Pflanzen, Seetiere.

Aber das Abendland reicht ihm nicht mehr. 1840 steht Leichhardts Entschluss fest: Er will nach Australien gehen, die „mir fremde Natur zu ergründen, zu erfassen, möglichst zu erklären“. Das erzählt er auch Alexander von Humboldt, der ihm in Paris eine zehnminütige Audienz gewährt.

Australien. Von dem 7,7 Millionen Quadratkilometer großen Kontinent sind gerade erst die Küstenlinien vermessen und ein paar wenige Regionen bekannt. Nur im Südosten, um Sydney, sind die Europäer ein paar Kilometer ins Hinterland vorgestoßen und haben sich dort niedergelassen.

Es hat bereits erste Expeditionen ins Zentrum Australiens gegeben. Aber komplett durchquert worden ist der Kontinent noch nie – zumindest von keinem Europäer. So wird über das Landesinnere lediglich spekuliert: Von einem riesigen Binnensee ist die Rede, in den die landeinwärts strömenden Flüsse münden. Andere Forscher vermuten im Zentrum des Kontinents eine tropische Vegetation.

„Dieses Innere, dieser Kern der dunklen Masse ist mein Ziel, und ich werde nicht eher nachlassen, als bis ich es erreiche“: Mit diesen Worten verabschiedet sich Ludwig Leichhardt im September 1841 von seiner Familie.

Am 14. Februar 1842 trifft er in Sydney ein – ohne Nicholson. Und bereits wenige Monate später ist er mit Botanisierbüchse und Geologenhammer im Küstengebiet unterwegs. In den Hütten der Viehzüchter, wo er zu Gast ist, diskutieren die Männer über eine Landroute zur Nordküste. Von dort könnten ihre Rinder und Schafwollballen schneller zu den Märkten in aller Welt gelangen.

Leichhardt hat sein erstes großes Forschungsprojekt gefunden: eine Landexpedition quer durch den Osten und Norden des Kontinents, von Brisbane an der Ostküste zur Bucht von Port Essington (nahe dem heutigen Darwin). Das sind etwa 3000 Kilometer Luftlinie durch unbekanntes Gelände – viele erklären ihn für verrückt.

Aber Leichhardt hält sich inzwischen für einen „ziemlich guten Buschmann“, wie er in einem Brief schreibt. Und auch die Zeitung „The Australian“ glaubt an seinen Erfolg: „Die Neider mögen Einwendungen haben, die Gerechten werden applaudieren.“ Nach einem Aufruf des Blattes spenden die Leser derart viel Geld, Proviant und Ausrüstung, dass Leichhardt das Abenteuer wagen kann.

So bricht er im Oktober 1844 in der Nähe von Brisbane auf. Fünf Monate, schätzt er, wird die Reise mit neun Begleitern, 17 Pferden und 16 Ochsen dauern.

Es werden mehr als 14 Monate.

Am 17. Dezember 1845 taucht die Expeditionsgruppe zerlumpt und ausgemergelt vor dem Militärposten in der Bucht von Port Essington auf. Mehr als

Der britische Maler Thomas Baines porträtiert sich um 1855 mit Aborigines. Auch 250 Jahre nach dem ersten Kontakt mit den Ureinwohnern wissen die Weißen wenig über deren Sitten. Eine Ignoranz, die Leichhardt möglicherweise das Leben kostet

9000 Kilometer sind die Männer marschiert: eine weglose Strecke, die offenbar weit schwieriger war, als von Leichhardt erwartet – oft entlang gewundener Flussläufe, durch mörderisches Dickicht, über offene Grasebenen und zerklüftetes Tafelland bis in die Tropenwälder des Nordens. Lediglich neun Pferde sind den Abenteurern geblieben, ihre Lebensmittelreserve besteht nur noch aus einem einzigen Ochsen.

Für die Aborigines ist das Land voller sakraler Orte. Doch der Deutsche missachtet sie

Am 25. März 1846 gleitet das Schiff mit dem Totgeglaubten in den Hafen von Sydney. Leichhardt trägt Bücher voller Notizen über die Flora und Fauna Nordostaustraliens an Land. Er hat Berge, Flüsse und Bäche verzeichnet und sie mit Namen von Gönnern versehen.

Triumphator über die Wildnis! Entdecker eines Australia Felix!, jubelt ihm die Kolonie zu. Leichhardt hat im Norden neben Trockenwäldern und Savannen auch fruchtbare Täler und fischreiche, von Enten bevölkerte Gewässer entdeckt. Wie verheißungsvoll sind doch seine Berichte – verglichen mit jenen, die kurz vorher der Abenteurer Charles Sturt aus der Wildnis mitgebracht hat.

„Mein Fuß hat die Grenzen überschritten zu der gottverlassensten, schrecklichsten Region, in die ein Mensch jemals eingedrungen ist", so berichtet Sturt. Er war von Adelaide im Süden Richtung Norden aufgebrochen und hatte sich unter anderem durch eine Steineinöde bis an den Rand der Simpsonwüste geschleppt. Gut 1000 Kilometer Luftlinie von Adelaide entfernt aber musste er umkehren (siehe Seite 106).

Leichhardt schreckt das nicht. Er vermutet schon lange, dass der Kontinent in seinem Zentrum wüstenähnliche Gebiete birgt. Zwei bis drei Jahre, so schätzt er, wird die Reise von der Ost- an die Westküste dauern: da er nicht der direkten Luftlinie folgen wird, eine Route von vielleicht 10 000 Kilometern.

In den ersten Apriltagen des Jahres 1848 wird Leichhardt zum letzten Mal auf Macpherson's Station gesehen, der Farm am Rand der Zivilisation.

Der Deutsche ist zu diesem Zeitpunkt in schlechter Verfassung: Sein magerer Körper ist noch von den Strapazen seiner letzten Expedition geschwächt. Außerdem leidet er an Rheuma und Nierensteinen und klagt über Herzrasen.

Ist er nicht von vornherein zum Scheitern verurteilt? Die Entdeckungsreisen sind eine körperliche Tortur. Allein das tägliche Satteln der Pferde, das Beladen der Esel. Die weiten Erkundungsritte, die wissenschaftliche Arbeit. Hitzepickel, Durchfall, Geschwüre.

ALS SEINE FREUNDE in Sydney drei Jahre lang nichts von Leichhardt hören, werden sie unruhig: Spätestens jetzt müssten Proviant und Munition zu Ende gegangen sein. Das große Rätseln beginnt.

Im März 1851 finanzieren die Behörden in Sydney eine erste Suchexpedition. Sie erkundet die Nordküste. Denn dorthin, so die Vermutung, könnte sich Leichhardt zurückgezogen haben, nachdem auf seiner geplanten Route möglicherweise unerwartete Schwierigkeiten aufgetreten sind. Doch ohne Ergebnis.

Seither ist immer wieder nach dem Verschollenen geforscht worden. Manche der Suchteams sind auf Spuren gestoßen, die von der Leichhardt-Expedition stammen könnten. Vergleicht man die Lage mancher Funde mit Leichhardts vor Beginn gemachten Äußerungen über die geplante Route, lässt sich der Weg seiner Gruppe erahnen.

Zu den wichtigsten Spuren gehören Bäume, in die der Buchstabe „L" eingeritzt war. Leichhardt hatte so schon 1846 die Route seiner ersten gescheiterten Australiendurchquerung markiert. Diese Zeichen wurden in verschiedenen Teilen Ostaustraliens und im Northern Territory gefunden.

Eine dieser Wegmarkierungen entdeckt ein Abenteurer am Elders Creek, etwa 350 Kilometer nordöstlich vom Ayers Rock, dem Mittelpunkt Australiens, und mehr als 1500 Kilometer Luftlinie von Leichhardts Ausgangspunkt entfernt.

Der Entdecker John McDouall Stuart (siehe Seite 106) stößt im Inneren Australiens auf Fußspuren eines Weißen, Abdrücke von Pferdehufen und eine von Einheimischen bewohnte Hütte mit Gras-

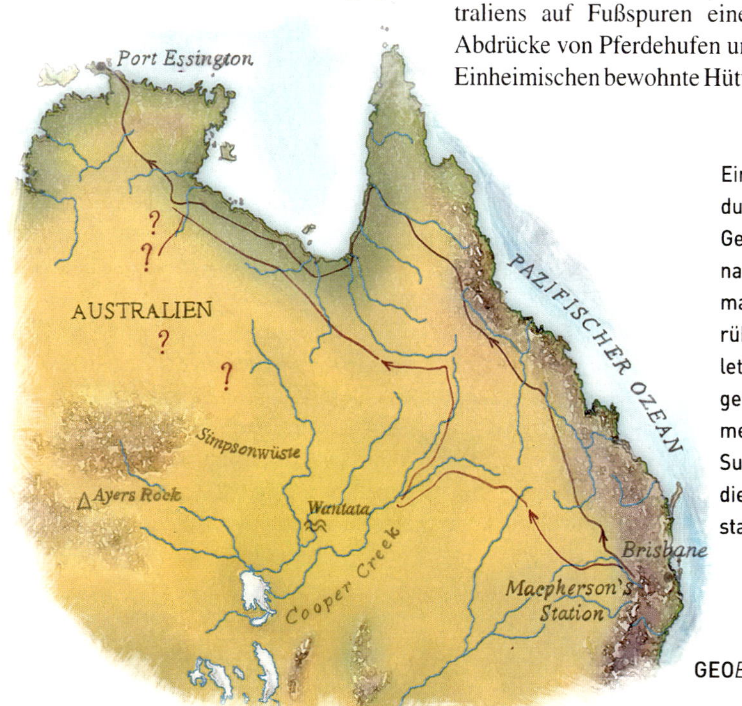

Eine erste Expedition durch unbekanntes Gelände von Brisbane nach Port Essington macht Leichhardt berühmt. Die Route seiner letzten Reise ist nicht genau bekannt. An mehreren Orten finden Suchtrupps Überreste, die von dem Vermissten stammen könnten

dach. So etwas hat er bei den Aborigines noch nie gesehen. Und ihm fällt – knapp 700 Kilometer südlich der heutigen Stadt Darwin – in einer Gruppe von Ureinwohnern ein etwa zwölf Jahre alter Junge auf: Er hatte helle Haut. Ein Sohn Leichhardts oder eines seiner Männer?

EINES IST AUFGRUND der gefundenen „L"-Marken und anderer Indizien relativ sicher: Der Deutsche ist bis an die nördlichen Ausläufer der Simpsonwüste vorgedrungen, als erster Europäer überhaupt.

Doch was geschah dort? Möglicherweise erkannte Leichhardt, dass er die Reise durch Inneraustralien unmöglich fortsetzen konnte, und hat sich deshalb zur Umkehr entschlossen.

Welche Gründe könnten zu seinem geheimnisvollen Scheitern geführt haben? Nach und nach haben sich fünf mögliche Faktoren herauskristallisiert.

I. Das Wasser. In den Steppen und Wüsten regnet es so selten, dass sich nur hartes Gras, Salzbüsche, Eukalyptuspflanzen und Akaziengestrüpp behaupten. Vereinzelt ragen Wüstenpappeln oder die kalkweißen Stämme des Geisterbaums aus den Ebenen. Die Luft über der roten Erde flirrt vor Hitze. Im Sommer liegen die Temperaturen manchmal wochenlang über 40 Grad Celsius.

Leichhardt setzt darauf, dass der Flug der Vögel ihn zum Wasser führt. Er irrt

Leichhardt dürfte ständig auf der Suche nach Wasser gewesen sein – wie auch schon auf der Reise nach Port Essington. Er hatte sich damals an ausgetrockneten Flussläufen und Creeks orientiert. An manchen Tagen war er fast 50 Kilometer vorausgeritten, um ein Wasserloch zu finden, das die sengende Sonne übrig gelassen hatte.

„In der offenen Landschaft gibt es viele Anzeichen, die dem geübten Auge auffallen", hatte er in seinem Reisetagebuch darüber geschrieben: „Baumgruppen von lebhafterem Grün, Senken voll üppigen Grasbewuchses, in der Luft kreisende Adler, Krähen, Kakadus, Tauben."

Leichhardt ging offenbar davon aus, dass ihn solche Zeichen auch entlang der Wüsten im Inneren des Kontinents sicher zu Wasserstellen leiten würden. Ein gefährlicher Trugschluss.

Denn anders als in Küstennähe sind die Flüsse Zentralaustraliens oft über Jahre ausgetrocknet. Sollten die Männer in eine Dürreperiode geraten sein, hätten sie leicht verdursten können.

Schon einmal ist auch ihm so etwas beinahe widerfahren: Im Januar 1845 irrte Leichhardt mit einem Begleiter tagelang durch den Busch, ohne einen Tropfen Wasser zu finden: „Unsere Lippen und Zungen waren ausgetrocknet, die Stimme wurde heiser, die Sprache unverständlich."

Halb verdurstet und ausgehungert erreichten die Männer gerade noch rechtzeitig das Lager. Ihren Proviant hatten sie nicht angerührt: Ohne Wasser war das Mehl nutzlos.

II. Die Vorräte. Leichhardt hat bei all seinen Expeditionen außerordentlich knapp kalkuliert. Auf der ersten Reise war seine Strategie aufgegangen: mit wenig Gepäck sowie einer Herde Ochsen zu reisen und sich auf gelegentliches Jagdglück zu verlassen. Im Kochtopf landeten Kängurus und Emus, aber auch Opossums und Flughunde.

Kängurus und Emus sind auch in den Trockengebieten Zentralaustraliens heimisch. Was aber, wenn den Männern nicht nur die Vorräte, sondern auch die Munition ausgegangen ist? Haben sie am Ende nur noch von Reptilien, Wurzeln oder Beeren gelebt?

III. Eine Sturzflut. Es ist möglich, dass die Expedition Opfer einer Überschwemmung wurde. Ab und zu verwandeln gewaltige Niederschläge die Landschaft in ein Meer aus bunten Blüten – und die Flussbetten in reißende Ströme. Auf einer Breite von zum Teil mehreren Kilometern überschwemmen sie dann das Land.

IV. Die Aborigines. Manche Leichhardt-Forscher vermuten, dass Ureinwohner die Gruppe getötet haben. 1871 machte sich ein Polizeiinspektor namens J. M. Gilmour im Auftrag der Regierung von Queensland auf, einem Gerücht nachzugehen: Im Gebiet des Cooper Creek, etwa 1400 Kilometer Luftlinie westlich von Brisbane, sollte nach Auskünften von Aborigines ein weißer Mann leben. Sie führten ihn zum Wantata-Wasserloch.

Den Weißen fand Gilmour nicht – wohl aber Überreste von vier menschlichen Skeletten. Vor langer Zeit, erzählten die Ureinwohner, seien eines Nachts sieben Männer umgebracht worden. Die meisten der von ihnen mitgeführten Ochsen seien weggelaufen, ihre Pferde und Maulesel hätten die Aborigines getötet und gegessen.

Die Knochen stammten von Weißen, das ergab eine erste medizinische Untersuchung – doch andere Pathologen kamen später zu dem Ergebnis, dass es sich wahrscheinlich um die Gebeine von Aborigines handelt. Was aber hatten die übrigen Funde zu bedeuten?

In der Umgebung war Gilmour auf ein eingeritztes „L" und eine Hütte gestoßen, in der unter anderem ein Stück wasserdichtes Gewebe lag – solche Textilien hatten auch zu Leichhardts Expeditionsausrüstung gehört. Etwa 250 Kilometer weiter nordwestlich fand Gilmour zudem alte Hosenteile, Stücke einer verrotteten Zeltbahn und Deckenreste.

Was genau am Wantata-Wasserloch geschehen ist, lässt sich nicht mehr rekonstruieren. Aber die Möglichkeit, dass Ludwig Leichhardt von Aborigines ermordet worden ist, erscheint angesichts

Das Zentrum Australiens besteht größtenteils aus Wüsten. Kaum irgendwo gedeiht so reichhaltige Flora wie an dieser von Thomas Baines gemalten Oase am Victoria-Fluss. Gut möglich, dass Leichhardt und seine Mitstreiter verdurstet sind

der düsteren Kolonialgeschichte Australiens sehr real.

Mit der ersten britischen Sträflingsflotte, die 1778 in der Bucht von Sydney vor Anker ging, geriet die Welt der Ureinwohner aus den Fugen. 60 000 Jahre hatten sie ungestört auf dem fünften Kontinent gelebt. Nun kamen die Europäer, schleppten Krankheiten ein, ermordeten oder versklavten sie.

James Cook hatte 1770 im Namen der britischen Krone den Kontinent als *terra nullius*, als leeres Land, annektiert. Die Aborigines zählte er nicht als Grundeigentümer. Immer weiter drangen die Siedler im Laufe der Jahre ins Land vor. Und immer verzweifelter versuchten sich die Ureinwohner mit Überfällen zur Wehr zu setzen.

Wie so mancher andere Weiße marschierte auch Ludwig Leichhardt durch die australische Wildnis, als sei sie Niemandsland.

Dabei besaßen die einzelnen Stammesgruppen fest umrissene Gebiete: Fremdes Land passierten die Aborigines nicht einfach so. Man verhielt sich erst einmal sehr zurückhaltend und wartete auf eine Erlaubnis. Und das hat Ludwig Leichhardt möglicherweise nicht getan.

Sein Tagebuch von der Port-Essington-Reise birgt Hinweise auf sein oft unsensibles Verhalten gegenüber den Aborigines. Etwa, wenn die Ureinwohner vor seinem Tross aus ihrem Lager flüchteten und er dort eindrang: „Wir fanden ihr Mahl zubereitet, bestehend aus zwei Eiern des Buschhuhns, geröstetem Opossum, Beuteldachsen und Leguanen. Ich konnte der Versuchung nicht widerstehen, die Eier zu kosten, und fand sie ausgezeichnet." Näherten sich Aborigines ihrem Camp, packten die Weißen die Flinten und schossen in die Luft.

Ein derart rücksichtslos-naives Vorgehen hatte zuweilen dramatische Folgen. Im Juni 1845 überfielen Aborigines ein Lager des Teams. Leichhardts Gefährte John Gilbert wurde von mehreren Speeren getroffen und starb.

Tags zuvor war die Gruppe auf seltsame Lichtungen gestoßen: Sie waren jeweils von einem Ring aus Feuerstellen umgeben. Möglicherweise hatten die Männer einen religiösen Platz betreten und so den Zorn der Aborigines ausgelöst. Vielleicht hat sich am Wantata-Wasserloch eine ähnliche Szene abgespielt.

Denn Australien ist voller geheimer, sakraler Orte aus der Traumzeit – jener Periode, in der nach der Vorstellung der Aborigines mächtige Ahnenwesen über den Kontinent wandelten. Sie erschufen Berge, Bäume und Flüsse, gaben Tieren und Pflanzen ihre Namen, erließen Gesetze und Verhaltensregeln. Am Schluss gingen die Traumzeitwesen selbst in der Landschaft auf.

Wie ein unsichtbares Netz durchziehen ihre Schöpfungswege das Land und verbinden die heiligen Orte, die für Fremde tabu sind. Vielleicht hat Leichhardt an einem solchen Ort sein Lager aufgeschlagen. Und möglicherweise haben sich die Aborigines dafür gerächt.

V. Die Mannschaft. Hat sie möglicherweise gemeutert? Eine abenteuerliche Geschichte war am 5. Februar 1874 im „Sydney Morning Herald" zu lesen. Unter der Überschrift „Leichhardt-Expe-

Der lange Weg zur Mitte

Nur langsam erschließen die Europäer Australien. Noch mehr als 200 Jahre nach der Entdeckung des Kontinents versuchen sie vergebens, dessen Zentrum zu erreichen. Erst in den 1860er Jahren gelingt die Durchquerung von Süd nach Nord

1606 betritt der niederländische Seefahrer Willem Jansz als erster Europäer Australien, doch hat er keine Vorstellung von der Gestalt der riesigen Landmasse. Erst der Brite Matthew Flinders kartiert ab 1795 den Küstenverlauf des Kontinents.

Bereits 1778 begann London damit, Sträflinge zur anderen Seite der Erde zu verschiffen; einige Jahre später folgten die ersten Siedler. Die Küstenregion im Südosten wird schnell erschlossen – und schon bald wird dort das Weideland knapp.

Deshalb will der Brite Gregory Blaxland 1813 von Sydney aus einen Weg ins Landesinnere finden. Er zieht über die nahen Blue Mountains und findet einen Pass (siehe Karte Seite 167). Auf der anderen Seite der Berge entdeckt er eine Graslandschaft, die „die Versorgung der Kolonie für die nächsten 30 Jahre sichert". Ein Meilenstein in der Erschließung Australiens.

Der Forscher Charles Sturt schlägt sich 1844 als Erster bis zur Simpsonwüste nahe dem Zentrum des Kontinents durch. Doch der von ihm dort vermutete Binnensee erweist sich als Illusion. Auf dem Rückweg erkrankt Sturt an Skorbut; seine Begleiter bringen ihn Anfang 1846 auf einem Karren zurück an die Südküste.

Die erste Süd-Nord-Durchquerung des Kontinents wird Mitte des 19. Jahrhunderts zu einem Wettrennen: John McDouall Stuart macht sich am 2. März 1860 mit zwei Männern und 13 Pferden von Adelaide auf den Weg. Nach dreieinhalb Monaten werden die Vorräte knapp, das Team wird von Aborigines angegriffen. Stuart kehrt um. Ein zweiter Anlauf scheitert im Juli des folgenden Jahres. Erneut geht der Proviant aus.

Am 20. August 1860 bricht an der Südwestküste eine Konkurrenz-Expedition auf: Robert O'Hara Burke ist mit 15 Mann, 50 Pferden und Kamelen unterwegs. Nach vier Monaten hat das Team den halben Kontinent durchquert. Am Cooper Creek trennt Burke die Gruppe.

Mit drei Mann will er sich zur Nordküste durchschlagen. Die anderen sollen drei Monate auf sie warten. Zwei Monate lang schleppen sich die vier in Richtung Norden. Ein Fluss, in dem sie die Gezeitenströmung wahrnehmen können, ist für sie Indiz, dass sie in Küstennähe sind. Doch ihr Proviant ist fast aufgebraucht. Sie kehren um.

Nur vier Tage, bevor sie den Cooper Creek erreichen, stirbt einer der Männer. Die anderen drei kommen am Abend des 21. April 1861 im Lager an. Es ist verlassen – ihre Kameraden sind am Vormittag aufgebrochen.

Die drei sind zu erschöpft, um der Gruppe zu folgen. Nur einer wird schließlich lebend geborgen: Aborigines haben ihn versorgt.

Einen Monat später macht John McDouall Stuart von Adelaide aus mit neun Be-

gleitern einen dritten Anlauf und kommt diesmal durch.

Am 24. Juli 1862 erreicht die Gruppe nach neun Monaten und mehr als 2500 Kilometern die Nordküste.

Der Erste, der die Küste im Südwesten erforscht, ist der gebürtige Brite John Eyre. 1840 macht er sich von Adelaide entlang der Küste auf in Richtung Westen, um dort Weideland zu finden.

Gemeinsam mit einem Europäer und drei Aborigines durchquert er ein 220 Kilometer langes Teilstück ohne Wasserquellen. Sie verdursten beinahe. Nach unsäglichen Qualen erreichen sie am 7. Juli 1841 die Südwestküste. Nie zuvor ist ein Europäer auf dem Landweg so weit in den australischen Westen vorgedrungen.

Knapp 30 Jahre später brechen die Landvermesser John und Alexander Forrest in umgekehrter Richtung auf. Im März 1870 starten sie in Perth, ziehen nach Süden und folgen später der Route von Eyre. Nach fünf Monaten erreichen sie Adelaide.

Vier Jahre später machen sie sich erneut auf in Richtung Osten. Sie starten 400 Kilometer nördlich von Perth und wandern diesmal durch das Landesinnere: sechs Männer, 18 Pferde, Proviant für acht Monate. Sie durchqueren die Victoria-Wüste, sind kurz vor dem Verdursten; John Forrest aber findet gemeinsam mit einem Aborigine immer wieder Wasser.

Am 30. September erreichen sie ihr Ziel: Peake Station an der Telegraphenlinie, die auf der Strecke von Stuarts Süd-Nord-Durchquerung gebaut worden ist, 800 Kilometer nördlich der Küste. Von dort reisen sie zur Südküste. Damit haben sie als Erste halb Australien von West nach Ost erschlossen.

Es ist wahrscheinlich Henri Gilbert, der schließlich den ganzen Kontinent durchquert. Im August 1897 bricht der französische Journalist an der Westküste bei Perth auf und marschiert 16 Monate (unter anderem über Eyres Küstenroute und teils durch schon besiedeltes Gebiet), ehe er im Dezember 1898 im Osten Brisbane erreicht.

Christian Meyer

Der britische Kapitän Matthew Flinders (1774–1814) kartiert als Erster einen Großteil der australischen Küste

1844 gelangt der Forscher Charles Sturt (1795–1865) bis zur Simpsonwüste nahe der Landesmitte

Der Pionier John Eyre (1815–1901) dringt um 1840 zu Fuß in den Westen des Kontinents vor – so weit wie kein Europäer auf dem Landweg zuvor

Den Abenteurern um den Iren Robert Burke helfen 1861 auch indische Lastkamele nicht bei der Reise quer durchs Land. Kurz vor dem Ziel müssen sie aufgeben, drei Männer kommen ums Leben. Die unwirtliche Natur überfordert Generationen von Entdeckern

dition. Angeblich neue Entdeckung" berichtete die Zeitung über einen gewissen Andrew Hume. Der ehemalige Sträfling behauptete, im Nordwesten des Kontinents auf August Classen getroffen zu sein, einen Mann aus Leichhardts Team. „Classen habe ihm erzählt", so die Zeitung, „dass Leichhardts Mannschaft gemeutert habe, und nach einem Ringen mit ihrem Anführer habe sie ihn verlassen. Leichhardt, sagte er, sei fünf Tage nach der Meuterei gestorben."

Eine Legende, wie die australische Regierung glaubte? Beweise hat Hume jedenfalls nie geliefert. Klar ist: Ludwig Leichhardt fürchtete nichts mehr als meuternde Männer. „Handeln sie offen, so schadet es wenig, denn meine Sache und meine Motive sind gut, und ich bin bald imstande, sie von ihrer Torheit zu überzeugen", schrieb er vor seiner letzten Expedition in die Heimat. „Doch handeln sie heimlich und hinterlistig, so sind sie imstande, das ganze Lager zu vergiften und meine Pläne zu vereiteln."

Auf den ersten Reisen hatte er gegen Faulheit und Diebstähle und den Ungehorsam mancher Gefährten gekämpft. Einen verbannte er zeitweilig aus dem Lager: den Aborigine Charley, der Honig und Opossums gesucht hatte, statt im Lager Reit- und Packsättel auszubessern.

NOCH VIELE RELIKTE hat das Outback im Laufe der Zeit preisgegeben. Schuhreste und verrostete Werkzeugteile, britische Münzen von 1817 und 1842 und sogar ein Messingschild mit der Gravur „Ludwig Leichhardt". Und doch hat die Wüste die Geschichte des Naturforschers bis heute nicht zu Ende erzählt.

Nach Ludwig Leichhardt hat es nie wieder ein Entdeckungsreisender gewagt, Australien von Ost nach West durchs Zentrum zu durchqueren. Die nachfolgenden Expeditionen erforschten das Innere des Kontinents nach und nach von den Küsten aus. □

Insa Holst, 29, Historikerin und Journalistin in Hamburg, schreibt regelmäßig für GEO*EPOCHE*.

GEO Themenlexikon
Unsere Erde
1
A–Irak
Länder, Völker, Kulturen
EDITION KAUFEN UND 59,– €
GEGENÜBER DEM EINZELBANDKAUF SPAREN.

Im Schatten des

Robert, Adolph und Hermann Schlagintweit (von links), aufgenommen vor ihrer Himalaya-Expedition. Die Brüder sind in Europa bereits durch ihre Forschungsreisen in den Alpen bekannt geworden

Im Jahr 1854 brechen drei bayerische Brüder auf, den Himalaya zu vermessen: Hermann, Adolph und Robert Schlagintweit sind Geographen und Alpinisten. Deshalb beauftragt die britische Regierung sie, das höchste Gebirge der Welt zu erkunden. Drei Jahre lang überqueren sie Pässe und Schluchten, wagen sich in die Todeszone der Gipfel und beschreiben mit wissenschaftlichem Interesse eine grandiose Landschaft, die oft noch nie zuvor ein Weißer erblickt hat. Doch einer der drei zahlt einen hohen Preis für seinen Ehrgeiz

Everest

Panorama des Himalaya mit dem Mount Everest im Zentrum. Aquarell von Hermann Schlagintweit, um 1855

VON RALF BERHORST

Die ganze Nacht über presst ein Sturm gegen das Zelt und weht Schneelawinen aus den Felsen. Doch am Morgen des 19. August 1855 ist die Luft still und klar. Von ihrem Lagerplatz in eisiger Höhe können Adolph und Robert Schlagintweit den Abi-Gamin sehen, einen Siebentausender im westlichen Himalaya. Und obwohl ihre indischen Träger wie erstarrt sind vor Kälte, Angst und Erschöpfung, drängen die Brüder zum Aufstieg – denn nur aus der Höhe lässt sich der gesamte Gebirgszug überschauen.

Stundenlang stapft die kleine Seilschaft den zerklüfteten Gletscher hoch. In der dünnen Luft pochen die Schläfen, die von der Sonne geblendeten Augen brennen – trotz der Schleier aus grüner Gaze, die sich die Männer um die Köpfe gewunden haben.

Insgesamt 29 000 Kilometer reisen die Entdecker, von Ceylon im Süden bis nach Turkestan im Norden. Ihre wichtigsten Forschungsrouten führen sie in den Himalaya, wo sie bis auf eine Höhe von 6785 Metern klettern

Schritt für Schritt gewinnen sie an Höhe. Doch als um 14 Uhr ein neuer Sturm von Norden aufzieht, machen sie erschöpft kehrt. Rasch noch holen Adolph und Robert ihre Instrumente hervor und notieren Barometerdruck und Höhe: Sie sind bis auf 6785 Meter gestiegen – höher hinauf als je ein Wissenschaftler zuvor.

Zurück im Lager vervollständigen die Brüder mit ihren Messergebnissen eine Karte des nördlichen Abi-Gamin-Gletschers. Tags darauf brechen sie zum nächsten Höhenpass auf. Es gibt keine Feier – die Schlagintweits sind Forschungsreisende, keine Abenteurer. Und ihr von den Briten erteilter Auftrag lautet unter anderem, die erdmagnetischen Schwankungen auf den Schneegipfeln und Pässen des Himalaya zu messen.

Mit diesen Ergebnissen sollen sie präzise Karten der Höhenzüge erstellen, auf denen die Abweichung vom magnetischen Nordpol eingetragen ist. Wer zukünftig im Gebirge unterwegs ist, kann so genauer bestimmen, wo Norden ist.

Das „Schlagintweitische Kleeblatt“, wie der preußische König Friedrich Wilhelm IV. die drei Geographen nennt, ist am Abi-Gamin nicht komplett. Hermann, der älteste Bruder, ist in diesen Wochen im östlichen Himalaya unterwegs.

Teils gemeinsam, teils auf getrennten Routen bereisen die Schlagintweits bereits seit zehn Monaten Indien und Hochasien. Bis 1857 werden sie 29 000 Kilometer zurücklegen und ein riesiges Gebiet erkunden. Mehrfach überqueren sie dabei die höchsten Pässe der Welt.

Insgesamt 106 Foliobände füllen die Brüder später mit geographischen, meteorologischen und botanischen Aufzeichnungen. Zudem sammeln sie Gesteinsproben, Pflanzensamen und Tierpräparate, halten in Hunderten von Kohleskizzen und Aquarellen Gebirgspanoramen und Landschaftsformationen fest. 14 777 Einzelstücke, in 300 Kisten verpackt, umfasst schließlich die Ausbeute ihrer fast dreijährigen Reise, von der einer der Brüder nicht lebend zurückkehrt.

Wie aber gelangen drei bayerische Arztsöhne in die Eisregionen des Himalaya? Sie stammen ja aus einer Großstadt, wachsen auf in München, wo ihr Vater eine Privatklinik für Augenkranke führt. Hermann, Jahrgang 1826, ist der älteste von fünf Brüdern; drei Jahre nach ihm wird Adolph geboren, 1833 Robert.

Schon als Schüler werden sie zu jungen Gelehrten erzogen; Privatlehrer unterrichten sie in Sprachen und Naturwissenschaften, die Mutter schickt sie zu Landschafts- und Gebirgsmalern.

Als Hermann und Adolph 1842 ihre erste Bergwanderung unternehmen, sind sie sofort gefangen von der „erhabenen Pracht“ der Alpen. Fortan erkunden sie das Gebirge, erforschen Gletscherbewegungen, klopfen Gesteinsschichten frei, beobachten Klima und Pflanzen, gewinnen Sicherheit als Bergsteiger.

Beide studieren Naturwissenschaften, promovieren in physikalischer Geographie und gehen 1849 nach Berlin. Durch Aufsätze über ihre Alpenforschungen haben sie sich einen Namen gemacht.

Alexander von Humboldt, der berühmteste Naturwissenschaftler jener Zeit, wird auf sie aufmerksam. Der 80-Jährige empfängt die jungen Geographen, empfiehlt und protegiert sie. Humboldt hat mit ihnen weitreichende Pläne: Sie sollen seinen Lebenstraum wahr machen und statt seiner nach Zentralasien reisen.

Mit Theodoliten ähnlich diesem, den der legendäre Landvermesser George Everest benutzt hat, ermitteln die Schlagintweits Höhe und Ausdehnung der Berge

1829 und 1830 hat Humboldt Russland bereist und Teile Sibiriens durchquert, musste aber an der chinesischen Grenze umkehren. Er hatte das Hochland Tibets erforschen wollen und den Himalaya, was ihm verwehrt blieb.

Nach seiner Rückkehr schlug Humboldt dem Zaren vor, eine Kette von Messstationen zur Erfassung von Temperatur, Luftdruck und Luftfeuchtigkeit aufzubauen. Außerdem sollten die regionalen Schwankungen des Erdmagnetfeldes beobachtet werden, denn deren Kenntnis gilt als unverzichtbar für die exakte kartographische Landaufnahme. Humboldt versuchte, ein weltumspannendes Netz solcher Beobachtungsstationen zu knüp-

Der Chorkonda-Gletscher im Karakorum. Die deutschen Forscher erkennen in diesem Gebirge eine der wichtigsten Wasserscheiden Asiens

Indische Träger, aufgenommen von einem Briten. Auch die Schlagintweits lassen ihre Ausrüstung von Dienern schleppen. Als einer von ihnen stürzt, zerbrechen Flaschen mit Chemikalien – und die Forscher können fortan keine Fotos mehr machen

fen. Es gelang ihm, auch die Briten davon zu überzeugen, magnetische Observatorien in ihren Kolonien einzurichten, vier davon in Indien.

Der Subkontinent ist da schon keine Terra incognita mehr. Bereits 1802 hat der britische Colonel William Lambton mit der trigonometrischen Vermessung Südindiens begonnen; sein Nachfolger George Everest dehnte den „Great Trigonometrical Survey" weiter nach Norden aus, bis an den Rand des Himalaya.

Als die British East India Company die magnetischen Untersuchungen bis nach Kaschmir ausweiten will, empfiehlt Humboldt, die Brüder Schlagintweit mit der Aufgabe zu betrauen – Robert soll sie als Assistent begleiten. Und da Preußen auf Humboldts Druck hin bereit ist, sich an den Kosten zu beteiligen, verstummen in London die Vorbehalte gegen die Forscher aus Deutschland. Sie erhalten von ihren britischen und preußischen Finanziers freie Hand für Forschungen jeglicher Art: Humboldts Wunschtraum erfüllt sich – für drei Gelehrte, von denen der älteste gerade 28 Jahre zählt.

Als am 20. September 1854 der Dampfer „Indus" den Hafen von Southampton verlässt, führen die Brüder 305 Messinstrumente mit: Sextanten, Magnetometer, Fernrohre und Barometer, Geräte zur Bestimmung der Luftelektrizität und Verdunstung, Thermometer, Schrittzähler sowie Theodoliten für trigonometrische Höhenmessungen. Und aus München hat Robert „fotografische Apparate" mitgebracht.

Nach fünfwöchiger Fahrt erreichen die drei im Oktober Bombay; von dort aus bereisen sie zunächst Südindien. Ein Schraubendampfer bringt sie schließlich im März 1855 von Madras nach Kalkutta – nun soll es ins Hochgebirge gehen.

Adolph und Robert wenden sich den nordwestlichen Himalaya-Provinzen zu, die schon seit vier Jahrzehnten unter britischer Herrschaft stehen und daher gut zugänglich sind. In Milam, nordöstlich des 7816 Meter hohen Nanda Devi, schlagen sie ihr Hauptquartier auf und vermessen Riesengletscher.

Hermann begibt sich allein ins östliche Himalaya-Gebiet: nach Darjeeling im britischen Teil Sikkims. In einer Sänfte lässt er sich durch die ansteigende Landschaft tragen. Zu seiner etwa zehnköpfigen Dienerschaft zählen ein persönlicher Butler und ein bengalischer Koch.

Kurz vor Darjeeling hat er zum ersten Mal freien Blick auf die schneebedeckten Achttausender des Himalaya. Doch in Sichtweite der Gipfel muss er Halt machen, die weitere Reise wird ihm durch den Radscha von Sikkim verweigert.

Das Hochland von Tibet ist seit 1792 für Ausländer verschlossen – ganz im Sinne der chinesischen Mandschu-Kaiser, der politischen Patrone der Regierung in Lhasa.

Geschützt durch gewaltige Gebirgsmassive, gleicht Tibet einer Festung. Seit jeher führen nur einige Karawanenpfade auf vereisten Pässen über diese Berge, beschritten von wenigen Händlern und buddhistischen Pilgern. Ausländer gelangen kaum je an den Grenzwächtern vorbei und riskieren auf Reisen in Tibet Leib und Leben.

Auf der Karte des britischen Great Trigonometrical Survey ist Tibet daher ein weißer Fleck; die genaue Lage Lhasas ist ebenso unbekannt wie die von Flüssen, Bergen und Pässen.

Und seit zwei Briten zwischen 1845 und 1848 im Auftrag des Vermessungsdienstes Kaschmir und Ladakh durchquert haben, ist das Misstrauen besonders groß gegenüber Naturforschern, die mit Sextanten und Theodoliten reisen.

Dabei hat das „Great Game" – der Wettlauf Englands und Russlands zum Dach der Welt, das als mächtige Barriere die Interessengebiete der beiden Großmächte in Indien und Sibirien trennt – noch gar nicht richtig begonnen: Erst 1879 wird der russische Oberst Nikolaj Prschewalskij versuchen, von der sibirischen Steppe aus mit einer Kosaken-Truppe bis nach Lhasa vorzudringen, ohne Erfolg. In den darauffolgenden Jahren erkunden russische Expeditionen Tibet und knüpfen dort wirtschaftliche Beziehungen, zum Ärger der Briten. Um die Russen zu verdrängen, entschließt sich London 1904, Tibet militärisch zu einem Handelsabkommen zu zwingen – Lhasa fällt unter dem Beschuss durch britische Maschinengewehre und Feldhaubitzen. Gewinner des Great Game aber ist am Ende eine dritte Nation: 1906 muss Großbritannien und im Jahr darauf das zaristische Russland die Oberherrschaft Chinas über Tibet akzeptieren.

Die Gebrüder Schlagintweit hingegen sind noch Forschungsreisende im Stile Humboldts; zwar sollen sie politisch wertvolle geographische Informationen über das Hochgebirge nach London liefern, aber sie selbst verstehen sich als Gelehrte, nicht als Vorhut der Militärs.

Doch Risiken scheuen sie keineswegs. Denn um die Gipfel Sikkims trotz Verbots des regierenden Radscha vermessen zu können, bewegt sich Hermann von Darjeeling aus nordwärts, dicht entlang der Grenze, aber überwiegend auf nepalesischem Territorium. Eine gefährliche Route, denn in dem Gebiet sind bereits Truppen aufgezogen; es herrscht Krieg zwischen Nepal und Tibet.

Auf einem Dreitausender lässt Hermann die Zelte aufschlagen und bringt seine Instrumente in Stellung. Eine Woche bleibt er dort, peilt Gipfel an, zeichnet Gebirgspanoramen, macht magnetische und physikalische Messungen.

Nach vier Tagen wird die Gruppe von nepalesischen Soldaten entdeckt. Hastig versteckt Hermann die trigonometrischen Instrumente und gibt vor, „mit Jagen und Kräutersammeln" beschäftigt zu sein. Er wird dennoch zur Umkehr nach Darjeeling gezwungen.

In den nächsten Monaten bereist der älteste Schlagintweit Assam und Bhutan und erkundet auf einer 44-tägigen Boots-

Das buddhistische Kloster Narigun in Bhutan. Hier bleibt Hermann Schlagintweit einige Zeit, um Leben und Lehre der Mönche zu studieren

fahrt den Brahmaputra, ehe er im Mai 1856 mit seinen Brüdern in Shimla im westlichen Himalaya zusammentrifft.

Adolph und Robert haben inzwischen den nordwestlichen Teil des Gebirges bereist, etliche Hochpässe und mehr als 60 Gletscher vermessen. Auch ihnen ist nur ein kleiner Ausflug auf tibetisches Gebiet gewährt worden – stets begleitet von misstrauischen Grenzwachen.

Bald schon trennen sich die Wege der drei Deutschen wieder: Adolph dringt im Karakorum-Gebirge bis auf einen Pass in schwindelnder Höhe vor, muss angesichts marodierender Banden aber umkehren. Im September erreicht er den Nanga Parbat und vermisst die Gletscher des Achttausenders. Auch Hermann und Robert steigen in diesem Sommer im Karakorum auf knapp 5600 Meter Höhe.

IHRE VERWEGENEN GEBIRGSTOUREN bewältigen die Brüder mit einfachsten Hilfsmitteln – Seilen, „Alpenstöcken“ mit Eisenspitze sowie dicken Hüten gegen die stechende Sonne. Die Reiseschilderung, die Hermann später verfassen wird, lässt die Strapazen der Expedition nur erahnen – allein die „Himalayablutegel“ werden erwähnt, die nachts unter die Kleidung kriechen können. Kaum eine Klage dagegen findet sich über die Mühen der Aufstiege in dünner Luft, Wind und Eis, über die Gefahren bei der Überquerung reißender Gebirgsströme und schwankender Holzbrücken.

Die bescheidenen Brüder sehen sich nicht als heroische Entdecker, sondern als nüchterne Wissenschaftler. Diszipliniert und unermüdlich absolvieren sie ihre Messungen und ärgern sich über jede Verzögerung.

Denn nur äußerst widerstrebend und beklommen folgen ihnen die Träger hinauf in die Höhe. Den Einheimischen ist das Vordringen auf die Schneegipfel ein Sakrileg, sie verehren die Berge als Sitz der Götter.

An den Hängen des Nanda-Devi etwa fürchten Adolphs Träger die Rache der Göttin Nanda und bringen ihr als Opfer Reis, süßes Backwerk und Ziegen dar. Demütig verbeugen sie sich vor jeder riskanten Passage des Aufstiegs, flehen an jeder Gletscherspalte um göttlichen Beistand. Manche verfallen vor Angst in krampfartige Zuckungen.

Die Brüder Schlagintweit dagegen scheinen furchtlos zu sein und leiden fast nie unter der erschöpfenden Höhenkrankheit.

IM NOVEMBER 1856 treffen sich alle drei im indischen Rawalpindi. Dort stapeln sich bereits ihre Sammlungen. Denn wie Humboldt verstehen sich die Brüder auch als Ethnographen und Anthropologen: Nicht nur Berge wollen sie vermessen, sondern auch die Köpfe, Schläfen und Nasensättel der Bergbewohner. Für ihre Sammlung „plastischer Racetypen“ nehmen sie 275 Gipsmasken ab.

Sie erwerben 400 menschliche Skelette und Schädel, tragen Herbarien und 750 zum Teil in Weingeist eingelegte zoologische Präparate zusammen, kaufen Mönchs-Handschriften sowie eine komplette Tempeleinrichtung. In ihren Büchern finden sich darüber hinaus Notizen über Witwenverbrennung, Häuserbau und Landestrachten.

Am Ende der Reise 1857 müssen die Kisten mit ihren Sammlungen in einer Karawane von Hunderten von Kamelen und Pferden zum Hafen von Bombay transportiert werden.

Jung Bahadur, der Premierminister von Nepal, mit zwei Töchtern und vier Sklavinnen. Nach anfänglicher Ablehnung erlaubt der mächtige Herrscher Hermann Schlagintweit 1856 den Besuch des Himalaya-Königreichs

In Rawalpindi erfährt Hermann, dass ihm der nepalesische Herrscher doch noch einen Besuch Kathmandus gestattet. Er bricht sofort auf und eilt in Nepals Hauptstadt, ehe er über Kalkutta nach Ägypten reist und dort mit Robert zusammentrifft. Die beiden reisen anschließend nach Deutschland zurück.

Adolph bleibt noch länger in Asien; ihn zieht es nach Afghanistan, dann will er nach Sibirien vordringen. Im Juni 1857 übersteigt er das Karakorum-Gebirge.

Am 11. August brechen seine Aufzeichnungen plötzlich ab: In Ost-Turkestan ist er in der Nähe von Kaschgar überfallen und gefangen genommen worden. Er wird dem türkischen Stammesführer Vali Khan vorgeführt, der ihn der Spionage für China verdächtigt.

Damit ist das Schicksal des 28-Jährigen besiegelt: Am 26. August 1857 wird Adolph, wie sich später herausstellt, erdolcht und anschließend enthauptet.

ALS HERMANN UND Robert Schlagintweit im Juni 1857 in Berlin Alexander von Humboldt ihre Sammlungen präsentieren, haben die Forscher seit Wochen nichts von ihrem Bruder gehört, machen sich aber noch keine Sorgen um ihn.

Akademien und wissenschaftliche Gesellschaften ernennen sie zu Mitgliedern, königliche Orden werden ihnen verliehen, der bayerische Monarch erhebt sie in den Adelsstand.

Auch die Briten sind zufrieden: In mehr als 200 Tabellen veröffentlichen die deutschen Forscher die Ergebnisse ihrer erdmagnetischen Messungen. Nun, so glauben alle Wissenschaftler, werden sich erstmals präzise Karten Zentralasiens erstellen lassen.

Erst Jahre später werden Forscher herausfinden, dass die Abweichung vom magnetischen Nordpol nicht konstant ist, sondern im Laufe der Zeit schwankt. Messungen wie die der Schlagintweits müssen regelmäßig wiederholt werden.

Hermann und Robert kaufen vom ererbten elterlichen Vermögen ein Jagdschloss zwischen Bamberg und Nürnberg und gehen an die Auswertung ihrer Sammlungen und Notizen. Robert wird 1864 Professor für Geologie in Gießen, Hermann ist nun Privatgelehrter. Aber von der Fülle ihrer Unterlagen sind sie bald überfordert.

Die Höhen, wie im Chetanga-Tal, bezwingen die drei Brüder mit einfacher Ausrüstung – etwa mit Gazeschleiern als Augenschutz vor gleißendem Licht

Messtrupps in eisigen Höhen

Missionare sind die ersten Europäer, die sich im 17. Jahrhundert in den Himalaya wagen. Doch erst 200 Jahre später wird das Gebirge erforscht – weil es zur umstrittenen Grenze zwischen zwei Großmächten geworden ist: Großbritannien und Russland

Der Himalaya ist seit dem 17. Jahrhundert das Ziel europäischer Reisender: Pioniere sind Jesuiten, die von Indien gen China aufbrechen. Sie sind auf der Suche nach Christen, die angeblich jenseits des Riesengebirges leben: 1603 dringt der Portugiese Bento de Goes als Erster in das Pamir-Gebirge und den Hindukusch vor.

1624 folgt ihm ein Landsmann, der Jesuit Antonio de Andrade, nach Hochasien. Andrade schließt sich im indischen Agra einer Gruppe von Hindupilgern an und kämpft sich im Himalaya über riesige Schneefelder: „Überall ist blendendes Weiß, unsere Augen sind geschwächt. Wir können nicht einmal die Straße erkennen, der wir folgen", notiert der Portugiese. Erschöpft erreicht er nach vier Monaten die Tore von Tsaparang, der Hauptstadt des Königreichs Guge im Westen Tibets. Damit hat Andrade als erster Europäer den Himalaya bis nach Tibet überwunden.

Weitere Mönche ziehen nach Bhutan, Nepal und in die heilige Stadt Lhasa, das Zentrum Tibets. 1715 reist der italienische Jesuit Ippolito Desideri zum Berg Kailash und dem See Manasarowar, den heiligen Stätten der Tibeter.

Allerdings bieten die knappen Berichte der Ordensmänner keine geographische Beschreibung der Region. „Ihr oberstes Ziel war es, Seelen zu gewinnen, und nicht, fremdes Territorium zu erforschen", fasst ein jesuitischer Chronist zusammen.

Die exakte Erkundung des Himalaya beginnt erst mit den Brüdern Schlagintweit. Fast zeitgleich nehmen Briten auch die umfassende Kartierung der Bergkette auf. 1863 stellt Thomas Montgomerie in Indien eine Kundschafter-Truppe zusammen: die „Pandits". Als Kaufleute oder Pilger verkleidet, ihre Kompasse und Notizen in Gebetsmühlen versteckt, dringen sie tief in das Bergland vor.

Die britischen Besatzer Indiens haben im 19. Jahrhundert ein immenses Interesse an genauen Karten Zentralasiens – vornehmlich von dem Gebiet, an dem drei Großmächte aneinander stoßen: Großbritannien, China und Russland. Auch die Zaren schicken Forscher in die Region, wie etwa Nikolaj Prschewalskij.

Die folgenreichste Expedition unternimmt der britische Offizier Francis Younghusband. Als erster Europäer überquert er – nach einem Gewaltmarsch durch die Wüste Gobi und das Altai-Gebirge – den vereisten Mustagh-Pass im Karakorum-Gebirge. Es ist eine erstaunliche Pionierleistung; vor allem deshalb, weil der damals 24-Jährige weder über die geeignete Ausrüstung noch über Erfahrung als Bergsteiger verfügt.

Von da an bricht Younghusband immer wieder zum „Dach der Welt" auf: ins Pamir-Gebirge, nach Kaschmir und bis nach Tibet. Im

Sommer 1904 rückt er mit mehr als 1000 Soldaten nach Lhasa vor und zieht eine Spur aus Blut durch das Land des Schnees. Mit Gewalt erzwingt er sich den Zutritt zur Hauptstadt Tibets – und öffnet damit das Land britischen Handelsagenten.

Nach den Jesuiten und dem Offizier ist es ein Einzelgänger, der die Himalaya-Forschung zum Gipfel führt. Der Schwede Sven Hedin wird zum wohl wichtigsten Entdecker in Zentralasien. Vier große Expeditionen führen ihn in mehreren Etappen zwischen 1893 und 1935 durch den Himalaya, durch China und Tibet.

Fast verdurstet er in der Wüste Takla-Makan, beinahe erfriert er im Pamir-Gebirge; er kämpft sich über vereiste Pässe und durch stürmische Seen und erforscht als erster Europäer die Region nördlich des Himalaya – unter Extrembedingungen: „Man würde sich das Gesicht, besonders die Nase, erfrieren, wenn man nicht die ganze Zeit über in die Öffnung des langen Pelzärmels hineinatmete, wo der Atem aber so schnell Eis bildet, dass einem der Ärmel am Schnurrbart festfriert", notiert er am 2. Februar 1907. Der Schwede entdeckt die Quellen der Ströme Brahmaputra und Indus sowie den See Lop Noor.

Von seinen Expeditionen bringt Hedin viel Material mit, allein die Aufzeichnungen und Notizen umfassen 25 Bände. Oft nur mithilfe von Kompass, Chronometer, Diopterlineal und Theodolit zur Winkelmessung zeichnet er Karten seiner Routen.

Hedin ist ein besessener Arbeiter: Bis tief in die Nacht korrigiert er Vermessungen, etikettiert Mineralienfunde und schreibt Tagebuch. Kartographen nennen seine Karten eine „Glanzleistung".

Nach seiner Rückkehr, 1935, ist der Entdecker in Europa allerdings heftig umstritten – nicht wegen seiner Leistungen als Geograph, sondern aus politischen Gründen: Hedin verkehrt mit den Nazis in Deutschland und trifft sich gar mit Adolf Hitler. Deshalb wird seine Person heute mit kritischer Distanz bewertet.

Christoph Scheuermann

Antonio de Andrade (1580–1634): Der portugiesische Jesuit erreicht 1624 als erster Europäer die Grenze Tibets

Nikolaj Prschewalskij (1839–1888): Im Auftrag des Zaren erforscht der Offizier den Himalaya und die Wüste Gobi

Sir Francis Edward Younghusband (1863–1942): Der Brite erkundet mehrere Jahrzehnte lang Zentralasien – und schreckt auch vor Gewalt nicht zurück

Nach der Pioniertat der Schlagintweits wagen sich Imperialisten und Abenteurer in den Himalaya. So führt der britische Offizier Francis Younghusband eine Truppe Soldaten 1904 bis nach Lhasa (oben). Wenige Jahre später erkundet auch der Schwede Sven Hedin Tibet (links)

Von der auf neun Bände angelegten Schilderung ihrer Expedition erscheinen in den Jahren ab 1861 nur drei in englischer Sprache. Auch die von Hermann verfasste deutsche Version „Reisen in Indien und Hochasien" bleibt ein Torso: Sie gerät zum sperrigen Textmassiv, unübersichtlich, detailversessen, langatmig.

Hermann Schlagintweit stirbt 1882, Robert dreieinhalb Jahre später. Nach ihrem Tod gehen Teile der Sammlung an Museen und Bibliotheken. Vieles aber wird in alle Winde zerstreut. Die Pflanzensammlung vermodert, die Korrespondenz der Himalaya-Pioniere mit Gelehrten aus aller Welt wird in einer Papiermühle eingestampft.

Und so verschwindet wohl auch jener Brief, der Hermann und Robert über das Schicksal ihres Bruders aufklärt. Ein muslimischer Diener Adolphs ist 1857 gemeinsam mit dem Forscher überfallen worden, doch hat er Glück: Er wird als Sklave verkauft, kann später fliehen und am 15. Dezember 1858 einem britischen Kolonialoffizier in Nordindien vom Tod des Wissenschaftlers berichten. Seine Angaben sind allerdings vage.

Erst am 7. Dezember 1868, elf Jahre nach Adolfs Tod, schreibt der ehemalige Diener von Indien aus einen Brief an die Schlagintweits, weil er sich von ihnen ein Empfehlungsschreiben für eine neue Stellung erhofft. Darin erzählt er von den Todesumständen des Deutschen. Der Tag nach der Tat „sei der zweite oder dritte Tag des Monats Muhárram" gewesen.

Und Hermann Schlagintweit, ganz Wissenschaftler, nutzt den Brief als Quelle einer gelehrten Abhandlung über die Kalendersysteme Indiens. □

Dr. Ralf Berhorst, 39, ist Journalist in Berlin. Er brauchte mehrere Wochen, um aus den unvollständigen und teilweise verwirrenden Publikationen der Schlagintweit-Brüder die Expedition des Trios zu rekonstruieren.

Aus einer Feierabend-Vereinigung einflussreicher Gentlemen entsteht in London um 1830 die Royal Geogra

Club der Weltenbummler

VON MARA KÜPPER UND STEFAN SEDLMAIR

David Livingstone, der britische Forscher, in seiner Heimat wie ein Held gefeiert, weil er als erster Vertreter des Vereinigten Königreichs das südliche Afrika durchquert hat, steht vor den Trümmern seiner Träume: Seit fünf Jahren kämpft er sich bereits durch Ostafrika, getrieben vom Ehrgeiz, die Quellflüsse des Nils zu finden. Im Oktober 1871 erreicht er die Hafenstadt Ujiji am Tanganjika-See, in der Hoffnung, eine Lieferung mit Versorgungsgütern vorzufinden – doch die Waren sind verschwunden.

Ohne Ausrüstung, Medizin und Geld und ohne jede Perspektive lungert der 58-Jährige wie ein Bettler in Ujiji herum. Doch plötzlich kommt ein gut gekleideter Weißer auf ihn zu, hebt den Tropenhelm zum Gruß und fragt: „Dr. Livingstone, nehme ich an?"

Es ist der britisch-amerikanische Journalist Henry Morton Stanley – und dies wird die Story seines Lebens: Nach monatelanger Suche hat er den berühmten Forscher gefunden, der in der Heimat als vermisst gilt. Für Livingstone ist es die Rettung: Der 30-jährige Stanley bringt ihm Medikamente, Kleidung, Ausrüstung.

Gemeinsam erforschen sie den Norden des Tanganjika-Sees, dann bricht Stanley auf – allein. Vergebens hat er versucht, Livingstone zur Rückkehr nach Großbritannien zu überreden.

Dr. David Livingstone ist der berühmteste aller Forschungsreisenden, die in Verbindung mit der Londoner Royal Geographical Society (RGS) stehen. Wie keine andere Institution macht sich die Society im 19. Jahrhundert daran, im Namen des Britischen Empire die weißen Flecken auf der Weltkarte zu tilgen.

1827 gründen einige Herren der Londoner Oberschicht den „Raleigh Club", um über Entdeckungsreisen zu debattieren. Doch die Dinner reichen den Gentlemen bald nicht mehr: 1830 beschließen sie, die Erkundung der Welt wirkungsvoller zu unterstützen und gründen die „Geographical Society of London".

Dem Missionar und Arzt David Livingstone (1813–1873) ermöglicht die Society zwei Reisen

Zu den Gründungsmitgliedern gehören der Zweite Sekretär der Admiralität, John Barrow, der Geologe Roderick Murchison und der Astronom William Henry Smyth. König Wilhelm IV. übernimmt die Schirmherrschaft über die Gesellschaft, die nun den Zusatz „Royal" im Namen führen darf. Gute Beziehungen zum Königshaus und zur Regierung sind eine wichtige Voraussetzung, um das ehrgeizige Ziel zu verwirklichen: die Förderung der Geographie.

Mit diesem Begriff ist zu jener Zeit weniger die wissenschaftliche Disziplin nach heutigem Verständnis gemeint als vielmehr die konkrete Entdeckung und Erforschung bislang unbekannter Gegenden der Erde.

Manche Expeditionen zu diesem Zweck bringt die RGS in Eigeninitiative auf den Weg, andere unterstützt sie finanziell oder logistisch. Zumeist allerdings werden Finanzierung und Durchführung von der Royal Navy oder der britischen Regierung übernommen – doch die Society ist der Ort, an dem die Pläne gemacht werden. Hier kommen Wissenschaftler und potenzielle Entdeckungsreisende mit Vertretern aus Marine, Armee und Ministerien zusammen. Und wohl auch mit Lobbyisten aus der Wirtschaft.

Darüber hinaus betreibt die Gesellschaft solide Wissenschaftsarbeit. Sie sammelt die Ergebnisse und Unterlagen der Expeditionen und macht sie anderen zugänglich. Sie publiziert Reiseberichte und gibt wissenschaftliche Zeitschriften heraus, spornt Abenteurer mit ihren Auszeichnungen zu immer neuen Entdeckungsleistungen an.

Vor allem widmet sich die Society der Erkundung Afrikas und unterstützt Forscher wie John Speke und Richard Burton (Seite 122). 1883 reist der Geologe Joseph Thomson im Auftrag der RGS ins Gebiet der als kriegerisch geltenden Massai. Es gelingt ihm als erstem Europäer, das Land im heutigen Kenia zu durchqueren.

Thomsons Reise bringt wichtige wissenschaftliche Erkenntnisse hervor, doch die eigentlichen Ziele der Expedition sind ganz andere: Es geht um die Erforschung möglicher

phical Society, die berühmteste Organisation zur Förderung großer Expeditionen in ferne Länder

Handelswege – der Schotte soll den Weg von der Ostküste Afrikas zum Victoria-See erkunden. Und selbstverständlich sind Entdeckungsreisen in noch unbekannte Gebiete stets der erste Schritt zur kolonialen Expansion des Britischen Empire. Denn nicht selten sind Handelsgesellschaften oder das Kolonialministerium die tatsächlichen Initiatoren der RGS-Expeditionen. Die Society leistet dazu die Öffentlichkeitsarbeit, sie verleiht den Projekten die wissenschaftlichen Weihen.

Neben kommerziellen und imperialistischen Interessen spielt noch ein dritter Faktor eine Rolle: patriotisches Sendungsbewusstsein. Denn gerade in der Royal Geographical Society wird ein Geist gepflegt, der mit zur Herausbildung des Stereotyps britischer Entdecker im 19. Jahrhundert beiträgt. Er ist in der Regel Angehöriger der Navy oder der Army und mit den neuesten technischen Errungenschaften ausgestattet: So geht er von England, der Krone der zivilisierten Welt, hinaus in unbekannte Gegenden der Erde, die er sich im Namen des Empire untertan macht.

Die Grenzen einer solchen Ideologie werden dem Empire – und der RGS – in den extremsten Gegenden des Erdballs aufgezeigt: in Arktis und Antarktis. Der Untergang der Arktisexpedition unter Sir John Franklin (siehe Seite 142) markiert das wohl größte Desaster der britischen Forschungsgeschichte, die Niederlage im „Rennen um den Südpol“ und der Tod der Männer um Robert Scott (Seite 154) einen weiteren Tiefpunkt.

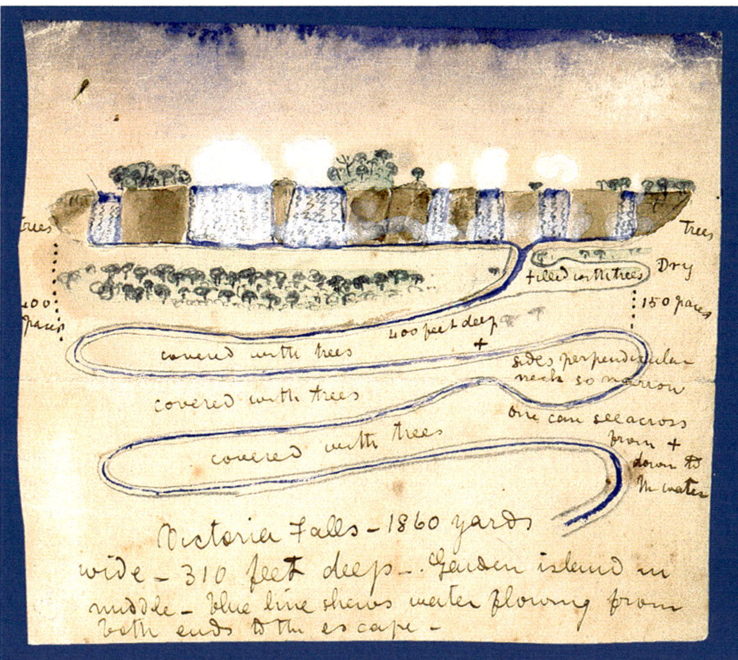

1855 skizziert David Livingstone in seinem Tagebuch die Victoria-Fälle, die er bei der Durchquerung Afrikas entdeckt hat. Der Bericht über diese Reise macht ihn berühmt. Daraufhin organisiert die Royal Geographical Society für den Forscher eine Expedition auf dem Sambesi. Statt der geplanten zwei wird sie sechs Jahre dauern

Den Nordpol erreicht als Erster der Amerikaner Robert E. Peary (Seite 150): ein Mitglied der 1851 gegründeten American Geographical Society, der US-Konkurrenz. Peary hat sich der extremen Klimazone angepasst, indem er von den Inuit lernt – im Gegensatz zu den Gepflogenheiten der meisten Briten.

David Livingstone hingegen ist ganz und gar nicht der Prototyp des viktorianischen Entdeckers. Er ist weder Offizier noch Wissenschaftler, sondern in erster Linie Missionar. Er will den Menschen Afrikas die frohe Botschaft des Christentums bringen und den Sklavenhandel bekämpfen. Er geht auf die Einheimischen zu, lernt ihre Sprachen, sieht in ihnen Partner.

Die Reiseberichte seiner ersten Expeditionen schickt Livingstone an die RGS und erweckt so die Aufmerksamkeit von Roderick Murchison.

Das Gründungsmitglied ist über Jahrzehnte der bestimmende Mann der Society, in mehreren Phasen zwischen 1843 und 1871 auch ihr Präsident – und maßgeblich beteiligt an der Verquickung von Geographie und britischer Großmachtpolitik.

Livingstones Durchquerung Afrikas in den Jahren 1854 bis 1856 kommt ihm gerade recht: Er braucht neue Heldentaten, um das öffentliche Interesse an der Entdeckung der Welt zu erhalten. Noch vor Livingstones Rückkehr nach Großbritannien rührt er die Werbetrommel – mit Erfolg. Der Forscher ist bei seiner Ankunft schon eine Berühmtheit, sein Reisebericht wird ein Bestseller.

Und Murchison gelingt es in den folgenden Jahren stets aufs neue, die Expeditionen des Missionars von der Regierung finanzieren zu lassen.

So auch dessen letzte Reise. Doch Livingstone überlebt Stanleys Aufbruch nur um gut ein Jahr. Er stirbt am 30. April 1873, bis zuletzt auf der Suche nach der Nilquelle.

Seine Begleiter vergraben Livingstones Herz und Innereien im afrikanischen Boden, balsamieren seine Leiche ein und transportieren sie unter großen Anstrengungen zur Küste. Fast ein Jahr nach seinem Tod finden Livingstones sterbliche Überreste im Längsschiff der Westminster Abbey ihre letzte Ruhe.

Die Hüte, die Livingstone und Stanley bei ihrem Treffen getragen haben sollen, lagern noch heute in der „Lowther Lodge“, dem Hauptsitz der Royal Geographical Society im Londoner Stadtteil Kensington. □

Mara Küpper, 27, ist Historikerin und Journalistin in Köln.
Stefan Sedlmair, 39, ist Musikwissenschaftler in Hamburg.

Duell um den

Seit der Antike suchen Menschen vergebens nach den Quellen des längsten Flusses der Welt. Zwei Briten wollen das Mysterium endlich lösen und dringen dazu ins Innere Afrikas vor. Bald behauptet John Hanning Speke (links), als Erster die Sensation entdeckt zu haben – und macht sich damit seinen Mitreisenden Richard Francis Burton (rechts) zum unversöhnlichen Feind

Nil

VON RALF-PETER MÄRTIN

Richard Francis Burton, Hauptmann der anglo-indischen Armee, sieht nicht wie ein typischer Engländer aus: Er hat schwarze Haare, schwarze Augen, ein dunkles, mit Narben übersätes Gesicht und einen riesigen Schnauzbart.

Diese „orientalische“ Erscheinung wirkt auf manche seiner Landsleute düster und befremdlich, doch verschafft sie Burton einen unschätzbaren Vorteil: Ohne als Europäer erkannt zu werden, kann er gehen, wohin er will. Und Burton will überallhin.

Als er im Oktober 1842 in Bombay als Offizier ins 18. Regiment der Bombay Native Infantry eintritt, ist Burton 21 Jahre alt. Überaus sprachbegabt – Latein und Griechisch, Französisch und Italienisch beherrscht er schon –, eignet er sich in seinen sieben Jahren Dienstzeit die wichtigsten Idiome des Subkontinents an, parliert fließend in Hindustani und Gujarati, Sindhi und Punjabi, Marathi und sogar Persisch.

Seine Lernmethoden sind unorthodox. Tagsüber nimmt er Unterricht bei einheimischen Lehrern, nachts verfeinert er das Gelernte bei indischen Geliebten.

Seine Beschäftigung mit der ihn umgebenden fremden Welt ist so intensiv, dass seine Regimentskameraden, die selten das Ghetto ihrer Garnisonen verlassen, ihn „weißen Nigger“ nennen.

Es ist ihm gleichgültig. Statt im Offizierskasino zu essen, bummelt er lieber durch die Basare, dem Fünf-Uhr-Tee zieht er den Genuss von Haschisch vor, und neben dem üblichen Gin Tonic bei Sonnenuntergang raucht er gern auch Opium in üblen Spelunken.

Burton dient dem britischen Oberkommandierenden in der Provinz Sindh (heute Pakistan) als eine Art Geheimagent für besondere Aufgaben. Er liefert Informationen über verbotene Witwenverbrennungen und drohende Aufstände. Doch sein Bericht über Bordelle, in denen britische Offiziere ihren homosexuellen Neigungen nachgehen, wandert in eine Geheimakte – so genau hat es doch niemand wissen wollen. Fortan stockt seine Karriere, obwohl er sich mehrfach im Kampf auszeichnet und als einer der besten Fechter der Armee gilt.

Burton lässt sich beurlauben und kehrt 1849 nach Europa zurück. Wie zum Trotz verfasst er eine Abhandlung über den richtigen Gebrauch des Bajonetts. Sie ist so überzeugend, dass sie vom Kriegsministerium später nachgedruckt wird.

Parallel dazu schreibt er vier ethnographische Bücher über Indien und geht dann nach Ägypten. Am Nil lebt er inkognito, zunächst als persischer Arzt, anschließend als afghanisch-indischer Derwisch. Er perfektioniert sein Arabisch und vertieft bei einem Sufi-Scheich sein Wissen über den Islam.

Im April 1853 fühlt Burton sich genügend vorbereitet, um ein Husarenstück zu wagen. Als muslimischer Pilger reiht er sich ein in die jährliche Karawane nach Mekka. Das Betreten der Stadt ist für Nichtmuslime streng verboten, deren Miterleben der heiligen Handlungen gilt vielen Gläubigen als Blasphemie, die mit dem Tod durch Steinigen bestraft werden muss. Doch wegen seines Wissens über Heilkunde von seinen Mitreisenden respektiert und geschätzt, zieht Burton unerkannt mit den anderen Gläubigen nach Mekka, umkreist die Kaaba, nimmt an den islamischen Riten teil und erwirbt sich damit den Ehrentitel eines Hadschi.

Das dreibändige Werk, das er über seine Reise schreibt, findet sogar die Aufmerksamkeit des osmanischen Sultans in Istanbul, der sich als Schutzherr der heiligen Stätten des Islam über den frechen Christen erregt. Mit einem Schlag ist Burton berühmt und wird in einem Atemzug mit anderen britischen Forschern wie Mungo Park genannt.

Im November 1853, während sich Burton von seiner gefährlichen Reise im „Shepheard's Hotel“ in Kairo erholt, trifft der deutsche Missionar Johannes Ludwig Krapf in Ägypten ein. Krapf und sein Kollege Johann Rebmann haben 1846 unweit der ostafrikanischen Küstenstadt Mombasa eine Missionsstation

Speke und Burton marschieren 1857 von Sansibar aus nach Westen und entdecken den Tanganjika-See. Auf dem Rückweg trennt sich Speke in Tabora von Burton, geht nach Norden – und stößt auf den Victoria-See (orangefarbene Linien). Mit einer zweiten Expedition entlang der Westküste des Gewässers und weiter gen Norden (rote Linie) will Speke 1861 beweisen, dass hier die Nilquelle liegt

Mehr als 6600 Kilometer liegen zwischen dem tatsächlichen Ursprung des Nil-Quellflusses Kagera im zentralafrikanischen Bergland und der Nil-Mündung am Mittelmeer. Bei Assuan, hier ein Stich von 1870, liegt der nördlichste von zahlreichen Katarakten. An solchen schwer passierbaren Stromschnellen scheitert lange Zeit jeder Versuch, aufwärts bis zur Quelle vorzustoßen

gegründet, aber bald festgestellt, dass die Bereitschaft der umliegenden Völker, Gottes Wort zu hören, zu wünschen übrig ließ.

„Nicht mit Entdeckergelüsten, sondern einzig mit dem Drange, in das tiefe Seelendunkel der stumpfen Heiden das christliche Licht zu setzen", brachen sie daraufhin ins unbekannte Innere auf, wo sie auf größeres Interesse für ihre Botschaft hofften. Eingeborene erzählten Rebmann von einem Berg aus Silber, der von bösen Geistern bewacht werde.

Nach einem strapaziösen Marsch von 15 Tagen sichtete der Missionar, der mit neun Trägern, Bibel und Regenschirm reiste, am 11. Mai 1848 den 5895 Meter hohen, im Gipfelbereich vergletscherten Kilimandscharo. „Es wurde mir ebenso klar als gewiss", schrieb Rebmann später, „dass das Weiße nichts anderes sein könne als Schnee."

Anderthalb Jahre später stieß Krapf noch weiter vor und erblickte als erster Europäer den Mount Kenya, den zweithöchsten Berg Afrikas.

Die Entdeckung von schneebedeckten Bergen in Ostafrika war eine Sensation. Außerdem erfuhren die Missionare durch arabische Händler von einem riesigen Binnenmeer, zu dem von der Küste mehrere Handelsrouten hinführen sollten.

Burton befragt Krapf nach dessen Entdeckungen und ist so elektrisiert, dass er sich sofort an den Geschäftsführer der Royal Geographical Society (RGS) in London wendet (siehe Seite 120). Er glaubt, einem der größten Rätsel der Entdeckungsgeschichte auf der Spur zu sein: dem Ursprung des Nils.

Denn der gigantische See, von dem Krapf erfahren habe, liege genau dort, wo man die Nilquellen vermute, und sein Bericht decke sich mit Informationen, die er, Burton, von arabischen Händlern auf seiner Mekka-Reise erhalten habe. Dass die Nilquellen unterhalb hoher Berge, den *Lunae montes* (Mondbergen), aus zwei Seen entspringen würden, habe schon Ptolemäus, der bedeutendste Geograph der Antike, in seinen Karten vermerkt. Es sei höchste Zeit, das Rätsel der Nilquellen endlich zu lösen, und er schlage sich als Expeditionsleiter und

die ostafrikanische Insel Sansibar als Startpunkt vor.

Das Vorhaben Burtons kommt der Royal Geographical Society sehr gelegen, denn noch immer stellen sich große Teile des Kontinents auf den Landkarten als weiße Flecken dar.

Es sind vor allem die Flusssysteme von Niger, Kongo und Sambesi, über die man Genaueres zu erfahren wünscht. Kein afrikanischer Strom aber fasziniert die Forscher so sehr wie der Nil.

Nach wie vor ist unbekannt, wo der Strom entspringt. Das Rätsel existiert seit der Antike, und weder Pharaonen noch römische Kaiser noch die arabischen Kalifen haben es lösen können.

1771 hat der Brite James Bruce immerhin den wichtigsten Nebenfluss des Nils, den Blauen Nil, erforscht und den Tana-See in Äthiopien als seinen Ursprung beschrieben. Doch die Quellen des größeren Flussarmes, des Weißen Nils, die irgendwo im „dunkelsten Afrika" entspringen sollen, hat noch kein Europäer zu Gesicht bekommen.

Zwischen 1839 und 1842 haben drei ägyptische Expeditionen vom sudanesischen Khartum aus den Weißen Nil erkundet und sich durch die 100 000 Quadratkilometer großen Sümpfe des Sudd mit ihrem Gewirr aus schwimmenden Papyrus-Inseln, wuchernden Wasserhyazinthen, Gras und Schilf gekämpft – dann aber mussten die Männer vor unbefahrbaren Katarakten aufgeben. Auf dieser Route fuhr neun Jahre später auch der österreichische Missionar Ignaz Knoblechner den Nil hinauf und gründete am südlichsten Punkt die Station Gondokoro (unweit der heutigen Stadt Juba).

Burton hält nichts davon, auf diesem Wege zu den Nilquellen vorzustoßen. Seiner Meinung nach ist es aussichtsreicher, die Spur von Krapf und Rebmann wieder aufzunehmen und von Ostafrika aus ins Innere zu marschieren. Die Society ist einverstanden, das Außenministerium stiftet 1000 Pfund für die Expedition, und die Armee gewährt ihm zwei Jahre bezahlten Urlaub.

Burtons ursprüngliche Idee, allein und als arabischer Kaufmann verkleidet loszugehen, findet indes nicht die Zustimmung seiner Sponsoren. So wählt er sich ein Team von drei Begleitern. Der Missionar Rebmann, der Entdecker des Kilimandscharo, soll nach Burtons Wünschen ebenso an der Expedition teilnehmen wie sein Freund, der Arzt Dr. John Steinhaeuser, der wie Burton mehrere orientalische Sprachen beherrscht.

Doch als Burton am 19. Dezember 1856 an Bord des Kriegsschiffs „Elphinstone" in den Hafen von Sansibar einläuft, steht lediglich der vierte Mann neben ihm an der Reling: Hauptmann John Hanning Speke.

WESHALB BURTON einen Mann auswählt, der in vielem sein genaues Gegenteil darstellt, ist bis heute ein Rätsel. Der sechs Jahre jüngere Speke ist das Idealbild eines Gentleman: groß, schlank, breitschultrig, gut aussehend.

Er hat dunkelblondes Haar, blaue Augen und kommt aus der landbesitzenden englischen Oberschicht. Er achtet auf seine Gesundheit, trinkt kaum und raucht nicht.

Statt wie Burton in Verkleidung nachts durch Städte zu streifen, geht Speke auf die Jagd, vorzugsweise allein und in abgelegenen Gebieten in Indien

und in Tibet. Dabei hat er sich eine bewundernswerte Ausdauer antrainiert und ist zu einem vorzüglichen Schützen geworden. Nur seine Angewohnheit, von erlegten trächtigen Tieren das Ungeborene zu verzehren, irritiert manche.

Spekes Traum ist die Einrichtung eines naturkundlichen Museums in seinem Elternhaus in Somerset. Dafür präpariert und sammelt er seine Jagdtrophäen – und interessiert sich sonst nur wenig für die Wunder Indiens. So lernt er in den zehn Jahren, in denen er in der indischen Armee dient, nicht einmal ordentlich Hindustani.

Burton und Speke haben sich 1854 in Aden kennen gelernt, dem englischen Marinestützpunkt zwischen Ägypten und Indien. Burton plante – als Generalprobe für die Reise zu den Nilquellen – eine Expedition ins Somaliland, Speke wollte seine naturkundliche Sammlung durch Trophäen aus Afrika erweitern. Als einer von Burtons Begleitern ausfiel, sprang Speke für diesen ein.

Der „Ausflug" wurde für Speke zum Desaster. Einen ihm persönlich erteilten Auftrag zur Vorbereitung der Expedition konnte er wegen mangelnder Sprachkenntnisse nicht ausführen. Als die Expedition eines Nachts von Somali-Kriegern überfallen wurde, glaubte Speke, der beim Angriff schwere Verletzungen davontrug, dass Burton ihn für einen Feigling hielt.

Und schließlich fand Speke sein Reisetagebuch – versehen mit nicht sehr schmeichelhaften Kommentaren über seine Kompetenz – ohne sein Wissen in dem Buch abgedruckt, das Burton als Expeditionsleiter geschrieben hatte.

Schon vor der Expedition sind Burton und Speke Rivalen

Zur gleichen Zeit, da Spekes Vorbereitungsmission gescheitert war, hatte Burton als erster Europäer eine verbotene Stadt im Somaliland besucht: Harar. Sich in seinem Erfolg sonnend, fiel ihm überhaupt nicht auf, wie sehr Speke litt. Der Expeditionsleiter fühlte sich dem Jüngeren überlegen und glaubte gar, ihm mit dem Abdruck des Tagebuchs einen Gefallen getan zu haben.

Dennoch hat Burton im Jahr darauf das Gefühl, wegen der Vorfälle im Somaliland etwas gutmachen zu müssen. Zudem erinnert er sich an Spekes Qualitäten; immerhin sei der „energisch, mutig, ausdauernd".

Der Jüngere sagt sofort zu. Ihm ist klar, welche Chance sich da bietet. Zusammen mit dem legendären Burton eines der letzten großen geographischen Rätsel zu lösen, bedeutet Ruhm und Ehre für den bis dahin zwar völlig unbekannten, aber ehrgeizigen und selbstbewussten Speke. Dass er Burton dessen früheres Verhalten nicht verzeihen kann, behält er für sich.

Statt eines Kameraden hat Burton einen Konkurrenten dabei. Nur weiß er es noch nicht.

Als Speke ins Innere Afrikas vordringt, ist er nicht nur Entdecker, sondern auch Jäger, Abenteurer – und manchmal gar Missionar. Häuptlingen, durch deren Länder er zieht, macht er seine Aufwartung, um freies Geleit zu erbitten – einem König präsentiert er dabei zugleich die Bibel (links eine Darstellung aus Spekes Buch über seine zweite Reise zu den Nilquellen). Die Jagd auf Büffel (oben) und andere Großtiere ist ihm Herausforderung – und zu bestimmten Zeiten Notwendigkeit. Denn ohne das Fleisch des erlegten Wildes müsste seine Mannschaft gelegentlich hungern

Die erste Station ihrer Reise ist Sansibar. Die Insel, 35 Kilometer vor der Küste gelegen, ist der bedeutendste Handelsplatz Ostafrikas und Sitz eines Sultans, der ein Reich beherrscht, das sich von der Nordostspitze der Arabischen Halbinsel bis hinunter zum Kap Delgado erstreckt. Jedenfalls theoretisch.

In Wirklichkeit übt er seine Macht nur auf der Insel und an wenigen Küstenplätzen aus. Doch Said ibn Sultan, dem Vater des herrschenden Sultans Majid ibn Said, verdankt Sansibar seinen Wohlstand. Riesige Plantagen von Gewürznelken überziehen die Insel. Sie decken drei Viertel des weltweiten Verbrauchs. Von den 200 000 Einwohnern sind die Hälfte Sklaven, die Mehrheit Plantagenarbeiter.

Das Klima ist ungesund, Cholera-Epidemien sind häufig, Malaria, Gelbfieber, Ruhr, Hepatitis und alle Arten von Geschlechtskrankheiten weit verbreitet.

Sansibar ist der größte Sklavenmarkt der Welt. Jährlich werden von arabischen Händlern bis zu 40 000 Menschen auf die Insel gebracht, ein Drittel davon für die Plantagen, zwei Drittel werden in andere Regionen verschleppt, vor allem nach Arabien, Indien und Persien. Die auf sie erhobene Kopfsteuer bildet einen erheblichen Teil der staatlichen Einnahmen.

Weil die Insel reich ist, hat Großbritannien bereits 1841 ein Konsulat eröffnet. Atkins Hamerton, der Konsul Ihrer Majestät, drängt den Sultan schon bald darauf zu einem offiziellen Exportverbot für Sklaven (das freilich niemand beachtet). Denn Großbritannien, das noch im 18. Jahrhundert 60 Prozent des transatlantischen Sklavenhandels abwickelte, hat sich mittlerweile zum entschiedenen Kämpfer gegen die Sklaverei gewandelt. Aus dem moralischen Anspruch, Anwalt der Sklaven zu sein, leitet London das Recht ab, verdächtige Schiffe auf den Weltmeeren zu kontrollieren.

Um den Sklavenschmuggel zu unterbinden, aber auch, um den eigenen Handel mit anderen Gütern zu fördern, besetzen und gründen die Briten Häfen an der westafrikanischen Küste, aus denen sich jedoch erst viel später echte Kolonien entwickeln werden.

Zu Burtons und Spekes Zeit charakterisiert die englische Afrikapolitik ein Stoßseufzer des späteren Premierministers Benjamin Disraeli, der über die „lumpigen afrikanischen Kolonien" als einen „Mühlstein an unserem Halse" wettert. Wobei er wohl vor allem die südafrikanische Siedlungskolonie meint, deren Gold- und Diamantenvorkommen noch nicht entdeckt sind, deren niederländische Siedler, die Buren, sich aber weigern, ihre Sklaven freizulassen.

Wie es sich gehört, sprechen Burton und Speke sowohl beim Sultan als auch bei Hamerton vor. Der Herrscher verspricht, für Begleitsoldaten zu sorgen, der Konsul, ein erfahrener Kenner der Verhältnisse, sagt ihnen Hilfe bei der Suche nach Trägern und Lasttieren für ihre Karawane zu.

Im Januar 1857 fahren die beiden Briten zunächst die Küste hinauf, um vor ihrer Reise ins Innere Afrikas den Missionar Rebmann in seiner Station bei Mombasa zu befragen – und zur Teilnahme an ihrer Expedition zu überreden.

Der Deutsche beschreibt ihnen bereitwillig das Binnenland und dessen Einwohner, lehnt jedoch Burtons Einladung höflich ab. Wahrscheinlich missfällt dem frommen Christen das Versprechen, das der religiös gleichgültige Burton dem Sultan von Sansibar gegeben hat: Man werde während der Expedition keine Missionierungsversuche unternehmen.

Auf der Rückreise nach Sansibar erkranken Burton und Speke an Malaria. Die täglichen Anfälle mit bohrendem Kopfweh, Erbrechen, rasendem Durst und einem Schwindelgefühl, das es ihnen unmöglich macht, aufrecht zu stehen, bekämpfen sie mit Chinin. Um halbwegs wieder auf die Füße zu kommen, benötigen sie sechs Wochen. Burton glaubt, er sei jetzt immun. Ein Irrtum.

Die Vorbereitungen für die Expedition ziehen sich hin. Neben einem Arsenal von Gewehren, Revolvern und Säbeln versehen sich Burton und Speke mit den notwendigen Messinstrumenten, packen Thermo-, Chrono-, Pedo- und Barometer ein, Kompasse, Sextanten und Teleskope, stellen eine Handbibliothek zusammen, Papier, Tinte, Schreibmaterial und Siegellack, diverse Werkzeuge.

Sie brauchen zudem Zelte und Feldbetten, Matratzen und Moskitonetze, Besteck und Kochutensilien. Die Apotheke der Expedition besteht hauptsächlich aus Morphium, Chinin und Warburgtropfen: einem Gemisch aus Schlehenextrakt, Chinin und Opium.

Immer wieder zwingt Malaria die Forscher nieder

Da die Männer hoffen, Fleisch, Milch und Getreide bei den einheimischen Völkern zu erwerben, und Speke für Wildbret sorgen will, packen sie vor allem Gewürze, Zucker, Salz, Tee, Essig und Öl sowie für Burton eine Kiste Zigarren ein, dazu zwölf Flaschen Brandy (48 weitere sollen nachgeliefert werden).

Auch Tauschgüter müssen mitgeführt werden: Baumwolltuch, Messingdraht, Glasperlen. Denn bei den Stämmen im Inneren existiert keine Geldwirtschaft.

Die Zahl der Träger lässt sich leicht berechnen. Durchschnittlich beträgt eine Last 30 bis 35 Kilo, also müssen die Briten ungefähr 120 Träger einstellen.

Dazu kommen etliche Reit- und Lastesel, deren Preise, wie Burton klagt, astronomisch seien, betragen sie doch das Mehrfache dessen, was ein männlicher Sklave kostet. Zwei persönliche Diener aus Indien, zwei Gewehrträger und ein Vertreter des Sultans komplettieren das Aufgebot. Den Geleitschutz bilden 20 Belutschen-Söldner unter einem einäugigen Hauptmann, die der Sultan Burton gegen Bezahlung ausleiht.

Eine wichtige Position bleibt jedoch unbesetzt: Burtons Freund Steinhaeuser, der für die medizinische Betreuung vorgesehen war, muss wegen einer Erkrankung kurzfristig absagen.

Die Monate bis zum Ende der Regenzeit nutzt Burton, um eine weitere Sprache zu lernen. Von nun an spricht er Suaheli mit den Trägern, Sindhi mit den Belutschen, Hindustani mit den Dienern und Arabisch mit den Kaufleuten. Speke hingegen beherrscht nur ein wenig Hindustani und ist auf seinen Gewehrträger Sidi Bombay als Übersetzer angewiesen.

Am 16. Juni 1857 geht es endlich los. Unklarheiten über den einzuschlagenden Weg gibt es nicht, denn Ostafrika ist von einem Netz viel begangener Handelsrouten durchzogen. Seit Jahrzehnten machen arabische und indische Händler hier ihre Geschäfte mit Sklaven und Elfenbein und sind dabei immer tiefer ins Inland vorgedrungen.

An wichtigen Kreuzungspunkten haben sie Faktoreien errichtet als Sammelpunkte für ihr „schwarzes und weißes Gold", das sie in Karawanen von mitunter 1000 Menschen hinunter zur Küste nach Sansibar schaffen. Zentralort für den Handel, an dem sogar ein vom Sultan bestellter Richter residiert, ist das fast 1000 Marschkilometer von der

Im Urwald Ostafrikas erforschen Europäer nie zuvor erblickte Riesenpflanzen, wie sie hier um 1860 der britische Maler Thomas Baines wiedergibt. Doch Tsetsefliegen, Skorpione und andere Plagen zermürben sie. Speke und Burton etwa leiden unter Geschwüren und Sehstörungen. Oft kommen die geschwächten Weißen pro Tag nur wenige Kilometer voran

Küste entfernte Tabora. Hier will Burton weitere Informationen einholen.

Am 7. November 1857 trifft die Karawane dort ein. Burtons Mund ist voller Geschwüre, und seine Füße sind so geschwollen, dass er nicht mehr laufen kann. Speke klagt über Sehschwierigkeiten. Beide leiden unter Malaria; zudem haben sich stachliges Gras und Dornen in ihre Haut gebohrt. Tsetsefliegen peinigen Mensch und Tier. Hütten und Zelte ihrer Lager wimmeln stets binnen Stunden von Skorpionen, Wanzen, Ohrwürmern und beißenden Ameisen.

Fast täglich laufen Träger davon. Gepäck verschwindet, Waren werden gestohlen. Die Belutschen verlangen immer mehr Bakschisch.

Burton vermisst in Afrika all das, was er in den arabischen Ländern liebt: Es gibt keine Ruinen, keine alten Manuskripte, keine bedeutende Architektur. Die Dörfer sind schmutzig, die Leute ruppig, und die Häuptlinge verlangen von den Durchreisenden einen Wegezoll, der bei den Weißen hoch ausfällt.

Die Tage verlaufen in ewiger Gleichförmigkeit. Gegen vier Uhr krähen die Hähne, die jede Karawane mit sich führt, zwischen fünf und sechs Uhr bricht die Gruppe auf. Voran der Karawanenführer mit einer blutroten Flagge, dem Zeichen der aus Sansibar kommenden Karawanen, ihm zur Seite ein Trommler. Marschiert wird meistens vier bis fünf Stunden, danach strahlt die Sonne zu stark.

An guten Tagen schafft die Expedition etwa 15 Kilometer. Gegen 16 Uhr wird den Forschern, die in der Zwischenzeit im Schatten Aufzeichnungen gemacht haben, das Dinner serviert. Abends trommeln und tanzen die Träger und trinken Hirsebier.

Der „dröhnende Gesang“, so Burton, locke häufig die Bewohner aus den Dörfern an, und nach „einem großen Umzug, bei dem sich alle Tänzer zu einer großen Meute zusammendrängen, einem *galop infernal* von gestikulierenden Satyrn, denen Menschliches fern scheint“, werde auch „Liebe gemacht“.

Während sich Speke über die Nacktheit der afrikanischen Frauen empört, die er „abscheulich schwarz und hässlich“ findet, mustert Burton die Schönheiten mit Wohlgefallen – und wahrscheinlich bleibt es nicht bei Blicken. Das zumindest wird er später in seinen Büchern andeuten.

Er sieht in Afrika rauschhafte Exzesse, Polygamie, Arbeitsverweigerung und latente Grausamkeit. Dies stößt ihn ab und fasziniert ihn zugleich. Im Gegensatz zur Gesellschaft des viktorianischen England mit ihrer Disziplin, ihrem Pflichtbewusstsein und ihrer prüden Sexualmoral, scheinen die Afrikaner, wie Burton in einer Mischung aus Bedauern und Verachtung notiert, „zu jenen kindlichen Rassen zu gehören, die nie zum Mannesalter heranreifen und wie abgenutzte Glieder aus der großen Kette der beseelten Wesen herausfallen“.

IN TABORA ERHOLEN SICH die beiden Briten einen Monat lang von ihren Anstrengungen. Die arabischen Sklavenhändler behandeln Burton zuvorkommend und sind entzückt über sein glänzendes Arabisch.

Das Burton und Speke zur Verfügung gestellte Haus ist geräumig und sauber,

1860 bricht Speke zum zweiten Mal zu den Nilquellen auf, diesmal ohne Burton, mit dem er sich zerstritten hat. Er wird von der Royal Geographical Society unterstützt (links), einer Vereinigung, die Entdeckungsreisen fördert. Zudem hoffen deren Honoratioren, dass sich durch solche Expeditionen die Sklaverei (unten) bekämpfen lässt. Denn in Afrika werden ganze Landstriche von Menschenjägern entvölkert

an Lebensmitteln herrscht kein Mangel, und bereitwillig geben die Gastgeber ihr geographisches Wissen weiter. „Welch ein auffallender Kontrast zwischen der freigebigen Gastfreundschaft dieser wahrhaft edlen Rasse und der Knauserigkeit des wilden, selbstsüchtigen Afrikaners“, seufzt Burton, der sich wie unter Freunden fühlt, während der sprachunkundige Speke mürrisch das Haus hütet.

Das Rätsel des Binnenmeers im Inneren Afrikas scheint rasch geklärt: Es gibt nicht einen, sondern gleich drei große Seen. Zwei davon sind für Burton und Speke besonders interessant. Einer liegt im Westen, der größere im Norden.

Burton entscheidet sich dafür, nach Westen zu gehen – zum Tanganjika-See. Er vermutet, dass beide Seen durch einen Fluss verbunden sind; der weiter im Süden liegende müsste die Quelle des Nils sein. Wiederum folgt die Expedition einer Karawanenroute, an deren Endpunkt am Ufer des Tanganjika-Sees die Station Ujiji liegt, eine Faktorei arabischer Händler. Speke wird später behaupten, er habe gleich nach Norden aufbrechen wollen, aber Burton habe abgelehnt.

Der Marsch nach Ujiji fordert den Forschern alles ab. Die Regenzeit setzt ein, sogar Hagel prasselt nieder. Träger zu finden ist noch schwieriger als sonst, da die Arbeit auf den Feldern begonnen hat und manche von denen, die sich zunächst verpflichten, verschwinden, sobald sie das übliche Handgeld erhalten haben.

Burton plagt sich mit einem vereiterten Kiefer und Malaria und kann nur flüssige Nahrung zu sich nehmen. Speke macht eine Augenentzündung fast blind. Trotzdem notiert Burton unermüdlich die Namen der Gebiete und Stämme, die sie passieren. Er beschreibt die Bräuche der Völker mit Lust am grausamen Detail. So schildert er die Bestattung eines Häuptlings, dem die Hinterbliebenen drei lebende Sklavinnen und einen gehörigen Biervorrat mit ins Grab geben, ehe sie anschließend auf dem frisch aufgeworfenen Hügel ein rauschendes Fest feiern.

Am 13. Februar 1858 kommen sie an ihr Ziel. Als erste Europäer haben sie den Tanganjika-See erreicht. Ujiji ist ein großes Depot für Elfenbein und Sklaven, die aus allen Richtungen hierher geschafft werden. Burton beschreibt den Sklavenhandel als System von Diplomatie und Gewalt, das nur funktioniere, weil die einheimischen Häuptlinge mit den Händlern kooperieren.

Burton nutzt die Hilfe arabischer Sklavenhändler

Aufgrund der patriarchalischen Verhältnisse bei den Arabern erwarte die Sklaven, so glaubt der Brite, „in Sansibar ein besseres Los als in ihren von Krankheiten verseuchten Dörfern“. Andererseits verhindere der Sklavenhandel durch Überfälle, Grenzkriege und innere Wirren ein Wachstum der Bevölkerung und „Fortschritte in Richtung Zivilisation“.

Während Burton mit immer neuen Fieberschüben kämpft, versucht Speke, das einzige auf dem See vorhandene Segelschiff zu mieten. Es gelingt ihm nicht, Burton führt dies auf dessen mangelndes diplomatisches Geschick zurück.

Also nehmen sie Einbäume und paddeln das Ostufer entlang, um den Fluss Ruzizi zu finden, der, wie Einheimische berichten, im Norden aus dem See herausfließen soll – und damit Burtons Theorie über den Ursprung des Nils erhärten würde.

Noch immer ist Regenzeit, am Ufer sammeln sich feindliche Stämme, die Kannibalen sein sollen und die Begleitmannschaft in Angst und Schrecken versetzen. Burton kann wegen seiner Mundgeschwüre kaum noch sprechen. Und als Landeskundige berichten, der gesuchte Fluss ströme in den See *hinein*, ist Burton tief deprimiert. „Ich fühlte mich todunglücklich“, schreibt er in sein Tagebuch. Der Tanganjika-See kann nicht die Nilquelle sein.

IM JUNI 1858 sind sie wieder zurück in Tabora. Sie haben kaum noch Lebensmittel und Tauschgüter. Burton will seine Aufzeichnungen ordnen und sicher zur Küste bringen. Speke ist unzufrieden. Einem Freund schreibt er, dass er bis auf ein paar Antilopen, Perlhühner und Flusspferde nichts vor die Flinte bekommen habe. Er begreife nicht, was Burton dauernd notiere, die Urwälder, Ebenen und Eingeborenen seien doch überall gleich – langweilig.

Da Speke die arabischen Händler „wie Nigger“ behandele, ist Burton nur zu froh, als dieser vorschlägt, auf eigene Faust nach dem nördlichen See zu suchen, während Burton in Tabora bleibt.

Am 9. Juli bricht Speke auf. Nach einem problemlosen Marsch erst durch eine trockene Buschlandschaft, dann durch eine immer üppiger wuchernde tropische Flora, steht er am 3. August 1858 an den gelben Sandstränden eines riesigen Sees, den er nach der britischen Königin Victoria benennt.

Mit fast 69 000 Quadratkilometern (128-mal größer als der Bodensee) ist er der mächtigste afrikanische Binnensee, aber das kann Speke bloß ahnen, denn er bleibt nur drei Tage. Dennoch „hatte ich keinen Zweifel mehr, dass dem See zu meinen Füßen jener interessante Strom entspringt, dessen Quelle der Gegenstand so vieler Spekulationen und das Ziel so vieler Forscher gewesen ist“, notiert Speke. „Dies ist ein weit ausgedehnterer See als der Tanganjika, so breit, dass man nicht hinübersehen kann, und so lang, dass niemand die genaue Länge kennt.“

Er brennt darauf, seine Entdeckung Burton mitzuteilen, und hetzt in drei Wochen nach Tabora zurück. Burton sitzt gerade beim Frühstück, als Speke ihn mit der Neuigkeit überfällt – und braucht nicht lange, um dem stolzen Forscher klarzumachen, was er von dessen „Entdeckung“ hält.

Was hat Speke überhaupt gesehen? Einen großen See. Kennt er dessen Ausmaß, weiß er, was für Flüsse in ihn hinein- und aus ihm hinausströmen? Wenn er all das nicht erkundet hat, wieso kann

er dann behaupten, er habe die Quelle des Nils erblickt?

Und ist seine Reise überhaupt nötig gewesen? Burton hat sich von den arabischen Händlern nicht nur über den Ukerewe – wie der Victoria-See auf Suaheli heißt – unterrichten lassen, sondern auch über die Völker an seinen Ufern und die drei Königreiche von Karagwe, Buganda und Bunyoro. Was hat Speke damit verglichen an Neuem erfahren, das ihn zu seiner kühnen These berechtigt?

Der Gemaßregelte, über diese Reaktion tief enttäuscht, kommt nach einigen Tagen des Disputs während der Expedition nicht mehr auf das Thema zurück. Nur im Fieberdelirium schreit Speke seine Enttäuschung und seinen Widerwillen gegen den Gefährten heraus.

Burton erschrickt über den verborgenen Hass seines „zweiten Mannes". Kaum noch transportfähig, niedergestreckt von einer Lungen- und Rippenfellentzündung, wird Speke auf einer Trage zur Küste geschleppt; Burton, selbst von der Malaria gepeinigt, trocknet ihm die vom Fieber schweißnasse Stirn. (In ihren Kartenwerken, die sie später der Royal Geographical Society vorlegen, wird der Kampf um die Nilquelle weitergefochten. Burton scheidet in seiner Version den Victoria-See aus, indem er nördlich des Gewässers ein angeblich vorhandenes Gebirge einzeichnet, das eine mögliche Verbindung zum Nil verhindert. Speke tut das Gleiche mit dem Tanganjika, dem er mithilfe der „Mondberge" den Weg versperrt.)

Nach 21 langen Monaten betreten die Briten am 4. März 1859 wieder den Boden von Sansibar. Auf der Insel wütet die Cholera und hat bereits 10 000 Tote gefordert.

In Aden trennen sich ihre Wege. Burton will sich bei seinem Freund Steinhaeuser auskurieren. Speke fährt Mitte April nach Großbritannien voraus und verspricht Burton, mit der Bekanntgabe der Expeditionsergebnisse und dem Vortrag bei der RGS zu warten, bis dieser nachkomme. In einem Brief aus Kairo bestätigt er ihre Abmachung.

Zurück in London, wird Burton von Speke verraten

Aber als Burton am 20. Mai in England ankommt, gibt es in London schon einen Helden: John Hanning Speke.

Speke war bereits am 9. Mai in London eingetroffen und hatte sich sofort zur RGS begeben. Seine Auffassung, dass der von ihm entdeckte Victoria-See zumindest eine, wenn nicht die eigentliche Quelle des Nils sei, trug er so überzeugend vor, dass man ihn umgehend zum Leiter einer neuen Expedition ernannte.

Sie sollte das Rätsel ein für alle Mal lösen, denn Speke versprach, den Victoria-See zu erforschen, seinen Abfluss nach Norden zu finden und ihn durch Zentralafrika bis nach Ägypten zu verfolgen. Der kühne Plan begeisterte die Männer von der Society – und so wurden ihm für seine Expedition 2500 Pfund zugesagt (umgerechnet 50 000 Goldmark).

Ist Speke also ein Schurke? Hat er sein Versprechen gebrochen und sich „angemaßt, auf dem Feld zu ernten, auf dem ich gesät hatte", wie ihm Burton vorwirft?

Ungewollt hat Burton die Position seines Rivalen sogar gestärkt. In einem Brief an die Royal Geographical Society aus Aden, den er drei Tage nach Spekes Abreise schrieb, hatte er gebeten, dessen Ansichten über den Victoria-See ernsthaft zu prüfen. Burtons überraschendes Wohlwollen lag darin begründet, dass er fest damit rechnete, auch die nächste Expedition nach Zentralafrika zu leiten.

Noch immer nämlich fühlt Burton sich Speke hoch überlegen. Der verfüge weder über Fremdsprachenkenntnisse noch über eine wissenschaftliche Qualifikation, so ist im Vorwort von Burtons zweibändigem Werk „The Lake Regions of Central Africa" zu lesen, und nicht einmal seine astronomischen Messungen seien verlässlich. Für andere als untergeordnete Tätigkeiten nach Art eines „Landvermessers" sei Speke untauglich.

Umgekehrt gibt es nur eine Chance für Speke, aus dem Schatten Burtons herauszutreten: Er muss schneller sein als der Rivale. Wären beide gemeinsam bei der Society aufgetreten, wäre dem eloquenten und gebildeten Burton unbestritten der Ruhm zugefallen. Die Leitung der nächsten Expedition wäre ihm sicher gewesen, und damit die Ehre, die Nilquellen entdeckt zu haben.

Doch die Entdeckung des Victoria-Sees, dessen Erkundung Burton so verächtlich abgetan hat, ist allein Spekes Verdienst. Diese Ehre soll er mit Burton teilen, der ihn stets als Untergebenen behandelt hat? Speke ist besessen und ehrgeizig – und nachtragend.

Die britische Öffentlichkeit findet in dem 32 Jahre alten Offizier einen Helden nach ihrem Geschmack. Speke ist berechenbar und trägt lieber Uniform als eine arabische Djellaba. Burtons Faible für das Abwegige, die dunklen Seiten der Existenz, irritiert dagegen nicht nur seine Verleger, die etwa Exkurse über die weibliche Beschneidung aus seinen Manuskripten streichen.

Speke gibt sich zudem bescheiden im Umgang, was sich positiv von der Arroganz Burtons abhebt. Der Captain schreibt zwar schlechter und seine Bücher haben nicht entfernt den Informationsgehalt, der Burtons Werke aus-

Eine britische Expedition rastet vor den 110 Meter hinabstürzenden Victoria-Fällen des Sambesi, über denen eine Gischtwolke aufsteigt. Der Missionar David Livingstone hat sie 1855 entdeckt. Hinweise auf solch gigantische Naturdenkmäler erhalten die Forscher meistens zuerst von Einheimischen oder arabischen Sklavenhändlern

zeichnet. Dafür ist er kein Außenseiter, sondern „very British".

Die einstigen Gefährten liefern sich fortan in aller Öffentlichkeit eine regelrechte Schlammschlacht, voller persönlicher Anfeindungen und kleinlicher Streitereien. Doch an der Entscheidung der Society, Speke mit der nächsten Forschungsreise nach Ostafrika zu betrauen, ändert all dies nichts. Ein Vorschlag Burtons, gleich zwei Expeditionen auf den Weg zu schicken, wird abgelehnt.

Speke hofft vergebens, noch im gleichen Jahr nach Afrika aufzubrechen. Es vergehen neun Monate, bis das Schatzamt zahlt. In der Zwischenzeit findet er einen Begleiter, den gleichaltrigen schottischen Captain James Augustus Grant. Der hat ebenfalls zehn Jahre in Indien gedient. Aus dieser Zeit kennen sich die beiden, sie haben etliche Jagdausflüge zusammen unternommen.

In den folgenden Jahren wird sich Grant loyal bis zur Selbstaufgabe zeigen, sich immer im Hintergrund halten, sich nie beklagend und keine Anweisung des Expeditionsleiters in Zweifel ziehend.

Manche Zeitgenossen halten Grant für einen humorlosen Langweiler, tatsächlich aber ist er der ideale zweite Mann.

Speke lernt in jenen Monaten auch den ehemaligen Bergbauingenieur John Petherick kennen, nun britischer Vizekonsul in Khartum und Elfenbeinhändler. Mit Petherick, der das obere Nilgebiet sehr gut kennt, diskutiert er die Möglichkeit, seiner Expedition von Norden her eine Hilfskarawane bis Gondokoro entgegenzusenden, der Missionsstation am Oberlauf des Nils.

Unterstützung kommt auch von der Armee, die Speke 50 Karabiner, 20 000 Schuss Munition sowie goldene Uhren als Gastgeschenke für die Häuptlinge schenkt und die nötigen Messinstrumente leiht.

Am 27. April 1860 verlassen Speke und Grant mit einem Segelschiff Portsmouth und erreichen 108 Tage später Sansibar. Unterwegs landen sie in der britischen Kapkolonie am Südzipfel Afrikas und erhalten auf Betreiben des dortigen Gouverneurs zwölf Maulesel und zehn Khoikhoi-(Hottentotten-)Soldaten als militärische Begleitmannschaft.

Auf Sansibar hat sich die Situation seit Spekes letztem Aufenthalt beruhigt. Die Cholera-Epidemie ist überstanden. Nach den Briten, Franzosen und Amerikanern haben nun auch die Hamburger ein Konsulat eingerichtet.

Der Sultan empfängt die Forscher gewohnt freundlich, auch wenn der Sklavenhandel durch Verfügungen des britischen Konsuls Einbußen erlitten hat. Nur die Preise für die Ausrüstung der Karawane empfindet Speke als astronomisch. Doch ein „hoher Herr" wie er, so geben ihm die Händler zu verstehen, müsse auch „hohe Preise" zahlen.

Sidi Bombay, Spekes Übersetzer auf der letzten Expedition, tritt wieder in die Dienste des Briten und avanciert zum Verbindungsmann zu den Trägern und zum eigentlichen Karawanenführer.

Am 2. Oktober startet die Expedition und erreicht am 25. Januar 1861 Tabora. Obwohl Speke fast drei Wochen weniger für die Strecke benötigt als 1857, ist der Weg wieder beschwerlich: Die meisten der angeheuerten Träger desertieren, von den Khoikhoi erkranken fünf, und einer stirbt. Eine Hungersnot in der Um-

gebung macht die Nahrungsbeschaffung zu einem schwierigen und unerwartet teuren Geschäft. Grant leidet an Malaria.

Die arabischen Händler in Tabora sorgen wieder für Unterkunft und Nahrungsmittel, doch in der Regenzeit sind alle Wege verschlammt und keine Träger aufzutreiben. Speke erkrankt in dem feuchten Klima an einer Bronchitis.

Als sie nach 51 Tagen erzwungenen Aufenthalts endlich zum Westufer des Victoria-Sees aufbrechen, geraten sie in Stammeskämpfe und werden durch den Wegezoll der Häuptlinge fast ruiniert. Erst nach acht Monaten erreichen die völlig erschöpften Reisenden ihr vorläufiges Ziel, das Königreich Karagwe.

Wie von ihren arabischen Informanten beschrieben, blühen am Victoria-See (überwiegend auf dem Gebiet des heutigen Uganda) drei afrikanische Reiche: Karagwe, Buganda und Bunyoro.

Speke rühmt die bis zu 15 Meter hohen, kunstvoll errichteten Schilfhütten, beschreibt die Einwohner als hervorragende Bootsbauer und Handwerker, lobt die Korbwaren und feinen Tuche aus Baumrinde, delektiert sich an Bananen, geschmortem Fisch und Fleisch, Hühnchen, Süßkartoffeln, Mais und Zuckerrohr, lauscht den Musikern, deren Instrumente ihn an Harfen, Pauken und Trompeten erinnern – und ist vor allem froh, dass zumindest die Männer mit einer Art Toga bekleidet sind.

Schrift, Pflug und Rad existieren nicht, aber es gibt eine feste politische Ordnung. An der Spitze regiert ein König, ihm zur Seite steht der Rat der führenden Männer, es gibt Hofämter und sogar eine Milizarmee. Speke schließt daraus, dass Einflüsse aus dem Norden, wahrscheinlich vom äthiopischen Hochland her, wirksam gewesen sein müssen. Möglicherweise gab es Eroberer, die den Menschen am Victoria-See zu einer höheren Kulturstufe verholfen haben.

Ein tyrannischer König lässt die Weißen nicht weiterziehen

Das Königreich Karagwe, das die Briten als erstes erforschen, profitiert von einem gesunden Klima. Es liegt großenteils auf etwa 1500 Meter Höhe am Südwestufer des Victoria-Sees, die Vegetation ist frisch und grün, Vieh steht auf den Weiden, und die vielen Wildtiere begeistern den Jäger Speke: Innerhalb von drei Wochen schießt er sechs weiße Rhinozerosse.

König Rumanika, dick und fröhlich, weist ihm und Grant eine geräumige Hütte zu. Er freut sich über die Anwesenheit der ungewöhnlichen Gäste, von deren Nahen er schon seit Wochen weiß. Dass er von den zwei kranken und abgekämpften Weißen nichts zu befürchten hat, ist Rumanika schnell klar, und so erteilt er ihnen bereitwillig die Erlaubnis, das Königreich und seine Bewohner zu erforschen.

Die Sitte des Landes, die Frauen des Königs durch beständiges Trinken fetter Milch von Jugend an zu mästen, beeindruckt Speke so, dass er den Körper einer der Prinzessinnen höchstpersönlich vermisst: Ihr Brustumfang beträgt 132 Zentimeter, der Umfang ihrer Oberschenkel 79 Zentimeter. Die nackte Dame, die vor lauter Fülle nicht mehr gehen kann, stellt die Bedingung, dass er sie ein Stück seiner weißen Arme und Beine sehen lasse. Speke tut es für die Wissenschaft.

Im Februar lässt ihn Rumanika in das nördlich angrenzende Reich Buganda weiterziehen, eine Dschungelregion, üppig und fruchtbar, regiert von König Mutesa. Der ist ein etwa 20-jähriger Krieger und Despot, der beim geringsten Anlass Todesurteile fällt. Über den Karabiner, den ihm Speke schenkt, ist er begeistert – und befiehlt seinem Pagen, dessen Feuerkraft am nächstbesten Vorbeikommenden auszuprobieren. Sie ist tödlich – und der König zufrieden.

Als intelligent und skrupellos beschreibt Speke den Herrscher und als ungemein interessiert an der Welt außerhalb seines Königreiches. Den Besucher gehen zu lassen, den ersten Weißen, den er zu Gesicht bekommt, fällt ihm nicht ein, solange der noch Informationen und Gastgeschenke zu bieten hat.

Im Gegenzug sendet Mutesa dem Briten junge Frauen aus seinem Harem, die Speke an seine Mannschaft weitergibt – glaubt man seinen Büchern. Als ihm schließlich die einflussreiche Königinmutter zwei blutjunge Schönheiten förmlich aufdrängt, nimmt er sie zwar in seiner Hütte auf, entwickelt aber nach eigener Aussage nur eine Art „väterliche Liebe" für die Mädchen.

Später wird es in England nicht wenige Kritiker geben, die den Aufenthalt in Karagwe und Buganda als frivole Zeitverschwendung kritisieren – trotz Spekes

Drei Jahre nach seiner ersten Expedition erreicht Speke 1861 wieder die Gegend von Tabora, wo ein Tanz aufgeführt wird (links). Bald darauf wird sein Begleiter James Grant so krank, dass er zeitweilig getragen werden muss (oben). Speke ist deshalb ohne europäischen Zeugen, als er am Nordrand des Victoria-Sees glaubt, den Ausfluss des Nils gefunden zu haben

Zwischen Sahara und Sambesi

Lange Zeit kennen die Europäer von Afrika kaum mehr als dessen Küsten. Die Sahara und die sich anschließenden Urwälder und Savannen erscheinen ihnen undurchdringlich. Erst spät stoßen Forscher ins Innere vor – mit dramatischen Konsequenzen

Vor allem tollkühne Einzelgänger erkunden im 19. Jahrhundert das Innere Afrikas. „Der lang gesuchte majestätische Niger, so breit wie die Themse bei Westminster, glitzerte in der Morgensonne und floss langsam ostwärts." So beschreibt der 24-jährige Wundarzt Mungo Park das Ziel seiner Mission, das er am 21. Juli 1796 im heutigen Mali erblickt.

Bis dahin stützt sich alle Kenntnis des Flusses auf vage Berichte arabischer Autoren. Im Auftrag der African Association in London, einer Forschungsgesellschaft, zieht der Schotte durch Westafrika und erkundet den Niger, bis er sich nicht weiterwagt; Araber bedrohen ihn.

Park ist bereits mehrfach von Einheimischen ausgeraubt worden. Auf einer zweiten Reise im Jahre 1805, auf der er den Niger bis zu seiner Mündung befahren will, ist er misstrauischer; immer wieder greift er zur Waffe und schießt. Schließlich wird er bei Bussa im heutigen Nigeria von Einheimischen getötet – gut möglich, dass ihn sein aggressives Verhalten das Leben gekostet hat.

1824 setzt die Pariser Société de Géographie einen Preis aus für den ersten Europäer, der die sagenumwobene Wüstenstadt Timbuktu besucht. Der junge Franzose René Caillié macht sich daraufhin auf den Weg – doch er verliert den Wettlauf: Der Schotte Alexander Gordon Laing hat die Stadt am Südrand der Sahara fast zwei Jahre zuvor erreicht; er wurde aber, so erzählen Einheimische später Caillié, zwei Tage nach seiner Abreise ermordet, wahrscheinlich von arabischen Begleitern.

Caillié bleibt dieses Schicksal erspart, vielleicht auch, weil er besonders vorsichtig vorgeht: Er spricht Arabisch, rezitiert den Koran, kleidet sich in den Gewändern der Nomaden und gibt vor, ein Ägypter zu sein, der als Kind von Franzosen entführt worden ist. Zudem bleibt er nur kurz in Timbuktu. Anschließend durchquert er mit einer Karawane als erster Europäer die Westsahara und erreicht Tanger.

Erst 1853 kommt mit dem Hamburger Geographen und Philologen Heinrich Barth der dritte europäische Forscher nach Timbuktu. Barth erkennt die Bedeutung der Wüstenstadt, die im Mittelalter ein Zentrum arabischer Gelehrsamkeit war: mit 20 000 Studenten an 180 Koranschulen; mit einer Bibliothek, in der neben den Werken islamischer Autoren auch die großen Schriften der abendländischen Philosophie gesammelt wurden.

Im Auftrag der britischen Regierung studiert Barth die Völker im Süden der Sahara. Auf seiner 18 000 Kilometer langen Reise erforscht er den Tschad-See, das Aïr-Gebirge im heutigen Niger und die Adamaua-Berge in Kamerun, beschreibt Fauna und Flora.

Er lernt Arabisch, die Tuareg-Sprache Tamascheq, Songhai, Fulfulde, Kanuri und Hausa.

Der schottische Arzt David Livingstone, der wohl berühmteste Afrikaforscher, begibt sich als Missionar 1841 nach Südafrika. Erst ab 1849 wird Livingstone zum Reisenden: Er nutzt die Gelegenheit, mit dem Briten William Cotton Oswell durch die Kalahari-Wüste in Betschuana-Land (heute Botswana) zu ziehen und entdeckt den Ngami-See. Zwei Jahre später stößt er auf den Sambesi.

Livingstone wird von dem Ehrgeiz getrieben, das unerschlossene Innere Afrikas zugänglich zu machen für

die Verbreitung der europäischen Zivilisation. Von 1853 an zieht er vom mittleren Sambesi aus nach Luanda, der am Atlantik gelegenen Hauptstadt der portugiesischen Kolonie Angola, und durchquert dann den Süden Afrikas bis zur Mündung des Sambesi im ebenfalls portugiesischen Mosambik.

Auf dieser Expedition spuckt er Blut, fällt in totenähnlichen Schlaf, hungert, fiebert – aber er überlebt und entdeckt 1855 am mittleren Sambesi einen gigantischen Wasserfall, den er nach seiner Königin Victoria benennt.

Er reist in 25 Jahren rund 50 000 Kilometer durch das südliche und östliche Afrika (siehe Karte Seite 166). Im Mai 1783 stirbt er erschöpft im heutigen Sambia. Sein Herz ist dort begraben, sein Leichnam liegt in Westminster Abbey.

An Livingstones Seite wäre Henry Morton Stanley gern beigesetzt worden. Doch dem britisch-amerikanischen Journalisten und Abenteurer wird diese Ehre verweigert. Zwar findet Stanley 1871 den zu diesem Zeitpunkt bereits vermissten Livingstone, schreibt mitreißende Reportagen, reist mehr als 11 000 Kilometer durch Zentralafrika und befährt als Erster den Kongo bis zu seiner Mündung.

Aber er ist einer der gewalttätigsten unter den ohnehin rücksichtslosen kolonialen Eroberern. Im Auftrag des belgischen Königs Leopold II. erschließt er das Gebiet entlang dem Kongo und schafft mit skrupellosen Methoden die Voraussetzung dafür, dass sich der Monarch die Region 1884 von einer internationalen Konferenz als Privatbesitz zusprechen lassen kann.

Als um 1900 immer mehr Details über die brutale Kolonialherrschaft des belgischen Königs bekannt werden, ist Großbritanniens Öffentlichkeit schockiert – und Stanley, der Mann aus einfachsten Verhältnissen, verbringt einen Großteil seiner letzten Lebensjahre damit, sich für seine Vergangenheit zu rechtfertigen. Begraben wird er schließlich in der Nähe seines Landsitzes in Surrey, wo ein Bächlein verläuft, dem er den Namen Kongo gegeben hat.

Dirk Schneider, Andreas Sedlmair

Mit dem Briten Mungo Park (1771–1806) beginnt die wissenschaftliche Erkundung Innerafrikas

Der französische Entdecker René Caillié (1799–1838) beschreibt das legendäre Timbuktu

Der Hamburger Geograph und Philologe Heinrich Barth (1821–1865) unternimmt Expeditionen durch West- und Nordafrika

Der britisch-amerikanische Abenteurer Henry Morton Stanley ist einer der erfolgreichsten Afrikaforscher – und einer der brutalsten. Stellen sich ihm Einheimische entgegen, überfällt er deren Dörfer, wie hier 1887 im Kongo

geographischer und ethnologischer Aufzeichnungen, trotz seiner Messungen und Entdeckungen. Tatsächlich bekommt er das eigentliche Ziel seiner Reise, den Victoria-See, in diesen Monaten nur ein einziges kurzes Mal zu sehen – das ist seinen Gegnern zu wenig.

Endlich, am 7. Juli 1862, gewährt König Mutesa Speke die Erlaubnis, den vermuteten Abfluss des Nils aus dem Victoria-See zu suchen. Speke erreicht den Strom auf dem Landweg am 21. Juli, etwa 60 Kilometer nördlich des Sees bei dem Ort Urondogani.

Er verfolgt den Fluss zurück in Richtung Süden und stößt am 28. Juli auf einen Wasserfall, über den sich der Victoria-See in den Nil ergießt. Freudig notiert er: „Der Zweck der Expedition ist nun erreicht. Ich sah, dass der alte Vater Nil ohne Zweifel in dem Victoria-Nyanza entspringt und dass, wie ich vorhergesagt hatte, jener See die große Quelle des heiligen Flusses ist, welcher die Wiege des ersten Verkünders unseres Glaubens trug."

Speke genießt den Augenblick allein. Um selbst rasch voranzukommen, hat er den noch immer gehbehinderten Grant nach Bunyoro, dem dritten, nordwestlich des Victoria-Sees gelegenen Königreich, vorausgeschickt, um dort Quartier zu machen. Obwohl Grant später beteuern wird, alles sei gemeinsam besprochen worden, mutmaßen viele, Speke habe den Ruhm, als Erster an den Nilquellen zu stehen, für sich allein haben wollen.

Mittlerweile ist es November geworden. Spekes ursprünglicher Plan, dem aus dem Victoria-See abfließenden Fluss auf Booten oder am Ufer zu folgen, ist nicht umzusetzen. Wasserfälle, Sümpfe und militante Stämme drängen die Expedition ins Landesinnere ab. Die Vorräte gehen zur Neige. Die Männer sind erschöpft. Statt den Schleifen des Flusses zu folgen, marschieren sie geradewegs nach Norden, in Richtung Zivilisation.

Am 3. Dezember stoßen sie bei Faloro, der südlichsten Handelsniederlassung der Ägypter auf eine Militärkolonne. Ihr

Kommandeur, der sudanesische Offizier Mohammed Wad-el-Mek, bietet Speke an, unter seinem Schutz weiter nach Gondokoro zu reisen. Da das Hauptgeschäft der Soldaten aber im Handel mit Sklaven und Elfenbein besteht, muss die Expedition einen Monat warten, bis genügend geraubte Menschen und Elefantenstoßzähne zusammengekommen sind.

Erst am 10. Januar 1863 setzt sich die tausendköpfige Karawane nach Gondokoro in Marsch, wo Speke und Grant am 15. Februar eintreffen – zwei Jahre und fünf Monate nach ihrem Aufbruch in Sansibar.

Von John Petherick und den erhofften Hilfsgütern – vor über drei Jahren in London versprochen – ist nichts zu sehen, dafür wird Speke von einem alten Bekannten, dem reichen Großwildjäger und Globetrotter Samuel White Baker, in die Arme geschlossen. Auf dessen drei im Nil ankernden Booten findet sich alles, was die Forscher so lange entbehrt haben: Kaffee, Tee, Wein, Zigarren, ausgesuchte Delikatessen.

Baker ist mit seiner Freundin Barbara Maria Szász, genannt Florence, unterwegs, einer 17-Jährigen aus Siebenbürgen, die er auf einem türkischen Sklavenmarkt freigekauft hat. Er ist nicht zufällig in Gondokoro, sondern ebenfalls vom „Nilfieber", der Suche nach seinen Quellen, infiziert und nun enttäuscht, dass für ihn nichts mehr zu tun ist.

Generös und dankbar erzählt ihm Speke von einem See weiter im Westen, den der Nil durchfließe – und wirklich wird Baker ein Jahr später den Albert-See entdecken.

Gondokoro ist kein Ort, um sich dort länger aufzuhalten. Die Missionsgebäude sind verfallen. An ihre Stelle ist eine Art tropische Goldgräberstadt getreten, in der Hunderte von bewaffneten Händlern durch Sklaven und Elfenbein reich zu werden hoffen. Auf Bakers Booten fahren die Briten den Nil hinab. Als sie Khartum, die Hauptstadt des ägyptischen Sudan, erreichen, schickt Speke ein Telegramm zur Royal Geographical Society nach London mit dem schon bald legendär werdenden Satz: „The Nile is settled."

GROSSBRITANNIEN EMPFÄNGT Speke und Grant als Helden. Bei der Landung spielt eine Kapelle Triumphmärsche, die Menge jubelt, und ein Sonderzug bringt sie nach London. Als Speke am 23. Juni 1863 vor der Society über seine Reise berichtet, ist der Andrang so groß, dass die Fenster des Vortragssaals zu Bruch gehen. Ein Empfang beim Prince of Wales, persönliche Glückwünsche der Namensträgerin der Nilquelle, Queen Victoria, sowie die Übernahme sämtlicher Schulden der Expedition folgen.

Speke wird von berühmten Kollegen heftig attackiert

Speke genießt die Aufmerksamkeit der Öffentlichkeit und hat bereits einen weiteren kühnen Plan: die Durchquerung Afrikas von Ost nach West. „Wenn ich es nicht schaffe", tönt er, „schafft es in diesem Jahrhundert niemand."

Zunächst jedoch muss er den Bericht über die Expedition verfassen. Der erscheint pünktlich zum Weihnachtsgeschäft beim Verlag Blackwell, der Speke einen großzügigen Vorschuss von 2000 Pfund zahlt. Die Royal Geographical Society dagegen speist Speke mit wenigen kurzen und oberflächlichen Artikeln für ihr Mitteilungsblatt ab.

Kaum ist das Buch erschienen, hagelt es Einwände. Eine beigegebene alte Karte stellt sich als Fälschung heraus, Spekes Höhenangaben sind unpräzise, sodass der Nil kilometerlang aufwärts fließt, schließlich stimmen ganz offensichtlich die Breitengrade am nördlichen Ende des Victoria-Sees nicht.

RICHARD BURTON IST DERWEIL auch in Afrika gewesen, hat unter anderem das Niger-Delta und Dahomey erforscht und den höchsten Berg Kameruns bestiegen. Seine Berichte, präzise und wohlformuliert, finden hohe Anerkennung.

Als er im August 1864 zurückkehrt, schließt er sich Spekes Kritikern an: Dessen Buch „Die Entdeckung der Nilquellen" wimmle von „extremen geographischen Ungenauigkeiten" und erzähle „ein Märchen, wie es seit den Tagen des Ptolemäus nicht gehört" worden sei.

Gnadenlos zerpflückt Burton Spekes Bericht, weist nach, dass dieser nur an drei Stellen den See gesehen habe. Kenne er wirklich dessen Größe, habe er ihn abgefahren, wisse er, welche Flüsse hinein- und hinausflössen? Offenbar gebe es einen nördlichen Abfluss. Aber weshalb sei dies der Nil? Habe Speke ihn vom Victoria-See bis Gondokoro befahren? Seinem Buch zufolge sei er über Land marschiert und hin und wieder auf einen Fluss gestoßen. Ist es wirklich immer derselbe gewesen?

Spekes Lage verschlechtert sich, als der berühmteste britische Afrikaforscher, David Livingstone, gleichfalls Zweifel anmeldet. Seiner Meinung nach sei Spekes „Nil" nicht breit genug. Die wahre Nilquelle vermutet Livingstone südlich des Victoria-Sees.

Das glaubt auch Burton, der seine eigene Entdeckung, den Tanganjika-See, als Ursprung des Nils wieder ins Spiel bringt. Er vermutet, dass ihn die Eingeborenen damals falsch informiert hätten und es doch einen nördlichen Ausfluss gebe. Dieser ergieße sich in den von Speke erwähnten Albert-See und fließe von dort nach Gondokoro.

Zur Klärung der Standpunkte lädt die British Society for the Advancement of Science für den 15. und 16. September 1864 zu einer Tagung nach Bath. In einem Podiumsgespräch sollen Burton und Speke ihre Standpunkte diskutieren.

Mehrere hundert Wissenschaftler werden erwartet, selbst Livingstone hat zugesagt. Burton freut sich auf seinen Auftritt, Speke dagegen ist überaus nervös. Nicht nur seine Glaubwürdigkeit steht auf dem Spiel, sondern auch die nächste von ihm geplante Expedition.

Als Wissenschaftler und Redner ist ihm Burton überlegen, sein Sarkasmus gefürchtet. Um sich zu beruhigen, hilft sich Speke mit einem bewährten Mittel: Er geht auf die Jagd.

Am Morgen des 16. September kann der Konferenzsaal des „Mineral Water Hospitals" die Zuhörer kaum fassen. Burton nimmt auf dem Podium Platz und ordnet seine Papiere. Doch statt seines Kontrahenten betritt nach einer halben Stunde der Vorsitzende der Royal Geographical Society den Raum und teilt mit, dass Speke am Nachmittag des Vortages bei der Rebhuhnjagd tödlich verunglückt sei. Ein Schuss habe sich aus seinem Gewehr gelöst und ihn in die Brust getroffen.

Die meisten Einzelheiten und Zeugenaussagen sprechen für einen Unfall, aber bis heute hält sich das Gerücht, Speke habe Selbstmord begangen.

Burton ist erschüttert. Tagelang, berichtet seine Frau, sitzt er zu Hause und weint. Als die Royal Geographical Society um Spenden für ein Speke-Denkmal bittet, trägt er sich hinter Grant und Livingstone in die Subskribentenliste ein.

Burton hat Spekes Schwächen gegeißelt, seine Unaufrichtigkeit gehasst, aber stets anerkannt, dass er ein tapferer Mann war. Speke mochte vielleicht ein Schurke sein, doch er gehörte wie Burton zum Club der Nomaden. Ihre Ziele suchten sie beide hinter dem Horizont. Und alle Hindernisse auf dem Weg dorthin waren dazu da, überwunden zu werden.

Um das Rätsel der Nilquellen endgültig zu lösen, schickt die Royal Geographical Society im Jahr darauf ihren erfahrensten Afrikaforscher los, David Livingstone. Doch da Livingstone an Burtons Theorie glaubt, konzentriert er sich auf den Tanganjika-See und kommt der Lösung des Problems kaum näher.

So ist es zum Verdruss der Society ein britisch-amerikanischer Journalist, Henry Morton Stanley, der zehn Jahre später alle offenen Fragen klärt.

Im Stil eines Feldherrn, über unbeschränkte Mittel verfügend, mit Stahlboot und Maschinengewehr, acht Tonnen Vorräten und 356 Teilnehmern, marschiert Stanley 1875 von Sansibar zum Victoria- und Tanganjika-See.

Nachdem er die Ufer beider Gewässer abgefahren hat, stellen sich Burtons Thesen als falsch heraus, während Speke spät Gerechtigkeit widerfährt: „Speke kommt jetzt der ungeteilte Ruhm zu, den größten Binnensee auf dem afrikanischen Kontinent sowie seinen wichtigsten Zu- und Abfluss entdeckt zu haben", verkündet Stanley. „In der Geographie der von uns bereisten Länder kannte er sich besser aus als diejenigen, die seine Hypothese hartnäckig bekämpften."

Letztlich lagen Burton und Speke – Ironie der Geschichte – geographisch gar nicht einmal so weit auseinander. Denn der Hauptzufluss des Victoria-Sees und damit der Quellfluss des Nils, der Kagera, entspringt in den Bergen nördlich des Tanganjika-Sees.

Burton überlebt seinen Gegenspieler um 26 Jahre. Erst 1881 räumt er öffentlich ein, dass Speke mit dem Victoria-See Recht gehabt habe, seine eigene Nil-Theorie also falsch sei.

Doch seinem späteren Ruhm schadet das nicht. Als er am 19. Oktober 1890 im österreichischen Triest stirbt, wo er das Amt des britischen Konsuls bekleidet, ist er nicht nur einer der berühmtesten Reisenden seiner Zeit, sondern hat sich auch als Schriftsteller, Archäologe und Übersetzer einen Namen gemacht.

Dem Wunsch seiner Witwe entsprechend, soll Burton neben Livingstone in Westminster Abbey ruhen, doch der Dekan lehnt wegen Überfüllung ab. So wird er in London auf dem katholischen Friedhof von Mortlake bestattet. In einem sechs Meter hohen Zelt aus Sandstein mit einer Eingangspforte aus Carrara-Marmor. □

Dr. Ralf-Peter Märtin, 55, ist Wissenschaftsautor in Frankfurt am Main. Er hat 2004 in Begleitung Reinhold Messners die Ténéré-Wüste mit einer Salzkarawane durchquert.

FOTOVERMERK NACH SEITEN

Anordnung im Layout: l. = links, r. = rechts, o. = oben, m. = Mitte, u. = unten

Titel: Frank Hurley/Royal Geographical Society (S0000830)

Editorial: Bernd Dinkel: 3 u.

Inhalt: H. Aschehoug & Co, Oslo: 4 o.; Bayerische Staatsgemäldesammlungen/Artothek: 4 l.; akg-images: 4 r. m. o.; National Maritime Museum (BHC2628): 4 r. m.; National Maritime Museum (BHC1932): 4 r. m. u.; Deutscher Alpenverein, München: 5 l. o; Dr. Stefan Schlagintweit: 5 r. o.; Interfoto: 5 m. o.; Royal Geographical Society/Bridgeman Giraudon: 5 u.

Das neue Bild der Erde: H. Aschehoug & Co, Oslo: 8/9; Archie Miles Collection/akg-images: 10 o.; Royal Geographical Society (S0005739): 10 u.; Samuel Bourne/Hulton Archive/Getty Images: 11; Ernest Gedge/Royal Geographical Society (S0011523): 12/13; Studio Bourne & Shepherd/Staatlicher Preußischer Kulturbesitz, Berlin, Ethnologisches Museum: 14 o.; Samuel Bourne/Hulton-Deutsch Collection/Corbis: 14 u.; Alinari Archives/Corbis: 15; Herbert G. Ponting/Hulton-Deutsch Collection/Corbis: 16/17; Staatliches Museum für Völkerkunde, München: 18; Franz Heiler/Museum für Völkerkunde, Wien: 19 o.; Bibliothèque de l'Institut de France (Ms 5744): 19 u.

Jenseits des Horizontes: akg-images: 20; Bayerische Staatsgemäldesammlungen/Artothek: 21; Palazzo Orsini/akg-images/picture-alliance: 24/25; Dagli Orti/Museo de la Torre del Oro Seville/Art Archive: 28; The Newark Museum, Newark, New Jersey/Art Resource: 32/33; Lessing/Musee du Louvre/akg-images: 36/37; Museo Civico, Turin/akg-images/picture-alliance: 40/41; Sotheby's (27. Mai 1988, Lot 50)/akg-images: 44; Palazzo Comunale, Prato/Scala: 45 o.; National Library of Australia, Canberra/Bridgeman Giraudon: 45 m.; Bristol City Museum and Art Gallery/Bridgeman Giraudon: 45 u.

In 1082 Tagen um die Welt: Bildarchiv Hansmann/Interfoto: 48/49; National Maritime Museum (AST0568): 50 o.; Galleria degli Uffizi, Firenze/Bridgeman Giraudon: 50 u.; British Museum/HIP/Art Resource: 52 o.; Bibliothèque Nationale (Ms. français 150, fol. 21)/akg-images: 53; Science and Society Picture Library, London: 54; Bibliothèque Nationale (Ms. français 150, fol.16)/akg-images: 55; National Gallery Collection; By kind permission of the Trustees of the National Gallery, London/Corbis: 56; akg-images/picture-alliance: 57 o.; Bodleian Library/Art Archive: 57 m.; Bridgeman Giraudon: 57 u.; British Library/HIP/KPA/picture-alliance: 58

Pionier wider Willen: Topham Picturepoint/Keystone: 62; Oronoz/Photo12.com: 63; aus: Gereon Sievernich (Hrsg.), Amerika oder die Neue Welt. Berlin u. New York, Casablanca, 1990: 64–67, 69–73; akg-images: 68; SuperStock: 74; Alfredo Dagli Orti/bpk: 75 o.; Topham/Keystone: 75 m.; Alte Nationalgalerie, Berlin, SMPK/akg-images/picture-alliance: 75 u.; Granger Collection/Ullstein Bilderdienst: 76

Vorstoß ans Polarmeer: Granger Collection/Ullstein Bildarchiv: 78; Mary Evans Picture Library: 79

Die Entdeckung des Nichts: National Maritime Museum, London (BHC1932): 80/81; National Maritime Museum, London (BHC2628): 81 l.; akg-images: 81 r.; akg-images/picture-alliance: 82; Marc Charmet/Art Archive: 83 o.; National Maritime Museum, London (G267:47/1): 83 u.; Museum of Natural History, London: 84–85, 90; National Maritime Museum, London (BHC2374): 86; National Maritime Museum, London. Acquired with the assistance of the National Heritage Memorial Fund. (C8745): 87 o.; National Maritime Museum, London: 87 u.; British Library/HIP/KPA/picture-alliance: 88, 93; Mary Evans Picture Library: 89; Natural History Museum, London/Bridgeman Giraudon: 91; British Library/Art Archive: 92 o.; Collection Grob/Kharbine-Tapabor: 92 u.; akg-images/picture-alliance: 94; Dagli Orti/Musée Carnavalet, Paris/Art Archive: 95 o.; Photo12.com: 95 m.; bpk: 95 u.; Dixson Galleries, State Library of New South Wales/Bridgeman Giraudon: 96

Wider Eis und Teufel: Unitätsarchiv der Evangelischen Brüder-Unität in Herrnhut: 98, 99

Verschollen im Outback: Mary Evans Picture Library: 100; Royal Geographical Society/Bridgeman Giraudon: 100/101, 105; National Library of Australia: 102; National Library of Australia/Bridgeman Giraudon: 106; Mitchell Library, State Library of New South Wales/Bridgeman Giraudon: 107 o.; Granger Collection/Ullstein Bildarchiv: 107 m.; Mary Evans Picture Library/Interfoto: 107 u.

Im Schatten des Everest: Dr. Stefan Schlagintweit: 110 o.; Deutscher Alpenverein, München: 110/111 u., 112/113 u.; 114/115 u., 116/117 u., 119 r. u.; Royal Geographical Society (S0001212): 113 o.; Sammlung Dietmar Siegert, München: 114 o.; Royal Geographical Society (S0003099): 117 o.; Granger Collection/Ullstein Bilderdienst: 118 o.; Bridgeman Giraudon: 118 u.; Privatsammlung: 119 o.; Bettmann/Corbis: 119 m.; London Stereoscopic Company/Getty Images: 119 u.

Club der Weltenbummler: Royal Geographical Society/akg-images/picture-alliance: 120; Royal Geographical Society (S0010347): 121

Duell um den Nil: Rischgitz/Getty Images: 122; Hulton-Deutsch Collection/Corbis: 123; Mary Evans Picture Library: 125; aus: John Hanning Speke, Die Entdeckung der Nilquellen, Leipzig 1864: 126, 127, 131, 134, 135; Royal Botanical Gardens, Kew: 129; Hulton Archive/Getty Images: 130; Bonhams, London/Bridgeman Giraudon: 132; Sammlung Rauch/Interfoto: 136; Alamy: 137 o.; Musée des Arts d'Afrique et d'Oceanie, Paris/Bridgeman Giraudon: 137 m.; Dagli Orti/ Musée de la Marine Paris/Art Archive: 137 u.

Aufbruch ins Reich der Kälte: Frank Hurley/Royal Geographical Society (S0000830): 142/143; Sammlung Rauch/Interfoto: 144 l.; Scott Polar Research Institute, Cambridge: 144 r.; H. Aschehoug & Co, Oslo: 146/147, 147 u.; dpa/picture-alliance: 147 o.; National Maritime Museum, London (BHC3325): 149; Robert E. Peary Collection/National Geographic Image Collection: 150, 151; National Maritime Museum, London/akg-images: 152/153 o.; Rischgitz/Getty Images: 152 u.; Bettmann/Corbis: 154 o.; Library of Congress (3c22067): 154 u.; Herbert G. Ponting/Corbis: 155 o., 155 u.; Bettmann/Corbis: 155 m.; Corbis: 156, 157; Underwood & Underwood/Corbis: 158; Frank Hurley/Royal Geographical Society (S0000837): 159 o.; Frank Hurley/Royal Geographical Society (S0000037): 159 u.; Barry Ranford: 160 l. o.; National Maritime Museum, London (D4678): 160 l.; Owen Beattie/Topham Picturepoint/Keystone: 160 r.

Vorschau: Simon Marsden Archive: 170; akg-images: 171 o.; 171 r. u; bpk: 171 l. u.

Karten und Illustrationen: Melanie Wolter: 23, 51, 72, 85, 112, 124, 145; Melanie Wolter nach Hans Wilhelm Finger: 103;
Stefanie Peters: 163–168
Für unverlangt eingesandte Manuskripte und Fotos übernehmen Verlag und Redaktion keine Haftung.

Einem Teil dieser Auflage liegen folgende Beilagen bei: Plan International, Humanitas Buchversand, WBG/Wissenschaftliche Buchgesellschaft, Verlagsgruppe Weltbild, Spektrum der Wissenschaft, GEOshop, GEO*EPOCHE* und GEO/G+J Hamburg.

Bis zu 20 Millionen Quadratkilometer misst das Eisfeld um den Nordpol, bis zu knapp 40 Millionen gar das der Antarktis – in die sich 1914 die »Endurance« des Briten Ernest H. Shackleton (1874–1922) vorwagt

Aufbruch ins Reich der

Kälte

Vier Jahrhunderte nach Kolumbus sind alle Kontinente erschlossen, alle Meere befahren, alle Wüsten durchquert – bis auf die eisigen Einöden im Norden und Süden. 1845 führt der Brite John Franklin eine große Arktisexpedition an. Und leitet mit diesem dramatischen Unternehmen die letzte Phase der Entdeckungsgeschichte ein: den Vorstoß zu den Polen

VON WALTER SALLER

Die Sonne ist unter den Horizont gesunken. Irgendwann, vor Wochen schon. Wie eine Glocke hat sich die Dunkelheit über die „Erebus“ und die „Terror“ gestülpt und die zwei Schiffe eingeschlossen in einer einzigen, endlosen Nacht. Die Zeit selbst scheint erstarrt in Frost und Finsternis, und im Januar 1848 haben die Männer der Besatzungen vermutlich längst jedes Gefühl für den Rhythmus von Tag und Nacht verloren.

Die britischen Seemänner sind in eine eisige Falle geraten. Jenseits des Polarkreises, auf etwa 70 Grad nördlicher Breite und 98 Grad westlicher Länge. Dort, am Rand der arktischen Inselwelt nördlich des amerikanischen Festlands, sitzen sie fest im Packeis. Seit dem 12. September 1846 schon. Auf den beiden Dreimastern Erebus und Terror, die mit ihrer steif gefrorenen Takelage und überzogen mit einem Panzer aus Harsch und Eis bizarren Skulpturen gleichen.

Die Männer sind müde und reizbar. Wegen der andauernden Dunkelheit. Wegen der Enge, der Kälte. Und sie sind erschöpft. Vom Stillstand und vom Warten. Viele sind krank. Ihre Haut ist von gespenstischer Blässe. Die Gesichter sind eingefallen, und ihre Zähne haben sich gelockert. Oft spucken sie Blut, ihr Zahnfleisch ist angeschwollen. Der Skorbut hat die Expedition erfasst.

16 Monate hält das Eis sie bereits gefangen. Und ein Gedanke quält die Männer wohl mehr und mehr: dass diese Mauern aus Eis sie nicht freigeben werden. Dass es vielleicht nie wieder ein Auftauen geben könnte. Und nie wieder fahrbares Wasser für ihre Schiffe.

Die Vorräte an Mehl, Fleisch und Alkohol schwinden, die Tagesrationen schrumpfen. Und die Männer warten. Auf die Rückkehr der Sonne und das Tageslicht. Auf das Aufbrechen des Eises. Sie horchen hinaus in die Polarnacht und lauschen dem Knirschen und Kreischen der Eisschollen, dem Knacken und Ächzen der Planken. Sie haben Angst. Davor, zermalmt zu werden zwischen haushohen Wällen aus Eis. Eingeschlossen im Bauch ihrer Schiffe.

Sie sind die Überlebenden derer, die einst in den hohen Norden ausgezogen sind mit einem britischen Volkshelden: Sir John Franklin.

Franklin wird am 16. April 1786 in Spilsby in der englischen Grafschaft Lincolnshire geboren. Als neuntes Kind einer gut situierten, aber keineswegs reichen Familie. Ein Schulkamerad erinnert sich noch viele Jahre später an Franklins „ernstes, lebhaftes Angesicht“, seine „männliche Gestalt und Haltung“. Schon mit zwölf Jahren muss er fast wie ein Erwachsener gewirkt haben. Energisch und unbeirrbar setzt er sich durch mit seinem Wunsch, zur See zu gehen.

Mit 14 Jahren tritt er in die Royal Navy ein und nimmt 1801 als Seekadett an der Schlacht von Kopenhagen teil. Die folgenden Jahre begleitet er seinen Mentor, den legendären Kapitän Matthew Flinders, auf dessen Erkundungsfahrt rund um den australischen Kontinent. 1805 kämpft er bei Trafalgar für England, 1814 vor New Orleans.

1818 segelt Franklin das erste Mal in die Arktis. 1819–22 und 1825–27 leitet er zwei Expeditionen, die ihn berühmt machen und im Laufe derer er Tausende Kilometer der nördlichen Küste des amerikanischen Kontinents kartiert.

Im November 1828 heiratet er Jane Griffin. Sie stammt aus einer wohlhabenden Familie, und genau wie Franklin ist sie eine tiefgläubige Christin.

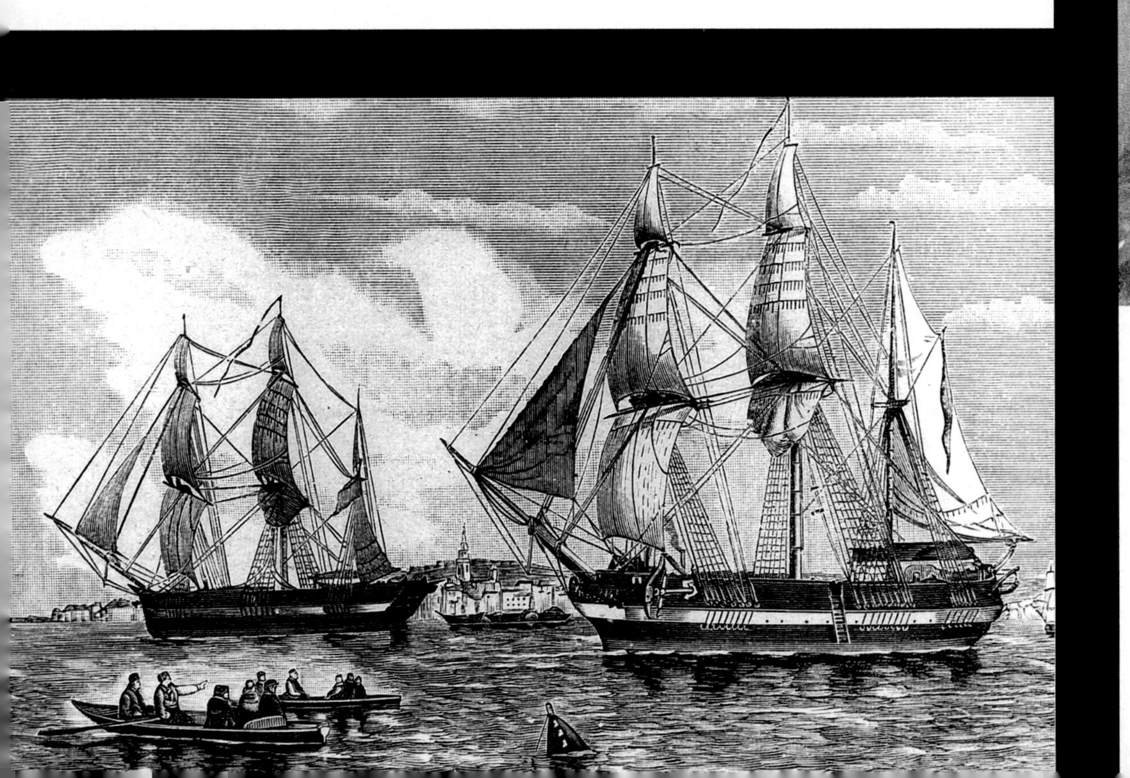

Sir John Franklin, wahrscheinlich kurz vor Beginn der Expedition. Der 59-jährige Kapitän soll mit den eisenverstärkten, beheizbaren und mit Entsalzungsanlagen ausgestatteten Schiffen »Erebus« und »Terror« die Nordwestpassage bezwingen: den Weg vom Atlantik in den Pazifik durch die arktischen Gewässer Nordamerikas

Im April 1829 erhebt der König Franklin in den Ritterstand. Danach wirkt er unter anderem sieben Jahre lang als Gouverneur im heutigen Tasmanien.

Und trotz seines Alters von fast 59 Jahren bestimmt ihn die britische Admiralität im Februar 1845 zum Leiter einer ganz besonderen Forschungsreise: der größten Arktisexpedition jener Zeit.

Die Order der Admiralität für das ehrgeizige Unternehmen lautet: Franklin soll an Grönland vorbei durch die Baffin Bay segeln, dann in Richtung Westen die Durchfahrt zur Bering-Straße erzwingen – und so die „Nordwestpassage" finden: den seit fast 350 Jahren gesuchten Seeweg zwischen dem Atlantik und dem Stillen Ozean.

„Allein schon der Name Franklin", schwärmt der Präsident der Royal Geographical Society, „ist in der Tat eine nationale Garantie."

Auch die Admiralität ist davon überzeugt, dass dieses Vorhaben nicht scheitern kann. Denn im Großbritannien der industriellen Revolution breitet sich eine neue Anschauung der Welt aus. Man glaubt nicht mehr an die Ohnmacht des Menschen gegenüber der Natur, sondern an die Überlegenheit der Technik. Für die Royal Navy bedeutet dies: Die Admiralität setzt auf eisenverstärkte Schiffsrümpfe, auf Dampfmaschinen, auf Nahrung in Dosen.

Zwei Schiffe stellt die Navy für die Expedition bereit, die Erebus und die Terror: Ursprünglich als Kriegsschiffe gebaut, sind sie in den 1830er Jahren speziell für Polarexpeditionen umgebaut worden. 1840–44 hat James Clark Ross mit ihnen die Antarktis erforscht. Für das nun anstehende Vorhaben sind die Schiffe nochmals auf den neuesten Stand der Technik gebracht worden.

Die Dreimaster sind am Bug zum Schutz gegen das Eis mit Platten aus Kupfer und Eisen gepanzert, die Kombüsen mit Entsalzungsanlagen ausgerüstet, und Heißwasserkessel sollen die Mannschaftsräume heizen. In den Rümpfen beider Schiffe ist jeweils die Dampfmaschine einer Eisenbahnlokomotive installiert, um damit eine Schiffsschraube anzutreiben. 15 Tonnen wiegt das Ungetüm auf der Erebus; seine Leistung: 25 PS.

Die Schiffe sind beladen mit Proviant für exakt 1092 Tage auf See. Darunter über 60 Tonnen Mehl, 30 Tonnen Pökelfleisch, 15 Tonnen Schiffszwieback, eine Tonne Tee, drei Tonnen Tabak, vier Tonnen Schokolade und rund 4000 Liter Zitronensaft – gegen den Skorbut. Aber auch über 20 000 Liter hochprozentiger Rum sind an Bord – sowie immerhin fast 2000 Liter Wein und Brandy „für die Kranken": jene Männer, die für den Zuckerrohrschnaps zu schwach sind. Dazu rund 45 Tonnen Kochfleisch, Suppen, Gemüse und Kartoffeln in Zehntausenden von Konservendosen.

Die Dose aus Zinnblech ist 1810 in England zum Patent angemeldet worden. Eine unscheinbare Erfindung von gewaltiger Bedeutung. Die Royal Navy erkennt das sofort: Abgekochte Nahrungsmittel können nun über weite Zeitspannen gelagert werden. Ideal für die Marine und die Handelsflotte, deren Segler oft monatelang auf hoher See sind.

Den Auftrag für die Lieferung der Dosennahrung an die Franklin-Expedition erhält die Firma Goldner erst am 1. April 1845. Unter Zeitdruck werden die Dosen gefüllt, abgekocht, verlötet. Die Lötmasse besteht zu 90 Prozent aus Blei.

Auf beiden Schiffen gibt es Bibliotheken – 1700 Bücher auf der Erebus, 1200 auf der Terror – und jeweils eine Art Drehorgel. Mit dem mechanischen Musikinstrument lassen sich 50 Melodien spielen, darunter zehn Hymnen.

Außerdem sind zahlreiche Instrumente für wissenschaftliche Untersuchungen an Bord. Nautische, geologische, zoologische, botanische. Schließlich, und als erste überhaupt, verfügt Franklins Arktisexpedition über eine Kamera – für daguerreotypische Platten mit Fotografien aus dem Eis.

Und so segeln die beiden Schiffe am 19. Mai 1845 aus der Themsemündung. In Richtung Norden und auf der Suche nach der Nordwestpassage.

„Sir John Franklin ist ein sehr religiöser Mann", schreibt Sergeant Daniel Bryant von der Erebus. „Er hat jede Trinkerei und jedes Fluchen verboten. Zweimal am Tag haben wir Gottesdienst." Der Brief wird vermutlich bei der Zwischenstation in Stromness auf den Orkney-Inseln aufgegeben.

Am 4. Juli erreicht die Expedition die Insel Disko vor der Westküste Grön-

Franklins Expedition durch die noch wenig erforschte Inselwelt im Norden Amerikas wird zuletzt Anfang August 1845 in der Baffin Bay von Walfängern gesichtet. Danach ist sie verschollen – erst später gelingt es Suchmannschaften, ihren weiteren Kurs zu rekonstruieren. Nordwestlich von King William Island verlassen die Männer ihre Schiffe und kämpfen sich zu Fuß über das Eis weiter (gestrichelte Linie)

Fridtjof Nansen vor dem Segler »Fram«, an dem die Felle von Eisbären und Hunden zum Trocknen aufgehängt sind. Der Norweger, der 1888 als Erster Grönland von Ost nach West durchquert hat, entwirft einen Dreimaster mit abgerundetem Rumpf, der vom Eis nicht zerdrückt, sondern emporgehoben wird. 1893 lässt er sich und seine Mannschaft im Nordpolarmeer vom Eis einschließen. Fast drei Jahre lang driftet das Schiff Meter für Meter durch die Arktis – allerdings am Nordpol vorbei. Zu Fuß verlässt Nansen daraufhin die Fram und kommt dem magischen Punkt bis auf rund 400 Kilometer nahe

Fridtjof Nansen

Erst seit Ende des 19. Jahrhunderts sind Entdecker wie Fridtjof Nansen (1861–1930) technisch so gut ausgestattet, dass sie extreme Ziele ansteuern können. Der Norweger arbeitet auch als Zoologe, Ozeanograph und Neurologe

Mit einem Tiefseethermometer studieren Expeditionsteilnehmer der Fram das arktische Meer. Nansens Erkenntnisse zu Strömungen, Wassertiefe und Wetter helfen den folgenden Entdeckern den Weg zu ebnen

lands. Am 12. Juli setzt sie ihre Reise nach Nordwesten durch die Baffin Bay fort. Dort sichten Walfänger die Forschungsschiffe Anfang August 1845 zum letzten Mal.

Die Nordwestpassage ist jener Seeweg, der sich vom Nordatlantik über die Baffin Bay und den Lancaster Sound durch die arktische Inselwelt schlängelt und dann entlang der Nordküste Amerikas bis zur Bering-Straße führt. Auf den Seekarten lassen sich viele Routen durch diese Gruppen von Inseln zeichnen. Doch in der arktischen Wirklichkeit gibt es nur wenige schiffbare Wege.

Den ersten Versuch, einen westlichen Weg nach Asien über den hohen Norden zu finden, unternimmt Giovanni Caboto, ein Venezianer in englischen Diensten. 1497 erreicht er dabei immerhin den nordamerikanischen Kontinent (siehe Kasten Seite 44). Andere träumen nach ihm vom Nordwestweg zwischen Europa und Asien. Jacques Cartier, Francis Drake, Martin Frobisher, James Cook.

Doch die Region, die sie bezwingen müssten, ist monströs. Von der Baffin Bay im Osten bis zur Bering-Straße sind es fast 3000 Kilometer. Im Winter fällt die Temperatur auf Werte unter minus 40 Grad Celsius, und die Sonne verschwindet für Monate.

Den westlichen Teil nimmt die Beaufort-See ein, ein tiefes, so gut wie ständig vereistes Polarmeer. Schifffahrt ist nur entlang der Küsten möglich. Denn allenfalls dort taut in den kurzen arktischen Sommern das Meer auf.

Ganz andere Herausforderungen stellt aber der Irrgarten aus dicht gedrängten Inseln und Halbinseln, in den sich das amerikanische Festland im Nordosten auflöst, der Arktische Archipel. Allein Baffin Island, die größte Insel in der Region, hat die Ausdehnung Spaniens.

Die Inseln des Archipels trennt ein Netz von Sunden *(sounds)* und Meeresstraßen *(straits)*. Viele dieser Wasserwege sind schmal und seicht und voller Untiefen und Klippen. Vor allem aber sind sie den Großteil des Jahres blockiert durch Eisschollen, die sich durch Wind und Strömung zu Packeiswällen auftürmen können, Dutzende von Metern hoch.

Es gibt viele weiße Flecken auf den Karten dieser Region. Und niemand weiß, ob dort überhaupt befahrbare Meeresstraßen existieren.

Irgendwo in dieser frostigen Welt, in diesem Wirrwarr aus Inseln, Landzungen, Felsküsten, Wasser und Eis, ist John Franklins Team verschwunden.

Die Expedition ist bereits mehr als zwei Jahre unterwegs, als die Lords der Admiralität 1847 zum ersten Mal ernsthaft über deren Verbleib diskutieren. Sonderlich beunruhigt sind sie wohl nicht. Denn die Gruppe ist technisch hervorragend ausgerüstet, für wenigstens drei Jahre verproviantiert, und Franklin gilt als erfahrener Seemann und Experte für die Arktis.

Trotzdem schickt die Admiralität noch Ende 1847, Anfang 1848 drei Suchmannschaften aus. Kapitän Henry Kellet erhält den Auftrag, zur Bering-Straße zu segeln. Dort müsste Franklin auftauchen aus dem arktischen Eis – falls er eine Nordwestpassage gefunden hat.

Ein zweites Schiff unter James Clark Ross soll in die Baffin Bay und zum Lancaster Sound segeln und auf Franklins mutmaßlicher Route nach der Erebus und der Terror fahnden. Der dritte Suchtrupp mit John Richardson und John Rae soll dem Mackenzie River folgen, hinunter zu seiner Mündung an der Beaufort-See, um dort – fast schon an der Grenze zu Alaska – nach den Vermissten Ausschau zu halten.

Bis weit ins Jahr 1849 sind die Hilfsexpeditionen in der Arktis unterwegs. Sie finden keinen Hinweis, keine Spur. Nichts. Franklin und seine Männer sind nun schon seit über vier Jahren verschwunden, und langsam breitet sich in London die Befürchtung aus, dass die Expedition auf dramatische Weise gescheitert sein muss.

Aber wieso?

Bei der Admiralität gehen nach und nach die unsinnigsten Vorschläge zur Rettung der Franklin-Expedition ein. Von Schiffen mit gigantischen Dampfhämmern zur Zertrümmerung des Eises ist die Rede. Von Heißluftballons, so riesig, dass sie ganze Segelschiffe tragen können. Und von Propellerbooten und Sprengstoff – Bergen von Sprengstoff. Um das Eis der Arktis einfach zu pulverisieren und so die Wasserwege freizuhalten.

Im Frühjahr 1850 tauchen erstmals auch „Medien“ auf: Okkultisten, die behaupten, in Trance Kontakt aufnehmen zu können mit Franklin. Der Spiritismus ist neu in England. Und schnell sehr populär.

Fast scheint es, als sei die Geisterbeschwörung der einen das Gegengewicht zu den technischen Fantastereien der anderen. Bald besingen in London auch die Straßensänger das Schicksal des tapferen John Franklin.

Im Frühjahr 1850 setzt die Regierung 20 000 Pfund Sterling als Belohnung aus. „Zahlbar an jede Gruppe oder Gruppen jeglicher Nationalität, die den Mannschaften der Forschungsschiffe unter dem Kommando von Sir John Franklin wirksame Hilfe leisten.“

Weitere 10 000 Pfund werden demjenigen versprochen, der Informationen geben kann zur Rettung der Expedition. Und auch dem, der sichere Auskunft über ihr Schicksal zu erteilen vermag – falls sie nicht mehr gerettet werden kann.

Im Sommer 1850 durchkämmt ein Geschwader von britischen und US-amerikanischen Schiffen die arktische Inselwelt nach den Verschollenen.

Lady Jane Franklin, die Gattin des Expeditionsleiters, ist eine energische, tatkräftige Frau. Sie hat ihren Mann darin bestärkt, das Kommando der Expedition zu übernehmen, um endlich die Nordwestpassage zu finden. Wohl nicht zuletzt deshalb fühlt sie sich verpflichtet, die Suche nach Franklin und seinen Männern anzutreiben. Mit Geld aus ihrem eigenen Vermögen hat sie ein Schiff

Die Erebus im Eis, eine Rekonstruktion des Malers François Étienne Musin. Tatsächlich werden Franklins mit Segeln und zusätzlichen Dampfmaschinen angetriebene Schiffe 1846 vom Packeis eingeschlossen – eine Falle, aus der es kein Entrinnen gibt

ausgerüstet, das sich nun ebenfalls an der Suche beteiligt: die „Prince Albert".

Endlich: Am 23. August 1850 findet Kapitän Erasmus Ommanney von der „Assistance" die ersten Spuren der Franklin-Expedition. Auf Cape Riley, am Südwestufer von Devon Island, entdeckt er Kleiderfetzen und Konservendosen. Bald danach treffen dort, am Westausgang des Lancaster Sound, mehrere Schiffe der Franklin-Sucher zusammen. Unter ihnen die „Lady Franklin" unter Kapitän William Penny.

Und dann, am 27. August, meldet ein Matrose der Lady Franklin aufgeregt: „Gräber! Gräber!"

Tatsächlich heben sich auf Beechey Island – einer kleinen Insel vor Devon Island – drei Gräber aus dem Boden. Mit sorgfältig gearbeiteten Kopfbrettern. Darauf sind die Namen der Seeleute eingemeißelt, die Todestage, das Alter sowie Sprüche aus dem Alten Testament.

Zwei der Toten stammen von der Erebus, der Dritte tat Dienst auf der Terror. Und alle drei sind zwischen dem 1. Januar und dem 3. April 1846 gestorben. Der jüngste mit 20 Jahren.

Auf seinem Grab steht: „Geweiht dem Andenken an John Torrington, der am 1. Januar A. D. 1846 an Bord der HMS Terror aus dem Leben schied."

Die Suchexpedition entdeckt auf Beechey Island zudem die Fragmente der Schmiede des Waffenmeisters sowie die Überreste eines Magazins, eines Zeltplatzes, einer Tischlerei und mehrerer kleiner Häuser.

Außerdem stoßen die Männer auf mehr als 700 Konservendosen, die offenbar auf der Insel geleert, später mit Kies gefüllt und dann zu einer Art Denkmal aufgetürmt worden sind. Doch seltsam, trotz ausgedehnter Suche: Eine schriftliche Nachricht findet sich weder bei der Dosenpyramide noch anderswo auf Beechey Island.

Immerhin: Nun gibt es Indizien, Beweise. Zumindest für den anfänglichen Verlauf von Franklins Reise. Denn die Daten auf den Kopfbrettern und die Reste der Siedlung belegen ohne jeden

Wie kaum ein Weißer vor ihm erlernt der Amerikaner Robert Peary die Überlebenstechniken der Inuit: Er benutzt wie sie Hunde und Schlitten, baut Iglus und kleidet sich in Pelze. So ausgerüstet dringt eine von ihm geleitete Expedition in die Arktis vor. Mit seinem Team, vier Inuit und dem Afroamerikaner Matthew Henson, stellt er angeblich am 6. April 1909 die US-Flagge am Nordpol auf – doch ist bis heute umstritten, ob er tatsächlich jene mythische Breite 90 Grad Nord erreicht hat oder ob er, wissentlich oder nicht, einen südlicheren Punkt für den Pol ausgegeben hat

Der US-amerikanische Marineoffizier Robert E. Peary (1856–1920) führt drei Expeditionen Richtung Nordpol

Zweifel, dass die Franklin-Expedition 1845/46 vor Beechey Island überwintert hat. Mehr als 900 Kilometer nördlich des Polarkreises.

Die ersten Monate der Franklin-Expedition rekonstruieren die Suchmannschaften nun so: Im Sommer und Herbst 1845 haben sich die Erebus und die Terror durch den Strom der Eisberge in der Baffin Bay geschlängelt. Dann sind sie durch den Lancaster Sound – das östliche Tor zur Nordwestpassage – gesegelt. Bis zu seinem Ausgang, 300 Kilometer weiter im Westen.

Was aber ist danach geschehen?

Wahrscheinlich, so vermuten die Franklin-Sucher, haben bereits im Herbst 1845 Barrieren aus Eis der Erebus und der Terror am Ende des Lancaster Sound die Weiterfahrt versperrt. Daher hat sich die Expedition den arktischen Winter über auf Beechey Island verschanzt. In der monatelangen Dunkelheit der Polarnacht mit ihrem stechenden Frost.

Welchen Kurs Franklin nach dem Aufbrechen des Eises im Sommer 1846 eingeschlagen hat, bleibt zunächst pure Spekulation. Denn die Suchmannschaften finden keinen weiteren Hinweis auf den Weg oder das Schicksal seiner Expedition. Auch nicht im Frühjahr 1851, als sie, aufgeteilt in 28 Schlittentrupps, die Region systematisch durchforschen.

In Großbritannien nehmen die Menschen die Nachricht über die Entdeckung von Franklins erstem Winterlager und die Tatsache, dass die drei Toten von Beechey Island beinahe so aufwendig wie auf einem Friedhof in der Heimat beerdigt wurden, mit Zuversicht auf.

Die meisten der Männer, oder zumindest manche von ihnen, könnten ja durchaus – auch mehr als fünf Jahre nach ihrem Aufbruch aus England – noch am Leben sein. Bei strikter Rationierung der Vorräte und erfolgreicher Jagd auf Wale und Eisbären zum Beispiel.

1851 und 1852 finanziert Lady Franklin aus ihrem eigenen Vermögen jeweils eine weitere Expedition. Die Lords der britischen Admiralität schicken zudem

1848 geben die Besatzungen von Erebus und Terror ihre Schiffe auf und ziehen ein Rettungsboot über das Eis, bis sie entkräftet zusammenbrechen: künstlerische Vision von W. Thomas Smith

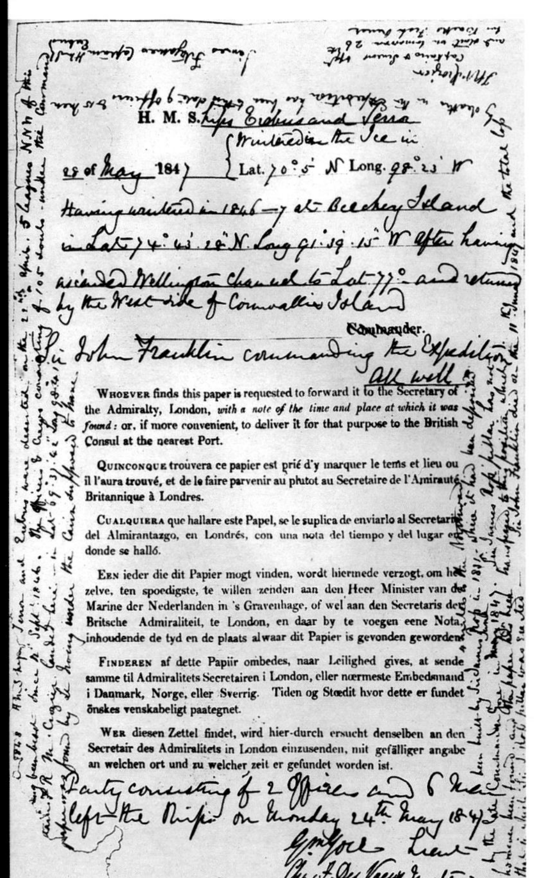

H. M. Ships Erebus and Terror
Wintered in the Ice in
28 of May 1847 Lat. 70°5' N Long. 98°23' W

Having wintered in 1846–7 at Beechey Island in Lat 74°43'28" N. Long 91°39'15" W After having ascended Wellington Channel to Lat 77° and returned by the West side of Cornwallis Island

Commander.
Sir John Franklin commanding the Expedition
All well

WHOEVER finds this paper is requested to forward it to the Secretary of the Admiralty, London, *with a note of the time and place at which it was found*: or, if more convenient, to deliver it for that purpose to the British Consul at the nearest Port.

QUINCONQUE trouvera ce papier est prié d'y marquer le tems et lieu ou il l'aura trouvé, et de le faire parvenir au plutot au Secretaire de l'Amirauté Britannique à Londres.

CUALQUIERA que hallare este Papel, se le suplica de enviarlo al Secretario del Almirantazgo, en Londrés, con una nota del tiempo y del lugar en donde se halló.

EEN ieder die dit Papier mogt vinden, wordt hiermede verzogt, om het zelve, ten spoedigste, te willen zenden aan den Heer Minister van der Marine der Nederlanden in 's Gravenhage, of wel aan den Secretaris der Britsche Admiraliteit, te London, en daar by te voegen eene Nota, inhoudende de tyd en de plaats alwaar dit Papier is gevonden geworden.

FINDEREN af dette Papiir ombedes, naar Leilighed gives, at sende samme til Admiralitets Secretairen i London, eller nærmeste Embedsmand i Danmark, Norge, eller Sverrig. Tiden og Stædit hvor dette er fundet önskes venskabeligt paategnet.

WER diesen Zettel findet, wird hier-durch ersucht denselben an den Secretair des Admiralitets in London einzusenden, mit gefälliger angabe an welchen ort und zu welcher zeit er gefundet worden ist.

Party consisting of 2 Officers and 6 Men left the Ships on Monday 24th May 1847
Gm. Gore Lieut.
Chas. F. Des Voeux Mate

Auf King William Island deponiert ein Leutnant der Franklin-Expedition 1847 eine auf einem Formblatt notierte Nachricht: »All well.« Ein Jahr später wird eine Notiz auf die Ränder gekritzelt: »25. April 1848 – HMS Terror und Erebus wurden am 22. April 1848 fünf Meilen NNW von diesem Platz entfernt aufgegeben, im Eis eingeschlossen seit dem 12. September 1846. Offiziere und Mannschaften, insgesamt 105 Seelen, unter dem Kommando von Kapitän F. R. M. Crozier, gingen hier an Land. Sir John Franklin starb am 11. Juni 1847, und der gesamte Verlust der Expedition durch Tod beträgt bis jetzt neun Offiziere und 15 Männer. Brechen morgen, 26., in Richtung Back's Fish River auf.«

fünf weitere Schiffe aus. Jede der Unternehmungen liefert neue Kenntnisse über bislang unbekannte arktische Regionen vor Nordamerika. Die Franklin-Sucher leiten damit indirekt eine neue Epoche der Erforschung und Erschließung der Arktis ein.

Aber von der Erebus und von der Terror: keine Spur. So verstreicht auch das Jahr 1853.

In der Zwischenzeit, und beinahe zufällig, entdeckt Robert McClure das letzte noch fehlende Teilstück der Nordwestpassage – besser gesagt: einer möglichen Nordwestpassage.

Der Kapitän des britischen Suchschiffes „Investigator", das sich seit dem Sommer 1850 in der Arktis aufhält, dringt von der Beaufort-See aus ostwärts vor. Bis zu Banks Island. An den Küsten dieser Insel ist das Schiff drei Jahre lang fast durchgehend im Eis gefangen, ohne weiter nach Osten zu kommen.

Auf Schlitten aber gelangt McClure mit seinen Leuten bis zum Viscount Melville Sound und nach Melville Island und stößt somit in Regionen vor, die William Parry schon 1819/20 von Osten aus erkundet hatte. Damit hat McClure den letzten fehlenden Teil der Nordwestpassage erkundet.

Doch seine Fahrt bestätigt nur, was man ohnehin längst geahnt hat: Kommerziell hat diese gefährliche und zeitraubende Passage nicht den geringsten Wert. Zudem findet McClure zwar die nordwestliche Durchfahrt, doch keinerlei Hinweis auf Franklin.

Am 18. Januar 1854 gibt die Admiralität folgende Order aus: Falls bis zum 31. März 1854 keine gegenteiligen Nachrichten eingehen, sind die Offiziere und Mannschaften der Erebus und der Terror „zu betrachten als verstorben im Dienst".

Lady Franklin ist empört. Sie erhebt Einspruch, protestiert. Die Admiralität aber geht auf Distanz. Die Lords wollen die Akte Franklin endlich schließen. Sie glauben nicht mehr an Überlebende oder neue Erkenntnisse. Und die Suche verschlingt Geld. Viel Geld.

Außerdem: Fast neun Jahre nach der Abreise der Arktisexpedition hat Großbritannien andere Probleme. Im März 1854 tritt das Vereinigte Königreich an der Seite von Frankreich in den Krimkrieg gegen Russland ein.

Doch im Verlauf des Jahres 1854 erreichen dramatische Neuigkeiten Großbritannien. Ihre Quelle ist der Arktisforscher und Arzt John Rae.

Der Schotte hat seit 1846 ausgedehnte Expeditionen in den hohen Norden Amerikas unternommen – und sich auch an mehreren Suchexpeditionen nach Franklins Crew beteiligt. Dabei hat Rae die Jagd- und Überlebenstechniken der Inuit studiert. Denn er ist fasziniert von diesen Menschen, die in einer derart lebensfeindlichen Umwelt seit Jahrtausenden bestehen können.

Auch im Frühjahr 1854 ist Rae am kanadischen Polarkreis unterwegs. Im Auftrag der Hudson's Bay Company kartiert er die Halbinsel Boothia. „Während meines Marsches durch Eis und Schnee", schreibt John Rae im Herbst in seinem Bericht an die britische Admiralität, „traf ich in Pelly Bay auf Eskimos. Einer von ihnen erzählte mir, dass eine Gruppe ‚Kablounans' – Weißer – in einiger Entfernung westwärts von hier verhungert sei."

Später, fährt Rae fort, habe er Einzelheiten in Erfahrung gebracht über das Los der ungefähr 40 gesichteten Weißen. Die Eskimos erzählten ihm eine verstörende Geschichte. Und wie zum Beweis ihrer Worte zeigten sie Dinge vor, deren Besitz für Inuit höchst ungewöhnlich ist.

Rae kaufte den Eskimos viele der Gegenstände ab, darunter Löffel und Gabeln mit Monogrammen und eine kleine silberne Tafel mit der Gravur „Sir John Franklin KCB". Für den Arktisforscher gibt es nicht den geringsten Zweifel: All die Dinge, die ihm die Inuit präsentieren, stammen von der Erebus und von der Terror.

Ohne Rücksicht auf die Konventionen des viktorianischen England fügt Rae seinem Report die Aussagen der Inuit hinzu, aus denen er schockierende Schlüsse über das Ende der Franklin-Expedition zieht: „Ein Schicksal, so fürchterlich, dass man es sich kaum vorstellen kann."

Die Seemänner hätten irgendwann ihre Schiffe im Eis verlassen und sich zu Fuß über das gefrorene Meer in Richtung Süden aufgemacht. Schließlich aber seien sie vor Hunger so erschöpft, so kraftlos gewesen, dass sie sich einfach hingesetzt und den Tod erwartet hätten. Und das, glaubt Rae, ist vermutlich im Frühling 1850 gewesen.

Aber dann, und mit dem ersten Toten, muss eine neue, eine grausame Hoffnung in Franklins Männern erwacht sein. Denn plötzlich gab es einen Weg, dem Tod durch Hunger und Entkräftung vielleicht doch noch zu entgehen …

Die von Rae befragten Inuit jedenfalls behaupten, später im gleichen Jahr seien an anderer Stelle die Lei-

Roald E. G. Amundsen / Robert F. Scott

Der Norweger Roald Amundsen (1872–1928), hier links neben dem Schiffsoffizier Godfred Hansen, entstammt einer Kapitänsfamilie. Er studiert zunächst Medizin, mustert aber als 25-Jähriger auf einer Antarktisexpedition an. Danach ist er professioneller Entdecker

Das Deck der »Gjøa«, mit der es Amundsen (im Vordergrund links) 1903–1906 als Erstem gelingt, die Nordwestpassage in einem Schiff zu meistern. Er folgt zunächst der Route der Franklin-Expedition: vom Lancaster Sound südlich Richtung King William Island. Doch Amundsen umfährt die Insel auf der Ostseite, überwintert dort und erreicht entlang der Küste des nordamerikanischen Festlands die Beaufort-See. Fünf Jahre nach diesem Erfolg will er den Südpol erreichen – zur gleichen Zeit wie der britische Offizier Robert F. Scott (1868–1912)

Mit vier Begleitern erreicht Scott (oben) am 18. Januar 1912 den Pol – und steht vor der norwegischen Flagge, die Amundsen 35 Tage zuvor aufgestellt hat. Enttäuscht und bereits erschöpft müssen die im »Rennen um den Südpol« geschlagenen Briten den Rückweg antreten

Anders als die Norweger, die Dutzende Schlittenhunde mit sich führen, nutzt Scott nur wenige Zugtiere. So müssen die Briten die schweren Schlitten mit den Vorräten bald allein ziehen. Nachdem auf dem Rückweg schon zwei Männer an Erschöpfung, Hunger und Erfrierungen gestorben sind, werden Scott und seine beiden letzten Begleiter von einem Blizzard aufgehalten: Weniger als 20 Kilometer vom nächsten Vorratslager entfernt, sterben auch sie. Bis zur letzten Stunde führt Scott Tagebuch

chen von mehr als 30 Weißen gefunden worden, die zum Teil merkwürdige Spuren aufwiesen.

Der Arktisforscher glaubt den Eskimos. „Aus den Verstümmelungen vieler Leichen“, folgert er, „geht klar hervor, dass unsere unglücklichen Landsleute sich zum Äußersten gezwungen sahen: Kannibalismus.“

Nach Veröffentlichung des Reports wird John Rae heftig attackiert. Viele Briten weigern sich zu glauben, dass es unter zivilisierten Menschen etwas so Abscheuliches wie Kannibalismus überhaupt geben könne. Ihre Empörung schlägt in Wut um.

Denn wo sind die Beweise? Hat Rae etwa die zerstückelten Leichen tatsächlich gesehen? Und weshalb, fragen viele, ist der Arzt den Beschreibungen der Eskimos nicht gefolgt, um den Ort der Tragödie zu suchen und die ungeheuerlichen Angaben mit eigenen Augen zu überprüfen?

War dies wirklich, wie der Forscher behauptet, aufgrund der Jahreszeit und der Witterung nicht mehr möglich? Oder ist Rae nur deshalb zurück in die Zivilisation geeilt, um als Erster Anspruch auf die Prämie von 10 000 Pfund zu erheben, die von der Admiralität ausgesetzt worden ist für Nachrichten über die Franklin-Expedition?

John Raes wohl prominentester Gegner ist Charles Dickens. Für den Romanautor mit dem scharfen Blick für soziale Missstände und menschliche Abgründe ist es unvorstellbar, dass Franklins Männer – „die Blüte“ der englischen Marinesoldaten – ihr Leben durch den Verzehr von menschlichem Fleisch verlängert haben könnten.

„Es ist in höchstem Maße unglaubwürdig“, schreibt Dickens, „dass solche Männer, selbst in einer extremen Notsituation, die Qualen des Verhungerns auf derart entsetzliche Weise lindern wollten oder könnten.“ Und dann greift er die Inuit an. „Sie sind habgierig, hinterhältig und grausam. Mit einer Vorliebe für Blut und Walfischspeck.“

Für die Marine und die Regierung in London ist die Diskussion über möglichen Kannibalismus innerhalb der Royal Navy von politischer Brisanz. Denn Großbritannien ist das Empire der kolonialen Expansion und erhebt den Anspruch, die erste Macht in der Welt zu sein. Welche zivilisatorische Führungsrolle aber kann eine Nation geltend machen, wenn deren Elitesoldaten – wenn auch unter extremen Bedingungen – Kannibalismus praktizieren?

Auch für Lady Jane Franklin ist ein solches Ende der Expedition undenkbar. Und sie ist strikt dagegen, dass die Admiralität die 10 000 Pfund Belohnung an John Rae auszahlt. Denn käme das nicht auch einer Art von Eingeständnis gleich?

Die Lords der Admiralität halten sich dagegen bei der Bewertung der schockierenden Nachrichten auffallend zurück. Die Prämie geben sie nicht frei. Sie verschleppen die Sache. Vielleicht weil sie selbst nicht so genau wissen, was sie von dem Bericht halten sollen.

Denn eine Tatsache bleibt: Die Dinge, die Rae mitgebracht hat, stammen von der Erebus und von der Terror. Irgendetwas muss demnach geschehen sein in der Region westlich von Pelly Bay.

Lieber hätten die Lords der Admiralität wohl nie wieder etwas von Sir John Franklin gehört. Nun befürchten sie, die Diskussion um die Suche nach Franklin könnte erneut entbrennen. Allein schon, um zu beweisen, dass es unter seinen Männern niemals so etwas wie Kannibalismus gegeben habe.

Und tatsächlich richtet Lady Franklin einen Aufruf an Lord Palmerston, den britischen Premier: „Eine letzte, erschöpfende Suche ist alles, was ich im Namen der ersten und einzigen Märtyrer der arktischen Erforschung in jüngster Zeit fordere.“ Die Regierung lehnt ab.

Im Juni 1856, beinahe zwei Jahre nach seinem Report, werden John Rae von der Admiralität die 10 000 Pfund zugesprochen. 2000 Pfund verteilt er an seine Suchmannschaft.

1859, zwölf Jahre nach Franklins Tod, entdeckt ein Suchtrupp das auf einen Schlitten montierte Rettungsboot der Expedition. An Bord: zwei Leichen und viele rätselhafte Gegenstände

Die Auszahlung der Prämie zu diesem Zeitpunkt wirkt, als wolle die Admiralität damit den Fall Franklin endgültig abschließen. Doch nun beginnt Lady Franklin noch einmal eine Expedition zu organisieren – wieder mit eigenem Geld. Und dem von Freunden. Sie erwirbt die „Fox", eine Yacht mit Hilfsmotor. Durch einen öffentlichen Spendenaufruf gelingt es ihr, 3000 Pfund zu sammeln. Auch die Admiralität kann nun nicht länger zurückstehen und beteiligt sich an dem Unternehmen.

Anfang Juli 1857 verlässt die Fox das schottische Aberdeen. Sie steht unter dem Kommando von Francis Leopold McClintock – einem erfahrenen Polarforscher, der zuvor schon an anderen Expeditionen auf der Suche nach Franklin teilgenommen hat.

Bereits im August 1857 steckt die Fox in der Baffin Bay fest und wird mit dem Packeis bis in die Davis Strait zurückgedrängt. Erst im August 1858 ankert sie vor Beechey Island.

Suchtrupps bergen auf King William Island zahlreiche Relikte der Franklin-Expedition: nautische Geräte, Pfeil und Bogen, das nahezu unleserliche Tagebuch eines Maats – aber auch parfümierte Seifen und goldene Uhren

An der Stelle, wo Franklin fast 13 Jahre zuvor den Winter verbracht hat, errichten die Männer der Yacht im Auftrag von Lady Franklin ein Ehrenmal. „Dem Andenken von Franklin, Crozier, Fitzjames und all den anderen ritterlichen Bruderoffizieren und treuen Gefährten, die gelitten haben und umkamen im Namen der Wissenschaft und im Dienst ihres Landes."

Im Frühjahr 1859 trifft McClintock auf Boothia eine Gruppe Inuit. Die Eskimos berichten, dass sie an der Westküste von King William Island vor Jahren ein gekentertes Schiff gesehen hätten. Und Überlebende, die über das Eis an Land kamen. Weiße, die „niederfielen und starben, während sie marschierten".

Anfang April 1859 bricht McClintock mit seinen Männern auf. In zwei kleinen Gruppen wollen sie mit Schlitten King William Island erreichen. Denn diese westlich von Boothia gelegene Insel muss der Ort sein, an dem die Männer von der Erebus und der Terror gesehen worden sind. Dort hat vor ihnen noch niemand gesucht. Zu weit im Süden, hat man gesagt.

Während McClintock mit seiner Gruppe zunächst entlang der Ostküste der Insel das südlich gelegene Festland erreichen will, beginnt die zweite Gruppe unter Leitung von Leutnant William Robert Hobson die Suche von Norden her entlang der Westküste.

Dort halten Hobson und seine Männer auch am 5. Mai 1859 Ausschau nach Spuren der Franklin-Expedition. Und sie entdecken ein Steinmal. Kleidungsstücke und Gegenstände sind um den Steinhaufen verstreut: Schaufeln, Eispickel, Schiffsöfen, Ruder, Segeltuch – offenbar alles, worauf sich verzichten ließ.

Unter den Steinen findet Hobson das, wonach alle Franklin-Sucher seit elf Jahren fahnden: eine schriftliche Botschaft der Franklin-Expedition.

Es sind zwei Nachrichten: In ein Formblatt der Marine hatte zunächst Leutnant Graham Gore von der Erebus in wenigen Worten das Geschick der Expedition bis Ende Mai 1847 eingetragen. Man sei noch im Jahr 1845 den Wellington Channel hinauf bis zum 77. Breitengrad gefahren, dann wieder nach Süden zurückgekehrt und habe auf Beechey Island überwintert.

Den folgenden Winter habe die Expedition im Eis bei 70 ° 5' nördlicher Breite und 98 ° 23' westlicher Länge verbracht. „All well", vermeldet die Botschaft mit Datum vom 28. Mai 1847.

Die Ränder des gleichen Schriftstücks sind voll gekritzelt mit einer zweiten Nachricht: „25. April 1848 – HMS Terror und Erebus wurden am 22. April 1848 fünf Meilen NNW von diesem Platz entfernt aufgegeben, im Eis eingeschlossen seit dem 12. September 1846. Offiziere und Mannschaften, insgesamt 105 See-

Ernest H. Shackleton

Der Brite Ernest Shackleton macht sich 1914 auf, die Antarktis zu durchqueren – doch vor Erreichen des Kontinents wird sein Schiff im Eis eingeschlossen. Zehn Monate driftet die Endurance nach Norden, schließlich wird sie zerdrückt und sinkt

Shackletons Männer ziehen ein Beiboot der gesunkenen Endurance über das Eis – jederzeit bereit, ins Boot zu springen, sollte die Packeisdecke aufbrechen und offenes Fahrwasser freigeben. Drei Boote können so gerettet werden. In ihnen erreicht die Mannschaft nach fünf Monaten schließlich Elephant Island am Rand der Antarktis

Von Elephant Island wagt sich Shackleton mit fünf Begleitern auf den stürmischen Südatlantik hinaus – in einem der offenen Beiboote der Endurance. Tatsächlich erreichen sie eine Walfangstation auf der 1300 Kilometer entfernten Insel South Georgia. Nach 105 Tagen kehrt Shackleton am 30. August 1916 zurück und rettet die auf Elephant Island verbliebenen 21 Männer, die ihren Kapitän winkend begrüßen

Zwischen 1981 und 1986 untersuchen kanadische Forscher mehrfach sterbliche Überreste von Mitgliedern der Franklin-Expedition – so die von seinen Kameraden beigesetzte Leiche des Bootsmanns John Torrington. Manche Knochen anderer Toter zeigen Messerspuren – Indizien für Kannibalismus. Außerdem weisen die Körper extrem hohe Bleiwerte auf. Eine Vergiftung, die von den zur Ausrüstung gehörenden Konservendosen herrühren kann

len, unter dem Kommando von Kapitän F. R. M. Crozier, gingen hier an Land. Sir John Franklin starb am 11. Juni 1847, und der gesamte Verlust der Expedition durch Tod beträgt bis jetzt neun Offiziere und 15 Männer. Brechen morgen, 26., in Richtung Back's Fish River auf."

Sir John Franklin ist also gestorben, noch ehe die Suche nach der Expedition überhaupt begonnen hatte. Und die Ursache seines Todes wird für immer ein Geheimnis bleiben.

Als die zweite Nachricht am 25. April 1848 geschrieben wird, stehen die 105 Überlebenden – nach 19 Monaten in der Falle aus Eis vor King William Island – am Beginn des letzten Aktes ihrer Tragödie: dem Marsch in den Tod.

Weiter südlich entdecken die Suchmannschaften später ein 8,5 Meter langes Rettungsboot der Expedition, auf einen Schlitten gesetzt. Zwei Leichen liegen im Boot. Männer von Franklin.

Doch seltsam: Das Boot ist bepackt mit den absurdesten Dingen: parfümierter Seife, seidenen Taschentüchern, Kämmen und Bürsten, sechs Büchern, fünf goldenen Uhren. An Lebensmitteln finden sich nur etwas Tee und 40 Pfund Schokolade. „Eine bloße Anhäufung von Ballast", kommentiert McClintock das Sammelsurium. „Dazu angetan, den Kräfteverfall der Schlittenmannschaft zu beschleunigen."

Am 25. Mai 1859 stößt McClintock an der Südküste von King William Island auf ein weiteres Skelett, dessen Knochen noch in der Uniform eines Stewards stecken. McClintock notiert: „Er muss einfach vornüber gefallen sein. Wahrscheinlich hat er, hungrig und erschöpft, dem Wunsch nach Schlaf nachgegeben."

Die Fox kehrt im Herbst 1859 nach England zurück, und McClintock berichtet Lady Franklin und der britischen Öffentlichkeit vom Tod Sir John Franklins und dem Ende seiner Expedition. Dem Untergang des größten Unternehmens in der Geschichte der Polarforschung.

Spätere Forschungsreisende, die 1869 und 1878/79 erfolgreich den Versuch unternehmen, bislang übersehene Spuren Franklins zu finden, berichten von Erzählungen der Eskimos über zersägte Leichen und Kannibalismus unter den Überlebenden der Erebus und der Terror.

So wie John Rae vor ihnen.

Von der Möglichkeit, dass auch das Blei der Dosen eine entscheidende Rolle beim Scheitern der Expedition gespielt haben könnte, ahnt damals noch niemand etwas. Aber mancher spekuliert vielleicht darüber, dass die unter so großem Zeitdruck produzierte Dosennahrung für eine Vergiftung der Mannschaften verantwortlich sein könnte. Und für deren körperlichen und geistigen Verfall.

Weder die Erebus noch die Terror werden jemals gefunden. Auch nicht ihre Logbücher oder die Aufzeichnungen irgendeines Mitglieds der Franklin-Expedition. Bis auf das Notizbuch von Harry Peglar, einem Maat von der Terror, das McClintock bei der Leiche des Stewards auf King William Island gefunden hat. Aber der Inhalt des Buches enthält keine relevanten Informationen, sofern er überhaupt zu entziffern ist.

Dennoch: Die Suchmannschaften haben so viele Indizien zusammengetragen, dass sich die Reise von Franklin ins Eis weitgehend rekonstruieren lässt.

Nachdem Franklins Schiffe irgendwann im Sommer 1845 den Lancaster Sound durchquert haben, folgten sie dem noch unerforschten Wellington Channel zwischen Cornwallis Island und Devon Island bis zu 77 Grad nördlicher Breite. Entlang der Westküste von Cornwallis Island segelten sie dann wieder zum Ausgang des Lancaster Sound zurück. Vor Beechey Island verbrachten die Mannschaften den Winter 1845/46.

Mit dem Freiwerden der Wasserstraßen im Frühjahr oder Sommer 1846 schlugen die Erebus und die Terror einen südwestlichen Kurs ein. Richtung King William Island.

Auf diesem Weg aber begann das Verhängnis der Expedition. Denn nach dem Wissensstand seiner Zeit musste Sir John Franklin davon ausgehen, dass das noch kaum erforschte „King William's Land", wie es damals hieß, auf seiner Ostseite mit der Halbinsel Boothia und demnach mit dem Festland verbunden ist. Es gab also nur eine Route für Franklin: die Westküste entlang.

So segelten Franklins Schiffe direkt in den gewaltigen Eisstrom vor der Nordwestküste von King William Island. Mitten in eine tödliche Falle hinein. Denn schon im Spätsommer 1846 vereisten dort die schmalen fahrbaren Rinnen und schlossen die Erebus und die Terror ein. Für immer.

Der Weg entlang der Ostküste dagegen ist, wie man heute weiß, im Sommer zumeist frei von Eis. Diese östliche Passage wurde aber erst 1854 von John Rae entdeckt, nach dem sie heute auch benannt ist. Von jenem Mann, der bei der gleichen Forschungsreise von den Inuit das schreckliche Ende der Franklin-Expedition in Erfahrung brachte.

19 Monate saßen Franklins Männer im Eis fest. Dann, am 22. April 1848, gaben sie ihre Schiffe auf. Wahrscheinlich aus Angst, auf den Dampfseglern vom Packeis zerdrückt zu werden.

Die Männer waren körperlich und psychisch stark geschwächt von drei Wintern im Eis. Und sie waren krank vom Skorbut und vermutlich vergiftet vom Blei ihrer Konservendosen.

Der kanadische Anthropologe Owen Beattie hat zwischen 1981 und 1986 mit einem Wissenschaftsteam mehrere Expeditionen nach King William und Beechey Island unternommen. Auf Beechey Island haben sie die drei Gräber geöffnet und die im Dauerfrostboden perfekt erhaltenen Leichen exhumiert und obduziert. Das wichtigste Ergebnis: Im Haar und im Gewebe der Toten stellten sie extreme Bleiwerte fest.

Die drei Toten von Beechey Island waren vermutlich an Lungenentzündung als Folge von Tuberkulose gestorben, aber wäre eine fortschreitende Bleivergiftung nicht die plausibelste Erklärung für die hohe Zahl von 24 Offizieren und Seeleuten, die bereits auf den Schiffen ums Leben gekommen waren? Und ebenso für den gewiss bedenklichen psychischen Zustand, in dem die Männer das Rettungsboot von King William Island auf derart groteske Weise beladen haben müssen?

Denn wie Skorbut führt eine hohe Bleikonzentration im Körper zu Schwäche, zu Müdigkeit und zu einem Zustand allgemeiner und umfassender Erschöpfung. Daneben kann chronische Bleivergiftung aber auch gravierende Störungen des Nervensystems verursachen. Mit tief greifenden mentalen Defekten.

Owen Beattie hat auch den Verdacht des Kannibalismus bestätigt. Sein Team fand Knochen mit Messerkerben, gewaltsam aufgebrochene Schädel, verstümmelte Skelette.

Am 26. April 1848 brachen die 105 Männer der Franklin-Expedition noch einmal auf. Zu ihrem letzten Marsch durch ein Land aus Hunger, Kälte und Eis. Am Ende wartete auf sie der Horror des Kannibalismus. Und der Tod.

Lady Jane Franklin, die unermüdlich für die Rettung ihres Mannes kämpfte, starb am 18. Juli 1875 im Alter von 83 Jahren. Um neun Uhr abends in ihrem Londoner Haus in Phillimore Gardens.

Im Jahr 1890 wurde in England per Gesetz das Verlöten von Konservendosen mit Blei auf der Innenseite verboten.

Manche Klimaexperten sagen voraus, dass die Nordwestpassage aufgrund der Erderwärmung im Jahr 2050, wenn nicht schon deutlich früher, für die Schifffahrt kommerziell nutzbar sein wird. □

Walter Saller, 49, ist Journalist in Berlin. Das Rätsel der Franklin-Expedition war für ihn eine der spannendsten Rekonstruktionen, die er bislang für GEO*EPOCHE* geschrieben hat.

Das Zeitalter der ENTDECKER

Daten und Fakten

1291
Ugolino und Vandino Vivaldi, Mitglieder einer bedeutenden Kaufmannsfamilie, suchen im Auftrag des Genueser Dogen als wahrscheinlich erste Europäer einen Seeweg nach Indien. Genua ist neben Venedig das führende Handelszentrum dieser Zeit. Am profitabelsten ist der Import von Gewürzen, die zumeist muslimische Kaufleute von Indien zu den italienischen Niederlassungen in Kleinasien bringen.

Doch der Plan des Dogen, den orientalischen Zwischenhandel auszuschalten, scheitert: An der marokkanischen Küste verliert sich die Spur der Vivaldi-Expedition.

1415
Der portugiesische Prinz Heinrich der Seefahrer (Henrique o Navegador; 1394–1460) nimmt an der Eroberung der nordafrikanischen Festung Ceuta teil; die Küstenbastion wird zu einem wichtigen Handelszentrum Lissabons. Doch weil Ceuta immer wieder Ziel von Angriffen ist, schickt Heinrich, ab 1418 Gouverneur der Algarve, Schiffsexpeditionen entlang der afrikanischen Küste – zunächst, um Gold, Elfenbein und Sklaven auf direktem Weg nach Europa zu bringen.

Portugal ist eine aufstrebende Handelsmacht, mit einem Königshaus, das selber kaufmännischen Interessen nachgeht. Bald wird das Land mit seinen rund einer Million Einwohnern zur führenden Entdeckernation – nicht zuletzt dank Heinrich, der die Erkundung der Küste Westafrikas vorantreibt, indem er etwa den Bau von Karavellen fördert; diese Segler ermöglichen es erstmals, gegen den Wind zu kreuzen.

1434–1488
Im Auftrag von Heinrich dem Seefahrer umrundet Gil Eanes 1434 Kap Bojador an der Westküste der Sahara (das bis dahin als unüberwindlich galt). In den folgenden Jahrzehnten dringen die Portugiesen bis in den Indischen Ozean vor: 1444 erreicht Dinis Dias das Kap Verde; in Heinrichs Todesjahr segelt Pedro de Sintra bis zum heutigen Sierra Leone; Diogo Cão erreicht 1482 das rund 7400 Kilometer von der Heimat entfernte Kongo-Delta. Und 1488 gelangt Bartolomeu Diaz (ca. 1450–1500) an die südwestliche Spitze Afrikas, die er „Kap der Stürme" tauft. Sein Auftraggeber, König Johann II., soll sie in „Kap der Guten Hoffnung" umbenannt haben – zuversichtlich, dass seine Schiffe bald nach Indien segeln würden (siehe 1497).

1487
Portugals König Johann II. beauftragt Pêro de Covilhã (1447–ca.1526), die Herkunftsländer der in Europa gehandelten exotischen Gewürze zu finden und dabei in Asien und Afrika mögliche christliche Bündnispartner zu finden. Doch soll Covilhã nicht entlang der afrikanischen Küste segeln. So begibt er sich über Neapel und Rhodos nach Ägypten, zieht mit einer Handelskarawane weiter zum Roten Meer und schifft sich nach Aden ein; von dort lässt er sich nach Indien bringen – in den Ingwerhafen Cannanore.

Auf dem Subkontinent besucht er u. a. Calicut, den größten Hafen Asiens, und das westindische Goa. Dann begibt er sich auf die Suche nach dem Reich des sagenhaften christlichen Königs Johannes, mit dessen Hilfe die muslimische Herrschaft über Jerusalem beendet werden soll. Sein Weg führt ihn als einen der ersten Christen nach Mekka und Medina; er reist zum Berg Sinai und nach Äthiopien. Dort stirbt er. König Johann hat er allerdings um 1490 bereits in einem Brief über seine Indienreise informiert.

1492
Neben Portugal will auch Spanien am lukrativen Indienhandel teilhaben. Doch die vom spanischen Königspaar Ferdinand von Aragón und Isabella von Kastilien ausgerüstete Expedition des Christoph Kolumbus (1451–1506) findet nicht die gesuchte Westroute nach Indien, sondern landet auf den Bahamas und kurz darauf auf der Insel Hispaniola, welche die erste spanische Kolonie in Amerika wird.

Seine zweite Expedition (1493–1496) bringt Siedler in die entdeckten Gebiete. Erst die dritte und die vierte Reise über den Atlantik führen den gebürtigen Genueser zum amerikanischen Festland: Im Sommer 1498 sichtet er die Küste des heutigen Venezuela und geht vor Anker.

Doch Kolumbus, der wie seine Leute meint, eine weitere Insel entdeckt zu haben, bleibt auf seinem Schiff. So sind Matrosen und Offiziere wie Kapitän Pedro de Terreros die ersten Europäer, die den südamerikanischen Kontinent betreten. Kolumbus glaubt Zeit seines Lebens, er habe den asiatischen Kontinent erreicht. Doch schon 1493 bezeichnet der Geschichtsschreiber Peter Martyr von Anghiera Kolumbus als *novi orbis repertor*, als „Entdecker einer neuen Welt" (siehe 1507).

1493
Der Spanier Alonso de Ojeda (um 1466–1516), der Kolumbus auf seiner zweiten Expedition begleitet, dringt als erster Europäer in das Innere Hispaniolas vor und findet dort Gold. Er kämpft mit Feuerwaffen gegen nur mit Pfeilen und Speeren bewaffnete Einheimische und wird so zum ersten Konquistador (Eroberer) der Neuen Welt. 1499 führt er eine erste eigene Flotte auf Entdeckungs- und Beutefahrt an die Nordküste Südamerikas.

Während seiner Reise entführt er zahlreiche Indianer, die er in Spanien als Sklaven verkauft. An dieser Fahrt nimmt auch der Florentiner Kaufmann Amerigo Vespucci (1454–1512) teil (siehe 1501).

Nürnberg: Der Kosmograph Martin Behaim (1459–1507) vollendet den „Behaimschen Erdapfel", der Asien, Afrika und Europa – nach zeitgenössischen Maßstäben – wiedergibt. Dieser älteste heute noch erhaltene Globus ist eines der letzten kartographischen Werke, in denen der von Kolumbus entdeckte Kontinent fehlt.

1494
Weil Portugal und Spanien über den Besitz der Neuen Welt streiten, verfügt Papst Alexander VI. die Teilung der Erde. Die iberischen Seemächte stimmen im Vertrag von Tordesillas dem päpstlichen Schiedsspruch zu: Eine Linie, die ungefähr auf dem 46. Grad westlicher Länge verläuft, teilt fortan die unentdeckte Welt; östlich davon dürfen die Portugiesen auf Erkundungsfahrt gehen, der Westen bleibt Spanien vorbehalten. Doch wo auf der gegenüberliegenden Seite der Erdkugel die Demarkationslinie verläuft, lässt der Vertrag offen (siehe 1519).

1497
Giovanni Caboto (John Cabot, ca. 1450–1498)), ein italienischer Seefahrer im Dienst des englischen Königs Heinrich VII., erreicht Nordamerika. Er gilt als Entdecker des nördlichen Teils der Neuen Welt. Cabots zwei Fahrten, deren eigentliches Ziel wahrscheinlich die Gewürzländer im Orient sind, zeugen von Londons Interesse an den überseeischen Gebieten – ungeachtet des Vertrags von Tordesillas. Von seiner zweiten Fahrt kehrt Caboto nicht zurück.

1497–1499
Vasco da Gama (ca. 1469–1524) erschließt im Auftrag von Portugals König Johanns II. den Handelsweg nach Indien. Innerhalb von acht Wochen erreicht er das Kap der Guten Hoffnung (siehe Karte Seite 168). Auf der weiteren Fahrt entlang der noch unerforschten Ostküste Afrikas geht die Flotte vor dem heutigen Mosambik, Mombasa und Malindi vor Anker. Am 20. Mai 1498 erreicht sie ihr Ziel: die indische Handelsstadt Calicut. Doch angesichts der wertlosen Tauschwaren da Gamas – er bringt Güter wie Glasperlen, Filzhüte und Baumwolltücher nach Indien – lehnen die örtlichen Kaufleute es ab, mit ihm zu handeln. So muss

Schon 1507 kommt der Name Amerika auf

sich der Entdecker mit einigen kleinen Geschäften zufrieden geben. Die Flotte verlässt Calicut am 29. August.

Auf seiner zweiten Indienreise 1503 setzt da Gama die portugiesischen Handelsinteressen gewaltsam durch. Und zwei Jahre später entsendet der portugiesische Hof Francisco de Almeida (um 1450–1510) als Vizekönig in die indischen Besitzungen; in den folgenden Jahren werden u. a. Goa und Diu an der Westküste zu wichtigen Handelszentren. 1511 erreichen portugiesische Schiffe die „Gewürzinseln" (Molukken; siehe 1519).

1500
Pedro Álvarez Cabral (ca. 1467–1518), wird von Portugals König Emanuel I. mit einer weiteren Indien-Expedition beauftragt. Er weicht von da Gamas Kurs nach Westen ab und stößt am 9. März nahe dem Monte Pascola im heutigen Brasilien auf den südamerikanischen Kontinent. Der Seefahrer nimmt die Entdeckung (von der er nicht weiß, ob es sich um eine Insel oder um Festland handelt) für seinen König in Besitz, doch der Spanier Vicente Yáñez Pinzón (1463–1514) hat bereits kurz zuvor die brasilianische Küste entdeckt. Die steht jedoch nach dem Vertrag von Tordesillas Portugal zu.

32 Jahre später gründen Portugiesen mit São Vicente die erste dauerhafte Siedlung Brasiliens und beginnen mit der Kolonisation des Landes. 1822 erklärt Brasilien die Unabhängigkeit von Portugal.

Nach 1500
In Portugal und Spanien wird die Karavelle allmählich durch die neu entwickelte, größere Galeone abgelöst. Dieser Schiffstyp mit zwei großen rahgetakelten Masten und ein bis zwei achteren Masten wird als Fracht- und Kriegsschiff für Fahrten in die Kolonien eingesetzt. Später bauen u. a. auch Engländer, Franzosen und Niederländer Galeonen.

1501
Der Edelmann Gaspar Corte Real unternimmt eine Entdeckungsreise, die ihn u. a. nach Neufundland führt. Während die meisten seiner Leute nach Portugal zurücksegeln, bleibt Corte Real dort, um die unbekannte Region zu erkunden. Seither ist er verschollen.

Der portugiesische Seefahrer Goncalo Coelho unternimmt eine Entdeckungsreise – mit an Bord: Amerigo Vespucci. Er erreicht Brasilien bei Kap San Roque und segelt weiter entlang der Küste Südamerikas bis über die Bucht von Rio de Janeiro hinaus. (Vespucci behauptet, die Expedition sei bis nach Patagonien gelangt, was allerdings nicht bewiesen ist).

1507
St. Didel (Lothringen): Der Kartograph Martin Waldseemüller (ca. 1470–1518) erstellt eine Weltkarte, auf der die von Kolumbus entdeckten Landmassen im Westen erstmals mit dem Namen „Amerika" bezeichnet werden – nach Amerigo Vespucci.

1 1487–88 Diaz
2 1492–93 Kolumbus
3 1493–96 Kolumbus
4 1498 Kolumbus
5 1502–04 Kolumbus
6 1497 Caboto, G.
7 1499–1500 Pinzón
8 1499–1500 Ojeda & Vespucci
9 1501–02 Coehlo & Vespucci
10 1500 Cabral
11 1501 Corte Real
12 1524 Verrazzano
13 1526–30 Caboto, S.

GEO-Grafik

Wege über den Atlantik (1487–1530)

Die ersten Fahrten durch den Atlantik weiten den Horizont Europas radikal – und begründen eine neue Zeit. Dabei suchen die Navigatoren in Diensten Portugals und Spaniens, der damals größten Seefahrtsnationen, vor allem eine Schiffsroute nach Indien. Während Bartolomeu Diaz auf östlichem Weg 1488 die Südspitze Afrikas erreicht, stößt Kolumbus 1492 gen Westen auf Amerika. Nur wenig später sichtet Giovanni Caboto, von England kommend, den Norden dieses Kontinents. Und Pedro Cabral entdeckt die Küste Brasiliens nur, weil er von seinem Südostkurs abdriftet.

In seinem 1502 verfassten Bericht „Mundus Novus" beschreibt Vespucci das südliche Amerika als eigenständigen Erdteil. Im 17. Jahrhundert setzt sich der Name Amerika als Bezeichnung für den gesamten Doppelkontinent durch.

Auf Hispaniola bricht die erste Pockenepidemie in Amerika aus; an der von den Spaniern eingeschleppten Seuche stirbt ein Großteil der Einwohner.

1513
Im Gebiet des heutigen Panama erblickt der Konquistador Vasco Núñez de Balboa (ca. 1475–1517) nach 22 Tagen Fußmarsch vom Atlantik her am 29. September einen Ozean, den er Mar del Sur, „Südmeer", tauft (die westlichen Gewässer jenes Meeres hat freilich wenige Monate zuvor der Portugiese Jorge Álvares entdeckt). Ferdinand Magellan gibt dem Meer später, nach einer ruhigen Überfahrt, den Namen Pacifico, „Stiller Ozean" (siehe 1519).

Juan Ponce de León (1460–1521) entdeckt die Halbinsel Florida. Acht Jahre später scheitert er mit dem Versuch, dort eine Kolonie zu gründen – die Siedler werden von Indianern angegriffen.

1517
Der spanische König Karl I. erteilt dem Niederländer Laurens Gorevord als Erstem das Recht, afrikanische Sklaven an die spanischen Kolonien zu verkaufen. Der Handel mit Menschen entwickelt

Ein Pirat entdeckt als erster Europäer Kap Hoorn

sich bald zu einem globalen Geschäft: Für europäische Waren wie Waffen oder Alkohol werden an den Küsten Afrikas Männer und Frauen gekauft und nach Amerika gebracht, von dort aus fahren Segler mit den Erzeugnissen der Sklavenkolonien, etwa Zucker oder Baumwolle, nach Europa.

1519
Am 20. September verlässt eine von Karl I. ausgerüstete Flotte unter der Führung des gebürtigen Portugiesen Ferdinand Magellan (um 1480–1521) Spanien. Ihr Ziel: der Molukken-Archipel im Pazifik (Karte Seite 168). Der „Generalkapitän" will – ähnlich wie Kolumbus – über eine Westroute zu den Eilanden im Osten gelangen. Am 1. November 1520 biegt seine Armada in die Meerenge zwischen Feuerland und dem südamerikanischen Festland ein; es ist die später so genannte Magellanstraße, durch welche die Europäer am Ende des Monats in den Pazifik gelangen. Magellan selbst erreicht das Ziel seiner Expedition nicht: Er stirbt auf den in Europa noch unbekannten Philippinen im Kampf gegen Einheimische.

Nach einer langen Irrfahrt erreicht rund die Hälfte der ursprünglichen Mannschaft die Molukken-Insel Tidore. Nur ein einziges der ursprünglich fünf Schiffe kehrt schließlich nach Spanien zurück, am 6. September 1522. Kapitän Sebastián Elcano (ca. 1476–1526) ist von den Molukken weiter westwärts um das Kap der Guten Hoffnung gesegelt und hat so die von Magellan begonnene Expedition zur ersten Weltumseglung vollendet.

1529 einigt Karl I. sich mit Portugal in Saragossa auf die Präzisierung des Vertrags von Tordesillas: Auch die pazifische Welt ist fortan durch eine Demarkationslinie, die ungefähr entlang des 145. östlichen Längengrades verläuft, zwischen den Seemächten geteilt; demnach gehören die Molukken Portugal.

1519–1534
Der spanische Konquistador Hernando Cortés (1485–1547) unterwirft bis 1521 die Azteken im Hochtal von Mexiko. Zwischen 1524 und 1527 setzt Pedro de Alvarado (1485–1541) im Hochland von Guatemala die spanische Eroberung in Amerika fort: Unter seinem Befehl werden zahlreiche Maya-Staaten unterworfen (die letzte freie Maya-Stadt fällt indes erst 1697).

1529 gestattet Karl I. Francisco Pizarro (1478–1541) gegen eine Beteiligung an der erwarteten Beute, das Inka-Reich (Peru) zu erobern und es als Statthalter zu regieren; Spaniens König soll mit einem Fünftel an der Beute beteiligt werden. 1533 nimmt der Konquistador die Inka-Hauptstadt Cuzco ein und macht sich mit seinen Männern daran, das Land auszuplündern und dessen Bewohner zu versklaven. Im folgenden Jahr erobern die Spanier in etwa das Gebiet des heutigen Ecuador und unterwerfen damit den Norden des Inka-Reichs.

1524
Zum ersten Mal segelt eine Expedition im Auftrag der französischen Krone in die Neue Welt nach Nordamerika, um Spanien aus dem Weg zu gehen: Der Florentiner Giovanni da Verrazzano (ca. 1485–1528) landet in der Bucht des heutigen New York (Karte Seite 163).

Zehn Jahre später entdeckt Jacques Cartier (1491–1557) den St.-Lorenz-Golf. Doch erst Samuel de Champlain (ca. 1570–1635) erschließt ein ideales Siedlungsgebiet in der Region. Dort gründet er 1608 Quebec, das zur Hauptstadt der Kolonie Neufrankreich wird.

1528
Spaniens König Karl I. überträgt dem Augsburger Handelshaus Welser für eine ihm gewährte Anleihe die Statthalterschaft über die spanische Überseeprovinz Venezuela. Mithilfe solcher Verträge will der König die Kolonien schnell und kostengünstig erschließen. Nach der Abdankung Karls 1556 verlieren die Welser auch die Statthalterschaft in Übersee.

1535
Karl I. gründet das Vizekönigreich Neu-Spanien mit der Hauptstadt Mexiko. Es umfasst in seiner größten Ausdehnung ungefähr die Territorien der heutigen Staaten Mexiko, Belize, Guatemala, El Salvador, Honduras, Nicaragua, Costa Rica und die Karibischen Inseln sowie die Philippinen; im 17. und 18. Jahrhundert kommen die heutigen US-Staaten Kalifornien, Arizona, New Mexico, Texas, Nevada, Colorado und Utah sowie der Südwesten von Wyoming hinzu.

1542 wird das Vizekönigreich Peru in Südamerika gegründet, von dem später Neu-Granada und La Plata abgetrennt werden. Damit herrscht Spanien über ganz Lateinamerika (mit Ausnahme Brasiliens) und Teile Nordamerikas. Während des 19. Jahrhunderts verliert Spanien seine Kolonien in der Neuen Welt wieder – zuletzt 1898 Kuba und Puerto Rico sowie die Philippinen im Spanisch-Amerikanischen Krieg.

1539
Hernando de Soto (ca. 1496–1542), ein Mitstreiter Pizarros, beginnt einen Beutezug auf der Halbinsel Florida. Westwärts ziehend, leiden de Sotos Männer unter den Strapazen des Marsches und den Kämpfen mit Indianern. Zwar dringt die Expedition bis an den Mississippi vor. Aber viele der 600 Teilnehmer sterben – auch de Soto, der im Mai 1542 einem Fieber erliegt.

1540–1542
Auf der Suche nach den sagenhaften „Sieben goldenen Städten von Cíbola" dringt der Konquistador Francisco Vázquez de Coronado (1510–1554), von Mexiko kommend, nach Nordamerika vor.

1541
Der Konquistador Francisco de Orellana (ca. 1511–1546) überquert im Tross von Pizarros Halbbruder Gonzalo (ca. 1502–1548) die Kordilleren, um nach dem legendären El Dorado zu suchen.

Doch der Glaube an das „Goldland" geht auf einen Irrtum zurück: Bei in der Nähe des heutigen Bogotá lebenden Indianern war es Brauch, den König zu salben und dann mit Goldstaub zu pudern: El Dorado war kein Goldland, sondern nur ein „vergoldeter Mann". Mit einem kleinen Trupp befährt Orellana den Amazonas bis zur Mündung und durchquert damit als erster Europäer Südamerika fast vollständig von Westen nach Osten.

1567
Der Spanier Alvaro de Mendaña de Neyra (ca. 1541–1595) startet 1567 von Peru aus eine Expedition, um das „Südland" zu suchen (Karte Seite 168). Die Theorie von einem reichen Südkontinent, der *Terra Australis Incognita*, zieht bald mehr und mehr Seefahrer in den Pazifik (denn dort wird eine Landmasse als Gegengewicht zu den nördlichen Kontinenten vermutet). Doch Mendaña entdeckt nur die Salomonen, die er für Ausläufer des gesuchten Erdteils hält. 1595 will er für Spanien die westlichen Inseln der Südsee unterwerfen und bevölkern. Doch der Kapitän stirbt auf der Expedition.

1576–1611
Mehrere Seefahrer suchen nördlich des amerikanischen Kontinents vergebens einen Wasserweg vom Atlantik in den Pazifik. Der Engländer Martin Frobisher (1535–1594) dringt 1576 bis in die heutige Frobisher Bay (Kanada) vor. Sein Landsmann, der spätere Entdecker der Falkland-Inseln, John Davis (1543–1605), versucht ein Jahrzehnt später, zwischen Kanada und Grönland nordwärts zu stoßen.

Henry Hudson (ca. 1550–1611), ein englischer Seemann in niederländischen Diensten, entdeckt auf der Suche nach der Meeresstraße u. a. den nach ihm benannten Hudson River. Auf seiner letzten Fahrt sichtet er die Hudson Bay, wo er und sein Sohn von meuternden Matrosen im Juni 1611 ausgesetzt werden und wahrscheinlich sterben.

1577–1580
Der Pirat, Entdecker und Admiral (seit 1588) Francis Drake (um 1541–1596) bricht zu einer Expedition auf, um u. a. die westliche Küste Südamerikas für Königin Elisabeth I. zu erkunden und dort nach Erz sowie Absatzmärkten für englische Waren zu suchen.

Nachdem seine fünf Schiffe die Magellanstraße durchquert haben, treibt sie ein Sturm weiter südlich bis ans später so genannte Kap Hoorn, die südliche Spitze Amerikas (siehe 1615), das sie als erste Europäer sehen. Von dort aus fährt Drake entlang der Westküste in nördliche Richtung, plündert unterwegs spanische Siedlungen und Schiffe. Etwa in der Region des heutigen San Francisco landet der Freibeuter der Königin. Nova Albion nennt er die Gegend nach einem alten Namen für die britische Insel; England ist auf dem Weg zur Kolonialmacht.

Zurück in die Heimat segelt Drake, ähnlich wie Sebastián Elcano von der Magellan-Expedition, über den Indischen Ozean sowie um das Kap der Guten Hoffnung – und wird damit zum zweiten Weltumsegler der Geschichte (Karte Seite 168).

1581
Im Auftrag der russischen Kaufmanns-Dynastie Stroganow zieht der Kosakenführer Timofejewitsch Jermak (gestorben ca. 1585) durch den Ural. Damit beginnt die Unterwerfung Sibiriens, es entsteht das größte zusammenhängende Kolonialreich. Kosaken, Pelztierjäger und Händler wandern immer weiter ostwärts. Erst wenn diese den Weg freigemacht haben, schicken die Zaren Truppen, um das Land in Besitz zu nehmen. 1639 erreichen die ersten Kosaken den Pazifik.

Immer neue Abenteurer zieht dieses weithin unerforschte Land an – so Semjon Deschnjow (ca. 1605–1673), der auf der Suche nach Silberbergen und Zobelherden 1648 als erster Europäer die Meeresstraße zwischen Asien und Amerika durchfährt (Karte Seite 168). Doch seine Reise gerät in Vergessenheit.

1600
Königin Elisabeth I. unterzeichnet die Gründungsurkunde der East India Company. Ausgehend von Kontrakten mit lokalen Herrschern, errichtet das Unternehmen, das bald ein Monopol auf den englisch-indischen Handel erringt, zunächst zahlreiche Stützpunkte. 1858, nach der Verstaatlichung der Gesellschaft, beginnt die Kolonialisierung Indiens endgültig; 19 Jahre später nimmt die britische Königin Victoria den Titel Kaiserin von Indien an. Erst 1947 kann Indien die britische Kolonialherrschaft abschütteln.

1602
Neben den Engländern drängen auch niederländische Kaufleute zu den Märkten Asiens. Sie schließen sich am 20. März zur Vereenigde Oostindische Compagnie (VOC) zusammen. Doch anders als die East India Company scheuen sie die Konfrontation mit den Portugiesen nicht.

So vertreiben schwer bewaffnete Schiffe die portugiesische Kolonialmacht von den Molukken.

Im 17. und 18. Jahrhundert avanciert die Gesellschaft zum größten Handelsunternehmen der Welt. Doch während des Vierten Britisch-Niederländischen Seekriegs (1780–1784) gerät die VOC in Zahlungsschwierigkeiten und wird 1798 aufgelöst; Schulden und Besitz des Unternehmens gehen an die Niederlande. Und so endet etwa für die Molukken die Kolonialzeit erst 1950 mit der Proklamation der Republik Maluku Selatan.

1606
Während einer Entdeckungsreise betritt der Niederländer Willem Jansz (ca. 1570–1630) als erster Europäer den australischen Kontinent.

1615
Der niederländische Kapitän Willem Corneliszoon Schouten (ca. 1567–1625) und der Kaufmannssohn Jacob Le Maire (1585–1616) suchen südlich der von der VOC für ihre Mitglieder beanspruchten Magellanstraße eine atlantisch-pazifische Wasserstraße. Sie umfahren die Südspitze Amerikas, die sie nach einer niederländischen Hafenstadt „Kap Hoorn" nennen (Karte Seite 168).

1626
Der Kolonist Peter Minnewit (1580–1638) kauft den auf dem heutigen Manhattan lebenden Indianern die Halbinsel für Waren im Wert von 60 Gulden ab und gründet daraufhin die Siedlung Neu-Amsterdam, die zur Hauptstadt der seit 1624 von Europäern besiedelten Kolonie Neu-Niederlande wird. 1664 wird die Stadt in New York umbenannt, nachdem die Engländer die Neu-Niederlande erobert haben.

1642
Der Niederländer Abel Tasman (ca. 1603–1659) sticht von der niederländischen Niederlas-

Die Erkundung **Amerikas (1513–1906)**

Schon kurz nach den ersten Entdeckungsfahrten in die Neue Welt dringen Europäer auf das amerikanische Festland vor. Beutehungrige Konquistadoren wie Hernando de Soto durchstreifen weite Regionen des Doppelkontinents und unterwerfen einheimische Völker. Den Norden ergründen vielfach englische Seefahrer. Auch Frankreich schaltet sich ein: Seine Abgesandten bereisen etwa das Gebiet der Großen Seen. Eine der letzten Herausforderungen bleibt lange die Seepassage quer durch den Arktischen Archipel. Der Norweger Roald Amundsen bewältigt sie erst im 20. Jahrhundert.

1 1513 Ponce de Léon
2 1519 Cortés
3 1521–41 Alvarado
4 1531–35 Pizarro
5 1539–42 De Soto
6 1540–42 Coronado
7 1541–42 Orellana
8 1576–77 Frobisher
9 1609 Hudson
10 1610–11 Hudson
11 1616 Baffin
12 1669–70 La Salle
13 1678–80 La Salle
14 1680–82 La Salle
15 1770–72 Hearne
16 1789 Mackenzie
17 1792–93 Mackenzie
18 1799–1804 Humboldt
19 1819–22 Franklin
20 1825–27 Franklin
21 1845–48 Franklin
22 1903–1906 Amundsen

GEO-Grafik

sung Batavia aus in See, er soll im Auftrag der VOC den Südkontinent finden. Er entdeckt die später nach ihm benannte Insel im Süden Australiens, sichtet als erster Europäer Neuseeland, erreicht die südlichste der Tonga-Inseln und weitere Eilande, auf denen er mit den Bewohnern Waren tauscht. Nach zehnmonatiger Fahrt kehrt Tasman nach Batavia zurück.
Bei einer zweiten Entdeckungsfahrt 1644 erkundet er Australiens Nordwestküste.

1670
Gründung der Hudson's Bay Company (HBC) in Kanada. König Karl II. von England stattet die Firma mit zahlreichen Privilegien aus, etwa dem Pelz- und dem Bergbaumonopol. 1870 kauft der Kanadische Bund fast die gesamten Besitzrechte der Company.

1682
Der Franzose René-Robert Cavelier, Sieur de La Salle (1643–1687) beginnt von den Großen Seen aus eine Expedition bis zur Mississippi-Mündung und nimmt das schon von de Soto entdeckte Stromgebiet für Frankreich in Besitz (Karte Seite 165). Zu Ehren Ludwigs XIV. tauft er es „Louisiana".

1733
Vitus Bering (1681–1741) beginnt im Auftrag von Zarin Anna eine der wohl anspruchsvollsten Expeditionen: Er soll unter anderem das sibirische Hinterland erschließen sowie die Küste Nordsibiriens kartieren, die von ihm bereits 1728 durchfahrene Bering-Straße durchqueren und so den Seeweg von Sibirien nach Alaska finden. Am 4. Juni 1741 laufen die beiden Schiffe des Entdeckers von der Halbinsel Kamtschatka aus, und am 16. Juli 1741 sichtet die Mannschaft den zweithöchsten Berg Nordamerikas, den Bering nach dem Propheten Elias benennt. Als die Schiffe Alaska erreichen, ist der Forschungsreisende bereits an Skorbut erkrankt; er stirbt bald darauf.

1762
Der Brite John Harrison (1693–1776) entwickelt einen Chronometer, der auch auf schwankenden Schiffen die genaue Zeit anzeigt. Mithilfe dieses Präzisionsinstruments können Offiziere genau den Längengrad ihres Seglers bestimmen: Sie müssen nur die Schiffszeit und die Uhrzeit eines vorher festgelegten Ortes ablesen; pro Stunde Zeitunterschied ist die eigene Position 15 Grad westlich oder östlich des Referenzortes. Da man den Breitengrad bereits seit längerem mithilfe eines Sextanten ermitteln kann, lassen sich jetzt Schiffspositionen exakt bestimmen.

1763
Nach dem verlorenen Britisch-Französischen Kolonialkrieg (begonnen 1754) muss Frankreich im Frieden von Paris den größten Teil seines Kolonialimperiums abtreten – Großbritannien erhält u. a. Kanada und bekommt von dem mit Frankreich verbündeten Spanien Florida. Doch 20 Jahre später verliert London im Amerikanischen Unabhängigkeitskrieg selber fast seinen gesamten nordamerikanischen Kolonialbesitz.

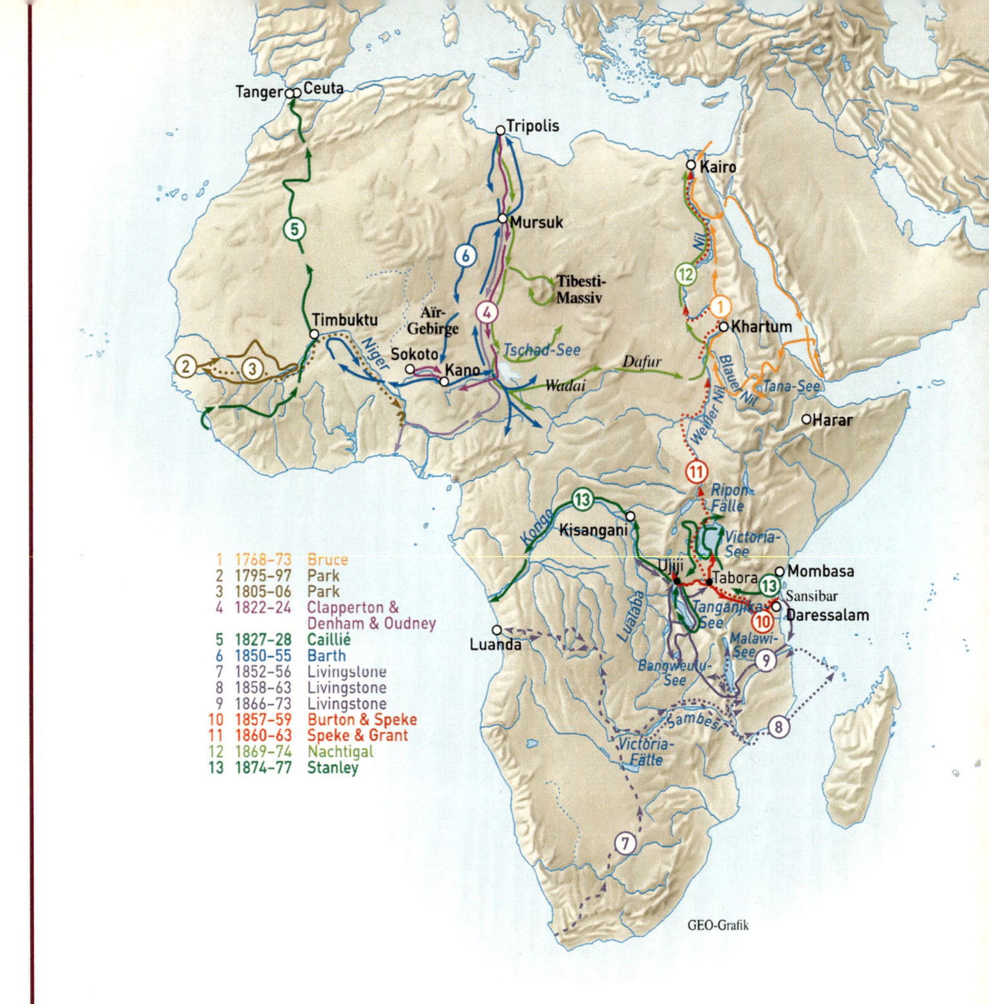

Im Herzen Afrikas (1768–1890)

Afrika ist zwar der erste Kontinent, dessen Gestade die Entdecker der Neuzeit befahren, doch er gehört zu den letzten, die Europäer auch im Inneren erforschen. Von Mittelmeer und Atlantik aus bereisen Abenteurer die Sahara bis hinunter an Niger und Tschad-See, wie etwa der Hamburger Heinrich Barth. Weiter im Süden konzentrieren sie sich auf jenes Gebiet am Rande des tropischen Regenwaldes, in dem sie die Quellen des Nils vermuten – und schließlich auch finden.

1766–1769
Zwischen Frankreich und Großbritannien beginnt ein Wettbewerb bei der Suche nach dem vermuteten Südkontinent. König Ludwig XV. schickt Louis Antoine de Bougainville (1729–1811) auf eine „Informationsreise" in den Pazifik.

1769–1779
Der britische Seemann James Cook (1728–1779) erreicht Australien (das er für die Krone in Besitz nimmt) und Neuseeland (Karte Seite 168). Der Kapitän entdeckt die nach ihm benannte Cook-Straße, welche die zwei Inseln Neuseelands trennt.
1771 von der ersten Reise zurückgekehrt, fährt der Marineoffizier im folgenden Jahr erneut zur See: Diesmal überquert er den Polarkreis und widerlegt endgültig die Theorie von der Existenz eines Südkontinents. Die Flotte steuert zahlreiche Pazifikinseln an.
Nach dieser Reise bricht Cook 1776 zum dritten Mal auf – diesmal mit dem Ziel, die Nordwestpassage zu finden (siehe 1845). Als er dieses Unterfangen erfolglos abbrechen muss, fährt er zurück nach Hawaii, das er im Januar 1778 entdeckt hat. Hier stirbt er am 14. Februar 1779 nach einer Auseinandersetzung mit den Inselbewohnern.

1770–1771
Auf einer Expedition für die HBC erreicht deren Mitarbeiter Samuel Hearne (1745–1792) als erster Europäer das Polarmeer vom nordamerikanischen Festland aus (Karte Seite 165).

1771
James Bruce (1730–1794) erforscht den wichtigsten Nebenfluss des Nils, den Blauen Nil, und beschreibt den Tana-See in Äthiopien als dessen Ursprung. Der Brite glaubt fälschlicherweise, die Nilquellen entdeckt zu haben (siehe 1858).

1777
Der Pfarrer und Historiker David Cranz, Mitglied der protestantischen Herrnhuter Brüdergemeine, stirbt.

Sein Buch „Historie von Grönland" liefert eine detailreiche Beschreibung der bis dahin nahezu unerforschten Insel.

1789
Im Auftrag einer kanadischen Handelsgesellschaft sucht der gebürtige Schotte Alexander Mackenzie (1764–1820) nach einer nördlichen Route vom Atlantik zum Pazifik, die weitgehend über Flüsse führen soll; der Abenteurer entdeckt u. a. den nach ihm benannten Mackenzie River und erreicht das Nordpolarmeer. Vier Jahre später gelangt er über die Flüsse Blackwater und Bella Coola an die Pazifikküste (Karte Seite 165).

1795–1803
Der britische Kapitän Matthew Flinders (1774–1814) kartiert den Großteil des Küstenverlaufs Australiens.

1796
Der schottische Wundarzt Mungo Park (1771–1806) erreicht im Juli den Oberlauf des Niger. Mit dem Ziel, den Fluss bis zur Mündung zu erforschen, begibt er sich 1805 auf seine zweite Afrikareise. Doch die Regenzeit wird ihm zum Verhängnis. Ein Drittel seiner Begleiter stirbt vor der Ankunft am Niger. Trotzdem tritt der Forscher die Fahrt mit vier Soldaten an. Er ist seither verschollen. Mit Parks Reise hat die wissenschaftliche Erforschung des Inneren Afrikas begonnen.

1799–1804
Der 29-jährige Naturforscher Alexander von Humboldt (1769–1859) bricht zu einer fünfjährigen Forschungsexpedition auf, die ihn nach Venezuela, Kuba, Kolumbien, Ecuador, Peru und Mexiko sowie in die USA führt – im Gepäck mehr als 40 wissenschaftliche Instrumente (Karte Seite 165). Sein Interesse ist allumfassend: Er will die Zusammenhänge zwischen geologischen, botanischen, zoologischen, klimatischen und kulturellen Phänomenen untersuchen. Tausende von Kilometern legt er in unberührter Natur zurück, sammelt Pflanzen- und Gesteinsproben, notiert Beobachtungen und Eindrücke: „Hier, im Innern des Neuen Kontinents, gewöhnt man sich beinahe daran, den Menschen als etwas zu betrachten, das für die Ordnung der Natur nicht von Notwendigkeit ist."

Humboldt und seine Begleiter erforschen Vulkane und besteigen den Chimborazo (Ecuador), der um 1800 mit seinen 6310 Metern als höchster Berg der Erde gilt. Der Wissenschaftler sieht aber auch mit Entsetzen, wie Einheimische und afrikanische Sklaven der Willkür der Herren aus der Alten Welt ausgesetzt sind, etwa auf Kuba, wo „jeder Tropfen Zuckersaft Blut und Ächzen kostet".

1823
Die Briten Hugh Clapperton (1788–1827), Dixon Denham (1786–1828) und Walter Oudney (1790–1824) erreichen am 4. Februar als wahrscheinlich erste Europäer den Tschad-See. Zwei Wochen später ziehen sie in Kuka ein, der Hauptstadt des Bornu-Reichs. Clapperton stößt danach mit Oudney zum Schari vor, dem Zufluss des Tschad-Sees. Clapperton, der als erster Europäer die Städte Sokoto und Kano (heute in Nigeria) erforscht, stirbt am 13. April 1827 während einer weiteren Niger-Expedition.

1828
Am 7. September trifft der als Muslim verkleidete französische Afrikareisende René Caillié (1799–1838) in Tanger ein. Als erster Europäer kehrt er lebend aus Timbuktu zurück, der schwer zugänglichen Stadt am Südrand der Sahara. Doch statt von sagenhaften Reichtümern berichtet er von ärmlichen Verhältnissen in der berühmten Handelsmetropole. Der schottische Afrikaforscher Alexander Gordon Laing (1794–1826) hat Timbuktu einige Monate vor Caillié erreicht, ist aber auf der Rückreise von Einheimischen ermordet worden.

1830
In Großbritannien wird die Geographical Society of London gegründet. Unter der Patronage König Williams IV. wird sie als Royal Geographical Society bekannt. Ziel der Gesellschaft ist u. a. die Unterstützung geographischer Forschung in Großbritannien und Übersee. Zu den Expeditionen, welche die Gesellschaft mitinitiiert oder -finanziert, zählen die von Richard Francis Burton und John Hanning Speke (siehe 1858) sowie die von David Livingstone (siehe 1871).

1845
Der britische Seeoffizier John Franklin (1786–1847) beginnt eine Forschungsfahrt, um die Nordwestpassage zu suchen, von der er nicht zurückkehren wird (Karte Seite 165). Drei Jahre später sendet die Marine erste Suchtrupps. Doch erst 1859 werden den Überreste der Expedition, die niemand überlebt hat, gefunden. Eine andere Suchexpedition unter dem Kommando von Sir Robert John Le Mesurier McClure (1807–1873) muss ihr Schiff 1853 aufgeben. Der Kapitän führt seine Mannschaft über die vereiste Beaufort-See, erreicht den Melville-Sound und findet damit das (zugefrorene) letzte Teilstück der nordwestlichen Durchfahrt zwischen Atlantik und Pazifik. Aber erst in den Jahren 1903–1906 fährt das Schiff „Gjøa" unter der Leitung von Roald Amundsen (1872–1928) im Norden vom Atlantik in den Pazifik (siehe 1911).

1846
Der Deutsche Ludwig Leichhardt

Der Fünfte Kontinent (1802–1874)

Die Umsegelung Australiens durch Matthew Flinders um 1800 – in deren Verlauf der Brite große Teile der Küste kartiert – gibt Europäern erstmals eine genaue Vorstellung von den Ausmaßen des Erdteils. Kurz danach beginnt die zweite Phase der Entdeckung: der Vorstoß ins Zentrum. An den bereits von Weißen besiedelten Küsten im Osten und Süden brechen Forschungstrupps auf. Das Land erweist sich jedoch vielfach als so unwirtlich, dass etliche Männer bei dem Versuch scheitern, den Kontinent zu durchmessen.

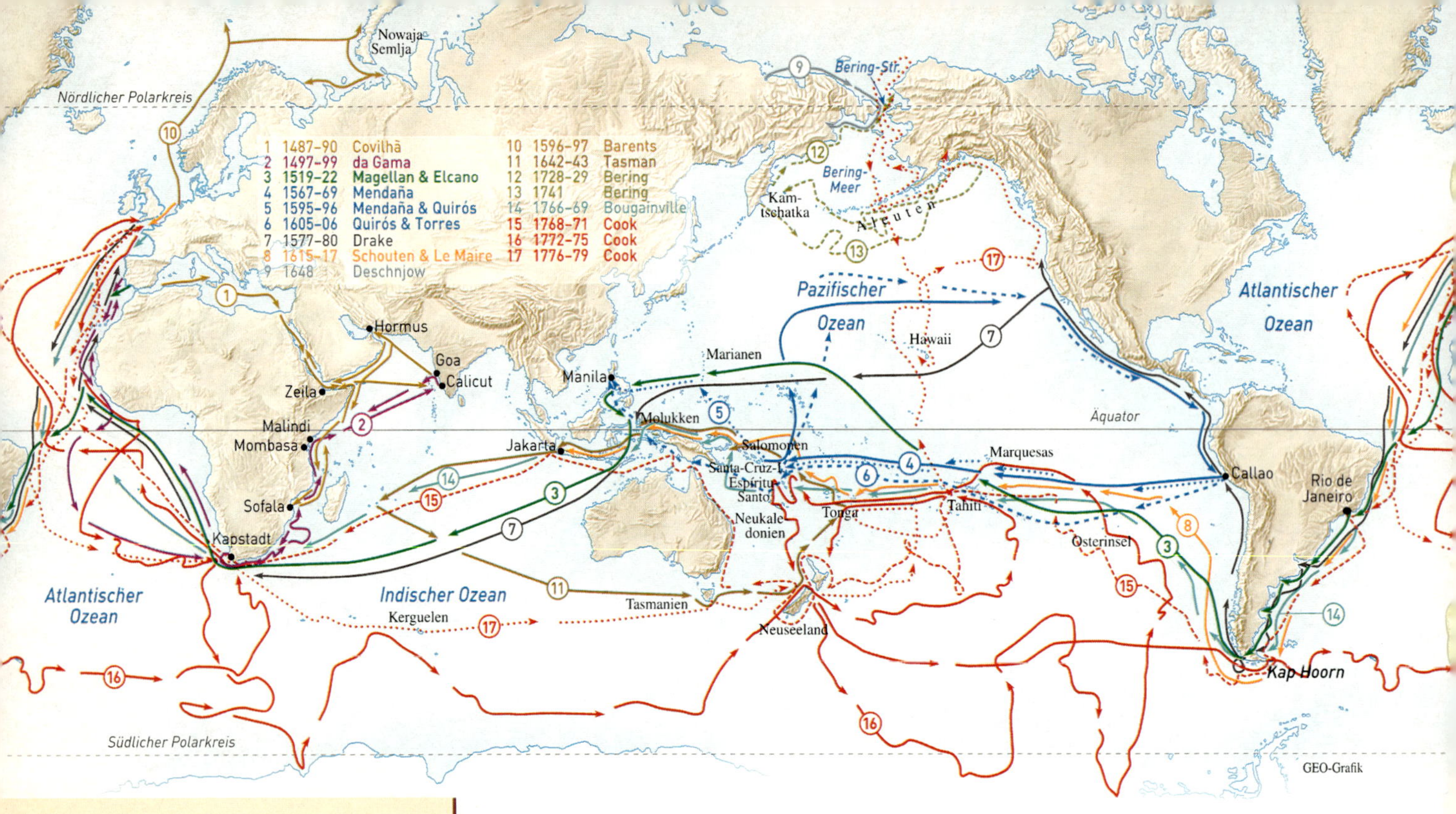

Vorstoß in den Pazifik (1487–1779)

Es dauert drei Jahrhunderte, bis europäische Navigatoren weite Teile der Welt und der großen Meere erschlossen haben. Im Pazifischen und Indischen Ozean folgen Niederländer den Portugiesen und den Spaniern und übertreffen deren Entdeckungen zum Teil noch: Abel Tasman etwa sichtet 1642 erstmals die Insel Neuseeland. Und nach den ausgedehnten Südsee-Fahrten des Briten James Cook – auf einer umrundet er den Globus – verfügt Europa bereits über ein sehr realistisches Bild vom geographischen Antlitz der Erde.

(1813–1848) bricht an der Ostküste Australiens auf, um als Erster den Kontinent in Richtung Westen zu durchqueren. Leichhardt, der ein Jahr zuvor von der Royal Geographical Society „für den Zuwachs an Wissen über den großen Kontinent Australien" ausgezeichnet worden ist, gilt seither als verschollen. Er hat während seiner ersten Australienexpedition den Erdteil von der Ost- zur Nordküste als erster Europäer durchquert. Vor Leichhart haben vor allem Gregory Blaxland (1771–1852), der 1813 westlich der Bergkämme der Blue Mountains fruchtbares Land entdeckt hat, Charles Sturt (1795–1865), der sich bis zur Simpsonwüste vorgewagt hat, und John Eyre (1815–1901), der 1839 bereits einen Vorstoß ins Landesinnere gewagt hat, den Kontinent erkundet.

1850–1855
Heinrich Barth (1821–1865) dringt von Tripolis bis ins Hochland von Adamaua vor, entdeckt den Oberlauf des Benue, gelangt im Osten nach Kanem und Bagirmi (Tschad) und im Westen bis Timbuktu; er erforscht als Erster den mittleren Niger.

Der Hamburger, der unter dem Namen Abd el Kerim (Diener des Allerhöchsten) reist, beschreibt in seinen akribischen Reiseberichten weite Gebiete Nord- und Westafrikas und liefert Kenntnisse über die dort lebenden Menschen. Barth ist, wie wohl die meisten europäischen Entdecker, vom zivilisatorischen Vorsprung des Abendlandes überzeugt, dennoch tritt er fremden Kulturen mit Respekt entgegen.

1854–1857
Im Auftrag des preußischen Königs Friedrich Wilhelm IV. sowie der britischen East India Company erforschen Hermann (1826–1882), Adolph (1829–1857) und Robert (1833–1885) Schlagintweit den Kaschmir sowie das Himalaya- und das Kunlun-Gebirge. Die drei Geologen verdanken den Auftrag ihrem Förderer Alexander von Humboldt.

In Asien sollen die bayerischen Brüder erdmagnetische Messungen vornehmen und mithilfe ihrer Ergebnisse erstmals präzise Karten der Höhenzüge erstellen. Sie bereisen, teils gemeinsam, teils allein u. a. Nepal, Darjeeling, Assam und Bhutan.

Während Hermann und Robert 1857 nach Deutschland zurückkehren, zieht es Adolph nach Afghanistan, von wo aus er nach Sibirien vordringen will. Er wird noch im selben Jahr ermordet.

1858
Auf der Suche nach den Quellen des Nils stoßen die britischen Forschungsreisenden Richard Francis Burton (1821–1890) und John Hanning Speke (1827–1864) am 13. Februar zum zweitgrößten See Afrikas vor, dem Tanganjika-See (Karte Seite 166).

Am 3. August erreicht Speke allein den noch größeren Victoria-See, in dem er, im Gegensatz zu Burton, die Quelle des Nils sieht. 1860 macht sich Speke mit James Augustus Grant (1827–1892) ein weiteres Mal zum Victoria-See auf und entdeckt bei den Ripon-Fällen den Abfluss des Nils aus dem See. Da er jedoch nicht den letzten Beweis dafür erbringen kann, dass es sich bei dem abfließenden Strom wirklich um den Nil handelt, wird seine Entdeckung noch lange in Zweifel gezogen (siehe 1871).

1860–1861
Von Melbourne aus durchqueren die Entdeckungsreisenden Robert O'Hara Burke (1821–1861) und William John Wills (1834–1861) Australien in nördlicher Richtung bis wenige Kilometer vor der Nordküste (Karte Seite 167). Doch auf dem Rückweg werden die Nahrungsmittel knapp, die Abenteurer sterben an Entkräftung. Im Jahr darauf gelingt dem Australienforscher John McDouall Stuart (1815–1866) die Süd-Nord-Durchquerung des Kontinents von Adelaide aus.

Eine der letzten großen Australien-Durchquerungen unternehmen 1874 die Brüder John (1847–1918) und Alexander (1849–1901) Forrest. Sie durchmessen den Kontinent von Perth an der Westküste bis zur Peake Station an der Telegraphenlinie, die auf der Strecke von Stuarts Expedition gebaut worden ist.

1869
Der deutsche Arzt Gustav Nachtigal (1834–1885) – seit 1862 in Nordafrika – erklärt sich bereit, dem Sultan von Bornu Geschenke des preußischen Königs und späteren deutschen Kaisers Wilhelm I. zu überbringen: als Dank für seine Gastfreundschaft gegenüber deutschen Besuchern. Als er im Fe-

bruar 1869 in Tripolis aufbricht, beginnt er gleichzeitig eine Forschungsreise durch Afrika, die ihn in Gebiete führt, die noch kein Europäer betreten hat (Karte Seite 167). Erst im August 1874 kommt er wieder nach Tripolis.

Zehn Jahre später ernennt ihn Kanzler Otto von Bismarck zum Reichskommissar für die Westküste Afrikas; in dieser Funktion leitet Nachtigal die „Schutzherrschaft" des Deutschen Reiches über Togo und Kamerun ein.

> **Am dramatischsten ist der Kampf um die Pole**

1871
Am 28. Oktober findet der britisch-amerikanische Journalist Henry Morton Stanley (1841–1904) als Führer einer Suchexpedition am Tanganjika-See den schottischen Entdecker David Livingstone (1813–1873), der in Europa als verschollen gilt (Karte Seite 166). Livingstone genießt zu diesem Zeitpunkt einen legendären Ruf als Forscher. 1841 als Missionar nach Südafrika gekommen, durchquerte er 1854–1856 als Erster das südliche Afrika in West-Ost-Richtung. Dabei entdeckte er u. a. die von ihm so benannten Victoria-Fälle. Auch Livingstones zweite große Expedition galt dem Sambesi: Von 1858–1864 erforschte er den viertgrößten Strom Afrikas.

Die Begegnung mit Stanley findet während Livingstones letzter Reise statt: Auf der (vergeblichen) Suche nach den Quellen des Nils zieht Livingstone ab 1866 durch Ostafrika, entdeckt u. a. den Quellfluss des Kongos. Nachdem ihn Stanley nicht hat überreden können, nach Europa zurückzukehren, stirbt Livingstone am 1. Mai 1873 am Ufer des Bangweulu-Sees.

Stanley unternimmt 1874–1877 eine Expedition, in deren Verlauf er endgültig den Victoria-See als Ursprung des Nils bestimmt. (Der Hauptzufluss des Sees und damit Quellfluss des Nils ist der erst im späten 19. Jahrhundert erforschte Kagera.)

Stanley befährt als erster Europäer den Kongo bis zu seiner Mündung. In den folgenden Jahren erschließt er das riesige Einzugsgebiet des zweitgrößten afrikanischen Flusses im Auftrag des belgischen Königs Leopold II. Für diese Tätigkeit wird Stanley in seinen letzten Lebensjahren stark kritisiert, nachdem Einzelheiten über das brutale Kolonialregime im Kongo nach Großbritannien gelangt sind.

1886–1935
Der Forscher Sven Hedin (1865–1952) unternimmt mehrere Reisen nach Persien und Zentralasien. Er erforscht als erster Europäer die Region nördlich des Himalaya. Seine geographischen Kenntnisse hat sich der Schwede u. a. bei Ferdinand von Richthofen (1833–1905) angeeignet: Der deutsche Geograph hat 1860–1872 in sieben ausgedehnten Expeditionen China und andere Länder bereist.

1893–1896
Nordpol-Expedition Fridtjof Nansens (1861–1930). Der norwegische Polarforscher lässt sein von den Eismassen eingeschlossenes Schiff „Fram" polwärts treiben. Am 14. März 1895 verlassen Nansen und Leutnant Hjalmar Johansen (1867–1913) das Schiff, um den Pol zu Fuß zu erreichen. Doch nach drei Wochen Wanderung erkennen die Männer, dass das Ziel nicht zu erreichen ist, und kehren um.

1908/1909
Ein heftiger Disput entzündet sich an der Frage, wer als Erster den Nordpol bezwungen hat: Der Amerikaner Robert E. Peary (1856–1920) sagt, er habe diesen Punkt am 6. April 1909 erreicht. Sein Landsmann und Rivale Frederick Albert Cook (1865–1940) will bereits ein Jahr zuvor, am 21. April 1908, dort gewesen sein. Doch Cook haftet der Ruch des Schwindlers an – schon seine Erstbesteigung des Mount McKinley in Alaska ist umstritten (1906). Auch Pearys Anspruch wird immer wieder diskutiert. Möglicherweise hat er sich durch Navigationsfehler und andere Irrtümer um einige Kilometer verrechnet.

1909
Am 16. Januar gelangt die Expedition des gebürtigen Iren Ernest Henry Shackleton (1874–1922) zum magnetischen Südpol. Doch zum geographischen Südpol, der in dieser Zeit etwa 2000 Kilometer entfernt liegt, kann sie nicht vordringen.

1911
Am 16. Dezember erreicht Roald Amundsen als Erster den Südpol. Der Norweger hat damit den Wettlauf um die Antarktis gegen den Briten Robert F. Scott (1868–1912) gewonnen, der auf dem Rückweg stirbt.

1914
Shackleton will die Antarktis durchqueren und bricht mit dem Expeditionsschiff „Endurance" auf. Doch am 19. Januar 1915 ist das Schiff bereits eingefroren. Am 27. Oktober, nach neun Monaten, gehen die Männer von Bord. In letzter Minute: Am folgenden Tag wird die Endurance vom Eis zerquetscht. Shackletons Mannschaft schlägt sich zum etwa 1500 Seemeilen entfernten Elephant Island durch. Von dort gelangen Shackleton und einige Männer nach South Georgia Island, wo er eine Rettungsfahrt organisiert. Auch wenn Shackletons Unternehmen letztlich gescheitert ist: Mit den Polarexpeditionen des frühen 20. Jahrhunderts sind die letzten großen Regionen der Erde entdeckt.

Text: Nadine Amsler und Olaf Mischer; Karten: Stefanie Peters

GEO EPOCHE

Das Magazin für Geschichte

Gruner + Jahr AG & Co KG, Druck- und Verlagshaus, Am Baumwall 11, 20459 Hamburg. Postanschrift für Verlag und Redaktion: 20444 Hamburg, Telefon 040 / 37 03-0, Telefax 040 / 37 03 56 48, Telex 21 95 20. E-Mail (Redaktion): briefe@geo.de; Internet: www.GEO.de

HERAUSGEBER
Peter-Matthias Gaede

CHEFREDAKTEUR
Michael Schaper

GESCHÄFTSFÜHRENDER REDAKTEUR
Cay Rademacher

ART DIRECTOR
Johannes Dönges

TEXTREDAKTION
Jens-Rainer Berg, Dr. Anja Herold

BILDREDAKTION
Christian Gargerle

VERIFIKATION
Olaf Mischer, Andreas Sedlmair

CHEF VOM DIENST TECHNIK
Rainer Droste

MITARBEITER DIESER AUSGABE
Freie Mitarbeit: Jörg-Uwe Albig, Nadine Amsler, Dr. Ralf Berhorst, Lenka Brandt, Marcus Franken, Bleike General, Carola Hoffmeister, Insa Holst, Mara Küpper, Caroline Lahusen, Tatjana Lorenz, Dr. Ralf-Peter Märtin, Christian Meyer, Sabrina Palz, Walter Saller, Christoph Scheuermann, Dirk Schneider, Sebastian Schulin, Stefan Sedlmair, Ben Tepfer, Melanie Wolter

KARTOGRAPHIE: Stefanie Peters

SCHLUSSREDAKTION: Dirk Krömer
Assistenz: Hannelore Koehl

HONORARE: Petra Schmidt

REDAKTIONSASSISTENZ: Ursula Arens

BILDADMINISTRATION UND -TECHNIK: Bernd Dinkel

GEO-BILDARCHIV: Bettina Behrens, Gudrun Lüdemann, Peter Müller

REDAKTIONSBÜRO NEW YORK:
Nadja Masri (Leitung), Brigitte Barkley, Wilma Simon, Ann Marie Binlot (Sekretariat), 375 Lexington Avenue, New York, NY 10017-5514, Tel. 001-212-499-8100, Fax 001-212-499-8105, E-Mail: geo@geo-ny.com

Verantwortlich für den redaktionellen Inhalt: Michael Schaper

VERLAGSLEITUNG: Dr. Gerd Brüne, Ove Saffe

ANZEIGENLEITUNG: Anke Wiegel

VERTRIEBSLEITUNG: Ulrike Klemmer/DPV Deutscher Pressevertrieb

MARKETINGLEITUNG: Jan-Piet Stempels

HERSTELLUNG: Peter Grimm

ANZEIGENABTEILUNG Anzeigenverkauf: Ute Wangermann, Tel. 040 / 37 03 29 32, Fax: 040 / 37 03 57 73
Anzeigendisposition: Marco Schütze, Tel. 040 / 37 03 23 27, Fax: 040 / 37 03 56 04

Es gilt die GEO Sonderhefte-Anzeigenpreisliste Nr. 2/2006
Heftpreis: 8,50 Euro • ISBN-Nr. 3-570-19725-5, 97-3-570-19725-7 • Bankverbindung: Deutsche Bank AG Hamburg, Konto 0322800, BLZ 200 700 00 • ISSN-Nr. 1861-6097

Druck: Prinovis Itzehoe GmbH & Co. KG, Printed in Germany

GEO-LESERSERVICE

FRAGEN AN DIE REDAKTION
Telefon: 040/37 03 20 73, Telefax: 040/37 03 56 48
E-Mail: briefe@geo.de

ABONNEMENT- UND EINZELHEFTBESTELLUNG

ABONNEMENT DEUTSCHLAND Jahres-Abonnement: 30,00 €

BESTELLUNGEN:
Gruner + Jahr AG & Co KG
GEO-Kundenservice
20080 Hamburg
Telefon: 01805/861 80 00*
(*12 Cent/Min.)

24-Std.-Online-Kundenservice:
www.MeinAbo.de/service

KUNDENSERVICE ALLGEMEIN:
(persönlich erreichbar)
Mo – Fr 7.30 bis 20.00 Uhr
Sa 9.00 bis 14.00 Uhr
Telefon: 01805/861 80 01*
Telefax: 01805/861 80 02*
E-Mail: geoepoche-service@guj.de

ABONNEMENT ÖSTERREICH
GEO-Abonnentenservice
Postfach 5, A-6960 Wolfurt
Telefon: 0820/00 10 85
Telefax: 0820/00 10 86
E-Mail: geo-epoche@leserservice.at

ABONNEMENT SCHWEIZ
GEO-Leserservice
Postfach, CH-6002 Luzern
Telefon: 041/329 22 20
Telefax: 041/329 22 04
E-Mail: geo-epoche@leserservice.ch

ABONNEMENT ÜBRIGES AUSLAND
GEO-Kundenservice, Postfach, CH-6002 Luzern;
Telefon: 041/329 22 80, Telefax: 041/329 22 04
E-Mail: geo-epoche@leserservice.ch

BESTELLADRESSE FÜR GEO-BÜCHER, GEO-KALENDER, SCHUBER ETC.

DEUTSCHLAND
GEO-Versand-Service
Werner-Haas-Straße 5
74172 Neckarsulm
Telefon: 01805/06 20 00
(12 Cent/Min.)
Telefax: 01805/08 20 00
(12 Cent/Min.)

SCHWEIZ
GEO-Versand-Service 50/001
Postfach 1002
CH-1240 Genf 42
Österreich
GEO-Versand-Service 50/001
Postfach 5000

BESTELLUNGEN PER TELEFON UND FAX FÜR ALLE LÄNDER
Telefon: 0049-1805/06 20 00, Telefax: 0049-1805/08 20 00
E-Mail: service@guj.com

KAISER · RITTER · HANSE
Deutschland im Mittelalter

Die um 1400 errichtete Burg Kriebstein über der Zschopau in Sachsen: Mit Tausenden solcher Bollwerke sicherten Adelige ihre Macht

Zuletzt erschienene Ausgaben:

Die folgenden Ausgaben:

- **Buddha und seine Erben (16. Mai 2007)**
  Schicksal und Lehre eines indischen Weisen – und wie seine Religion Asiens Kulturen durchdrang
- **Die Weimarer Republik (15. August 2007)**
  Zerrissen von Gegensätzen, erprobt Deutschland seine erste Demokratie, wird zum Experimentierfeld für Politiker, Künstler, Literaten – und steuert doch in die Katastrophe